開業から1年目までの
個人事業・フリーランスの始め方と手続き・税金

税理士・社会保険労務士
望月重樹
Shigeki Mochizuki

日本実業出版社

はじめに

　あなたは、どんな理由で独立開業するのでしょうか。
　前々からの夢を実現するべくワクワクしている人もいるでしょう。自分の才能をフルに活かして自由に働きたいと、独立を決意したばかりの人もいるでしょう。勤めている会社でリストラされてしまったり、実力に見合った報酬がもらえていないと不満を抱えたまま書店に駆け込んで、この本を開いた人もいるかも知れません。はたまた、持て余した土地を有効活用するために、副業として開業を決心したということもあるでしょう。

　どんな理由で独立するとしても、開業にあたっては、考えなくてはいけないことと、やるべき作業が山のようにあります。筆者のもとには、飲食店や美容業、Webコンサルティング業など、業種を問わず独立を決心した方がたくさん相談に訪れます。みなさん真剣で、固い決意や熱い想いを持っていらっしゃるのですが、「どんな順番で物事を進めていくべきかがわからない」「誰に相談すればよいのかがわからない」「そもそも何がわからないかがわからない」という状態に陥っていることがほとんどです。

　たとえばあなたは、始めようとするビジネスが保健所の許認可を受ける必要があるかどうかをご存じですか？　開業資金を調達するための方法をいくつ思いつきますか？　店舗を構える立地はどこにするべきか、どんな物件を選ぶべきなのか、しっかりとした判断基準を持っていますか？　人を雇うためにはどんな準備と手続きが必要で、どんなトラブルが起きやすいのかを把握していますか？

　独立を決心したら、自分がやれることと、税理士や他の専門家など誰かに助けを求めるべきことを分けて、整理していくことが重要です。自分1人の力でビジネスを成功に導くのは、並大抵なことではありません。
　しかし、そこで気をつけなくてはいけないのは、専門家はあくまでも外部の第三者であるということです。常に自分のお店や事務所にいて意思決定をしてくれるわけではありません。
　独立を決心したあとでいちばん大切になるのは、結局のところ1つひとつの事柄を自分1人でも地道に解決していこうとする"意志力"なのです。

本書は、あなたが独立開業を決心してから1年目に起こりうるすべての手続きと実務を網羅しています。そして2年目を迎えるにあたり、あなたのビジネスを軌道に乗せて、自分で経営判断を積み重ねていけるようになるために必要な事柄を盛り込みました。多くの入門書に比べて、いささか解説が丁寧すぎるかもしれません。しかし、それぞれの局面において本当に大切なポイントを押さえているという点において、どの本にも負けないものになったと自負しています。

　第1章では、個人事業主にまつわる税金や社会保険の話、そして、開業前に知っておきたいさまざまな基礎知識を頭に入れていきます。
　第2章では、開業準備のための資金計画と、開業時に必要となる税金・年金・健康保険に関する手続きを解説します。
　第3章では、資金繰り表や契約書、請求書・領収書のつくり方、そして、銀行預金の管理方法など、商売を行なっていく上で必ず知っておきたい知識に触れていきます。
　第4章では、経理を行なう目的から、基本的な簿記の知識、そして、必要となる会計帳簿のつけ方を、たくさんの具体例を交えて紹介します。
　第5章では、開業1年目の税金の処理として必要になる所得税の計算方法、源泉徴収のしくみ、そして、決算に関する手続きについて詳しくみていきます。
　第6章では、個人事業主にとって最も大切な青色申告決算書と確定申告書の作成方法を紹介します。加えて、個人事業税・個人住民税・償却資産税の申告についても触れています。
　第7章では、2年目以降に向けて、1年目の結果をふまえた経営分析を行ないます。そして、今後必要になるであろう消費税の届出と申告、人を雇うときにすべき税金・社会保険・労働保険に関する手続きにも言及します。

　本書を読みながら1年間を終えたあと、きっとあなたは自分自身の成長を実感しているはずです。請求書の出し方1つ知らなかったあなたが、いろいろな経験を積んで、判断基準が培われているでしょう。

　本書が独立開業を目指す方々の羅針盤となり、たしかな自信をもって2年目以降の経営に臨むための力になるならば、著者としてこれ以上の喜びはありません。

2013年1月

税理士・社会保険労務士　望月重樹
（※本書の内容は2014年4月現在の法令等に基づきます）

開業から1年目までの
個人事業・フリーランスの始め方と手続き・税金

●もくじ●

【開業にともなう提出書類】＆【開業手続きのタイムスケジュール】一覧表 ──── 9

第1章 開業前の手続きと知っておきたい基礎知識

❶ 個人事業とフリーランスの違いってなに？ ──── 12
　1．個人事業主とは法人を設立せずに事業を行なう人／2．フリーランスと個人事業主に明確な違いはない

❷ フリーランスは税金を納めなくてもいいの？ ──── 14
　1．滞納すれば税務署が黙っていない／2．フリーランスの存在が「割れる」とき／3．フリーランスも直接調査される／4．税金が還付されることもある

❸ 個人事業主にかかる代表的な税金 ──── 19
　1．個人事業主にかかるおもな4つの税金／2．個人事業主の消費税は「1,000万円」が基準になる／3．個人事業主の所得税の求め方／4．個人事業主の住民税と個人事業税

❹ 社会保険制度はどうなっているの？ ──── 23
　1．簡単な社会保険の基礎／2．健康保険か国民健康保険を選ぶ／3．個人事業主の年金制度のしくみ

❺ 許認可が必要な事業とその手続き ──── 27
　1．許認可をとらないと罰せられる／2．許認可が必要な業種一覧

❻ 「ブレーン」の間違いのない選び方 ──── 30
　1．専門家はインターネットで調べられないことを教えてくれる／2．どのような専門家がいるのか？／3．専門家の探し方／4．「最後の1人」の選び方

❼ 必要不可欠な設備投資の考え方 ──── 35
　1．設備投資と売上の伸びに直接の因果関係はない／2．設備投資は少ないほど良い／3．設備投資額の算出方法

❽ 店舗・事務所の選び方 ──── 40
　1．自宅を職場にするメリットとデメリット／2．出店地域・物件を選ぶときのポイント／3．居抜き物件の改修は必要最低限に／4．「なぜこの物件は空いたのか」に向き合おう

❾ ネットショップを開業する場合 ──── 44
　1．ネットショップでも許認可と納税は必須／2．ネットショップを開業するために準備すべきこと

❿ 個人事業＆フリーランスと会社設立の比較検討 ──── 46
　1．税金面での比較／2．「対外的な信用力」の面での比較

⓫ 屋号をつける際の注意点 ───────── 50
　1．会社と誤解される屋号は認められない／2．商号登記で屋号は守れない／3．商標権は早い者勝ち

⓬ ホームページを開設するときのポイント ───────── 53
　1．ホームページは販促ツールの1つ／2．売上につながらないホームページでは意味がない／3．専門業者に依頼する際の注意点

⓭ 前職の会社を退職するときの注意点 ───────── 58
　1．円満退職のススメ／2．上手に退職する方法

⓮ 開業までにかかる経費の処理のしかた ───────── 60
　1．ほしいと思う備品をリストアップしよう／2．領収書のもらい方／3．開業前の支出は開業後の費用になる

第2章　開業手続きのすべて

❶ 資金計画の立て方 ───────── 64
　1．お金の計画がないと廃業の恐れも／2．お金に関する数値計画をつくろう／3．開業準備資金を把握しよう／4．開業当初の運転資金を把握しよう／5．まずは家計感覚からはじめてみよう

❷ 自己資金を計算する ───────── 70
　1．自己資金を洗い出してみる／2．不足資金を割り出す／3．不足資金をうめる方法①〜設備投資額を減らす／4．不足資金をうめる方法②〜資金調達する

❸ 融資に必要な経営計画の立て方・経営計画書のつくり方 ───────── 77
　1．あなたのビジネスの魅力を表現しよう／2．経営計画書の書き方／3．必要な資金と調達方法

❹ 開業直後に提出が必要な書類 ───────── 84
　1．開業を公に宣言しよう／2．納税地を選択する

❺ 申告納税制度と青色申告 ───────── 86
　1．青色のメリットと白色との違い／2．所得税の青色申告承認申請書

❻ 減価償却に関する手続き ───────── 91
　1．減価償却ってなに？／2．2種類の償却方法／3．届出手続きと記入上の注意点

❼ 棚卸資産の評価に関する届出 ───────── 97
　1．年末に売れ残った商品を評価する／2．棚卸資産の評価法には複数の種類がある／3．所得税の棚卸資産の評価方法の届出書

❽ 消費税の課税事業者を選択する場合 ───────── 101
　1．課税事業者になると還付を受けられる場合がある／2．消費税課税事業者選択届出書

❾ 電子申告の開始手続き ───────── 104
　1．e-Taxの実情と導入手続き

⑩ 退職後の国民年金と国民健康保険への加入 ─── 106
　1．国民年金への移行手続き／2．健康保険の移行手続き

⑪ 労災保険の特別加入 ─── 110
　1．労災保険とは事業主を守る制度／2．一人親方等の特別加入制度

第3章　1年目の経営をスムーズに進めるために

❶ 資金繰りの考え方 ─── 114
　1．資金繰り表とは「未来の取引」を書くもの／2．回収条件と支払条件は最初にしっかり検討する

❷ 取引先と契約書を交わす際の注意点 ─── 120
　1．契約書とはあなた自身を守るもの／2．最低限取り決めておくべきこと／3．後々のトラブルを避けるためのポイント／4．契約書に関する印紙税を忘れない

❸ 伝票類の準備 ─── 125
　1．必ず準備しないといけない3つの伝票／2．請求書のつくり方／3．領収書の選び方／4．領収書はナンバリングしておこう／5．領収証に記入するべき項目／6．領収書に関する印紙税

❹ 銀行預金のつくり方 ─── 131
　1．銀行の種類にはどのようなものがあるか？／2．金融機関の選び方／3．預金の種類には何がある？

❺ 銀行との上手な付き合い方 ─── 135
　1．銀行口座はなるべく少なくする／2．メイン・サブ・その他の使い分け方／3．各種サービスの紹介

❻ もしものときの共済加入手続き ─── 141
　1．小規模企業共済とは個人事業主の退職金制度／2．中小企業倒産防止共済（経営セーフティ共済）

❼ 商工会議所・青色申告会との付き合い方 ─── 144
　1．商工会議所は何をするところ？／2．青色申告会に入らないといけないの？

第4章　個人事業＆フリーランスの経理とは

❶ 個人事業主の経理 ─── 146
　1．個人事業主が経理を行なう理由／2．青色申告のメリットとは／3．10万円控除と65万円控除との違い

❷ 個人事業の収支の考え方 ─── 149
　1．「赤字にならない経営」はあたりまえですか？／2．なぜ赤字を出してはいけないのか？／3．ちょっとフシギな収入金額の考え方／4．必要経費になるものならないもの

❸ 簿記・仕訳のきほん ─── 154

1．日本中の人が簿記を使っている／2．勘定科目は5つの要素に分解できる／3．損益計算書に含まれる勘定科目／4．貸借対照表に含まれる勘定科目

❹ 事業費と生活費の上手な分け方 ──────────────── 161
1．現金の分け方／2．預金の分け方／3．支払の分け方／4．費用にならない科目「事業主貸」と「事業主借」／5．消費税の記帳のしかた

❺ 青色申告特別控除と必要な帳簿 ──────────────── 167
1．青色申告特別控除10万円の適用を受ける場合の流れ／2．青色申告特別控除65万円の適用を受けるための3つの要件／3．65万円の適用を受けるための3つの方法／4．65万円控除が絶対おトク

❻「現金出納帳」「預金出納帳」に実際に記帳してみよう ──────── 174
1．現金出納帳はおこづかい帳のようなもの／2．預金出納帳は銀行別・預金別につくる

❼ 売掛金の管理のしかた「売掛帳」 簡易帳簿① ──────────── 178
1．請求・代金回収の事務処理／2．売掛帳の記入方法

❽ 買掛金の管理のしかた「買掛帳」 簡易帳簿② ──────────── 180
1．支払請求・代金支払の事務処理／2．買掛帳の記入のしかた／3．経費帳の書き方

❾「固定資産台帳」のつけ方と減価償却の考え方 ──────────── 183
1．時間をかけて費用化していく減価償却という考え方／2．固定資産台帳の記入方法

❿ 伝票会計から65万円控除を受けるための方法 ──────────── 185
1．伝票には3種類ある／2．総勘定元帳のつくり方

⓫ 会計ソフトのメリットと導入手続き ──────────────── 194
1．会計ソフトはどこが便利なのか／2．今までの流れを会計ソフトでやってみた場合

第5章 開業1年目の税務

❶ 所得税の計算方法 ──────────────────────── 200
1．確定申告と簡単な所得税の計算方法／2．所得控除は「税額」から控除するものではない

❷ 源泉徴収のしくみ ──────────────────────── 203
1．源泉徴収と確定申告の関係／2．どのような職種が源泉徴収されるのか

❸ 決算に関する処理方法①（商品などの棚卸）──────────── 206
1．必要経費になる売上原価の算出方法／2．期末棚卸資産の評価方法

❹ 決算に関する処理方法②（減価償却費の計上のしかた−その1）── 210
1．減価償却の対象となる資産ならない資産／2．減価償却の手順

❺ 決算に関する処理方法③（減価償却費の計上のしかた−その2）── 214

1．減価償却費の計算方法／2．定額法の計算方法／3．定率法の計算方法

❻ **決算に関する処理方法④（貸倒損失・貸倒引当金の処理）** ───── 217
1．貸倒れの意味するもの／2．貸倒損失と貸倒引当金

第6章　決算書の作成と確定申告

❶ **決算書の作成準備** ─────────────────────── 222
1．取引発生から決算書作成までの流れ／2．試算表を作成してみよう

❷ **青色申告決算書（一般用）の作成** ──────────────── 225
1．青色申告決算書とは何か／2．青色申告決算書1ページ〈損益計算書〉の書き方／3．青色申告決算書2ページ〈月別売上金額等〉の書き方／4．青色申告決算書3ページ〈減価償却費の計算等〉の書き方／5．青色申告決算書4ページ〈貸借対照表〉の書き方

❸ **所得税の確定申告①（確定申告書「第一表」の書き方）** ─────── 233
1．所得税の確定申告書の記載方法／2．第一表の書き方／3．税額から控除できるもの

❹ **所得税の確定申告②（確定申告書「第二表」の書き方）** ─────── 236
1．所得から控除できるもの／2．財産に損害を受けたり支出したことによる所得控除／3．お金の支出を伴わない所得控除

❺ **個人事業主にかかる「個人住民税」** ─────────────── 241
1．個人住民税の分類と申告納付／2．個人住民税の計算方法

❻ **個人事業税と申告のしくみ** ────────────────── 244
1．個人事業税のしくみとポイント／2．個人事業税の計算方法／3．個人事業税の適用業種

❼ **償却資産に対する固定資産税の申告と納付** ─────────── 247
1．償却資産に対する固定資産税の意味／2．納付期限／3．償却資産申告書の書き方

❽ **法定調書の作成と提出** ──────────────────── 252
1．法定調書のしくみ

第7章　2年目以降に向けて用意しておくこと

❶ **1年目の結果をふまえて** ─────────────────── 254
1．現状を分析してみよう／2．利益を増やす方法は2つしかない／3．申告書や決算書の控えを保管しておこう／4．残高の繰越しを行なおう

❷ **消費税の申告と納付** ───────────────────── 259
1．消費税の課税される取引・課税されない取引／2．消費税を納める事業者となるかどうかの基準／3．消費税の簡単な計算方法

❸ 簡易課税制度とその計算方法 ──── 264
1．簡易課税はどれだけ「簡易」なのか／2．「みなし仕入率」の考え方と計算法／3．簡易課税の届出書の期限／4．「消費税簡易課税制度選択届出書」の書き方

❹ 人を雇うときにすべきこと（労働法規編）──── 270
1．人を雇うということ／2．「良い人材」の探し方／3．求人広告を依頼する際の注意点

❺ 雇用する際に作成すべき書類 ──── 274
1．労働契約書または雇用条件通知書いずれかの書面をつくる／2．就業規則はつくるべきなのか

❻ 人を雇うときにすべきこと（税務関連の手続き①）──── 276
1．給与支払事務所等の開設届出書／2．源泉所得税の納期の特例の承認に関する申請書／3．青色事業専従者給与に関する届出書

❼ 人を雇うときにすべきこと（税務関連の手続き②）──── 282
1．年末調整の役割と流れ／2．給与所得者の扶養控除等申告書／3．給与所得者の保険料控除申告書兼給与所得者の配偶者特別控除申告書／4．給与支払報告書の市区町村への提出

❽ 簡単な給与計算の流れ ──── 288

❾ 人を雇うときにすべきこと（社会保険・労働保険関係手続き）──── 292
1．社会保険に加入するべきか？／2．労働保険に加入するべきか？／3．労働保険保険関係成立届／4．労働保険概算保険料申告書（初年度）／5．雇用保険適用事業所設置届／6．雇用保険被保険者資格取得届

カバーデザイン　井上新八
本文DTP　一企画

【開業にともなう提出書類】

提出する場面	書類名	提出先	提出期限	
許認可が必要な事業を開業しようとするとき	許認可手続きによって異なる	保健所、警察署、税務署、ハローワーク、都道府県、運輸局など	それぞれ	28ページ
開業する人全員	個人事業の開業・廃業等届出書	税務署	開業の日から1か月以内	85ページ
青色申告の適用を受けようとする場合	所得税の青色申告承認申請書	税務署	①3月15日まで。②その年の1月16日以後に開業した場合は開業の日から2か月以内	90ページ
減価償却資産について、定額法以外の方法で減価償却を行なう場合	所得税の減価償却資産の償却方法の届出書	税務署	開業年の翌年3月15日まで	96ページ
棚卸資産について、最終仕入原価法による原価法以外の方法を選択する場合	所得税の棚卸資産の評価方法の届出書	税務署	開業年の翌年3月15日まで	100ページ
開業年にあえて消費税の課税事業者になる場合	消費税課税事業者選択届出書	税務署	開業した年の年末まで	103ページ
電子申告で税務署宛の申告や申請を行なう場合	電子申告・納税等開始（変更届）届出書	税務署	申告、申請等を行なう前まで（日数に余裕をもって提出する）	105ページ
健康保険について任意継続を選択する場合	健康保険任意継続被保険者資格取得申出書	健康保険組合等	退職日の翌日から20日以内	―
確定申告のとき	所得税の確定申告書	税務署	翌年2月16日〜3月15日	235ページ
	青色申告決算書			227ページ
開業した人全員	償却資産申告書	償却資産の所在する市区町村	翌年1月1日〜1月31日	249ページ
消費税の計算方法を簡易課税の適用を受けたいとき	消費税簡易課税制度選択届出書	税務署	簡易課税の適用を受けようとする年の前年末まで	269ページ
人を雇ったとき	給与支払事務所等の開設届出書	税務署	人を雇用した日から1か月以内	277ページ
給与から天引きする源泉所得税の納付を年2回にしたいとき	源泉所得税の納期の特例の承認に関する申請書	税務署	申請書を提出した月の分までは毎月納付。提出した翌月の分から納期の特例適用開始	279ページ
同一生計の配偶者や親族に給与を支払う場合	青色事業専従者給与に関する届出書	税務署	その年の3月15日まで。1月16日以後に開業した場合や専従者がいることになった場合には、専従者として働き始めてから2か月以内	281ページ
年末調整のとき	給与所得者の扶養控除等（異動）申告書	自分で保管	雇用したとき	284ページ
年末調整のとき	給与所得者の保険料控除申告書兼給与所得者の配偶者特別控除申告書	自分で保管	雇用した年の年末	286ページ
労働保険に加入するとき	労働保険保険関係成立届	労働基準監督署	雇用した日から10日以内	295ページ
労働保険に加入するとき	労働保険概算・確定保険料申告書（初年度）	労働基準監督署	雇用した日から50日以内だが、通常「労働保険関係成立届」と同時に提出	297ページ
雇用保険に加入するとき	雇用保険適用事業所設置届	公共職業安定所	雇用した日の翌日から10日以内	299ページ
雇用保険に加入するとき	雇用保険被保険者資格取得届	公共職業安定所	「雇用保険適用事業所設置届」と同時に提出	301ページ

※人を雇用するときの手続き（「人を雇ったとき」以降の項目）

【開業手続きのタイムスケジュール】

		提出書類	手続き・届出先	届出期限	
退職					
国民年金への移行（厚生年金⇒国民年金）			市区町村の役所		106ページ
健康保険の移行	退職前の健康保険の任意継続を選択する場合	健康保険任意継続被保険者資格取得申出書	健康保険組合等	退職日の翌日から20日以内	107ページ
	国民健康保険を選択する場合		市区町村の役所	退職日の翌日から14日以内	107ページ
許認可の申請		許認可手続きによって異なる	保健所や警察署、税務署や、ハローワーク、都道府県、運輸局など	※28ページの表を参照	27ページ
ブレーンの選択					
設備投資	不動産の賃借、内装外装工事、什器備品の購入				
	販売促進ツールの作成				
	開業時のための商品仕入れ				
	ネットショップの場合の審査準備				
開業準備	取引先と契約書の作成				
	領収書・請求書・納品書の準備				
	会計帳簿・会計ソフトの準備				
開業時	開業する人全員	個人事業の開業・廃業等届出書	税務署	開業の日から1か月以内	84ページ
	青色申告の適用を受けようとする場合	所得税の青色申告承認申請書	税務署	①3月15日まで。②その年の1月16日以後に開業した場合には、開業の日から2か月以内。	88ページ
	危険を伴う業種で、労災保険の一人親方等の特別加入をする場合		労働保険事務組合		110ページ
開業後すぐ	銀行預金の開設				
開業した年の年末まで	※開業の年にあえて消費税の課税事業者になろうとする場合のみ	消費税課税事業者選択届出書	税務署	開業した年の年末まで	102ページ
開業した年の年末	棚卸資産の実地棚卸				
開業した年の翌年1月31日まで	償却資産申告書の提出				
開業した年の翌年3月15日まで	減価償却資産について、定額法以外の方法で減価償却を行なう場合	所得税の減価償却資産の償却方法の届出書	税務署	開業年の翌年3月15日まで	93ページ
	棚卸資産について、最終仕入原価法以外の方法を採用する場合	所得税の棚卸資産の評価方法の届出書	税務署	開業年の翌年3月15日まで	98ページ
	電子申告で、税務署宛の申告や申請を行なう場合	電子申告・納税等開始届出書	税務署	申告、申請等を行おうとする前。日数に余裕をもって提出する。	104ページ
	青色申告決算書の作成	青色申告決算書	税務署	開業年の翌年3月15日まで	225ページ
	所得税確定申告書の作成	所得税確定申告書	税務署	開業年の翌年3月15日まで	233ページ

第1章

開業前の手続きと知っておきたい基礎知識

個人事業とフリーランスの違いってなに？

1．個人事業主とは法人を設立せずに事業を行なう人

　どのような形態で独立開業するかによって、名称、各種手続き、申告の方法などさまざまなことが変わってきます。つまり「法人」か「個人」に区別されるということです。

　よく見かける「〇〇株式会社」「〇〇有限会社」といった形がいわゆる「法人」に該当します。このほか合同会社や合資会社、また学校法人、医療法人、宗教法人、社会福祉法人、NPO法人などのように「〇〇法人」と名のつくものも法人です。

　これら法人とは、法律によって"人"とされ、法律上の権利・義務を有する存在を表わしています。法務省の出先機関である法務局で登記することにより、その存在が社会的に認められるようになります。

　これに対して、法人を設立せずに事業を行なう形態を個人事業といい、個人事業を行なう人を「個人事業主」といいます。個人事業主として事業を始める場合には、法務局への登記は必要ありません。

2．フリーランスと個人事業主に明確な違いはない

　個人事業主のなかで、一般的にフリーランスと呼ばれる分類があります。「フリーランス」を国語辞典（大辞林）で調べてみると、「一定の会社・組織に属していない自由契約のジャーナリストや俳優など」と書かれています。

　フリーランスは、仕事に応じて顧客と自由に契約を結び、その契約に基づいて仕事を行なう形をとります。ジャーナリストや俳優などというと、非常に限定された人たちのような気がしますが、右ページのような職種に代表される「企業に雇用されず、自らの才覚や技能を提供することを社会的に独立しておこなう個人事業主」を、広くフリーランスと呼ぶと考えて

ください。おもにシステムやデザインの分野、マスコミの分野に多くみられます。

つまり「個人事業主」と「フリーランス」に定義上の明確な区別はありませんし、税務上の手続きなどにおいても特別な違いはありません。本書では、これらの一般的な認識にしたがって適宜2つの用語を使い分けますが、基本的に同じものを指していると考えてください。

【代表的な「フリーランス」の職業】

●デザイナー	●テレビ関係者
●イラストレーター	●フリーアナウンサー
●システムエンジニア	●フリーライター
●カメラマン	●フリー声優
●プログラマー	●フリージャーナリスト
●編集者	●評論家
●芸能関係者	●解説者など

なお、本書では、「複式簿記に基づいた帳簿からの決算書の作成」や「経営計画書のつくり方」といった内容を盛り込んでいます。これらは、フリーランスが必ずしも行なわなければならない手続きではありません。

フリーランスとして独立し、「とりあえず1年〜2年やってみる」ということを目的とするのであれば、読み飛ばしていただいて結構です。

ただし、この先ずっとフリーランスとして生計を立てていく覚悟をもっている方にとっては不可欠な情報です。面倒に感じる手続きもあるかと思いますが、事業の発展を目指して、ぜひともがんばってください。

フリーランスは税金を納めなくてもいいの？

1. 滞納すれば税務署が黙っていない

　毎月決まった日に給与が振り込まれてくるサラリーマン（給与所得者）は、あらかじめ税金が天引きされ、年末調整によって精算されることで自動的に税金が徴収されています。

　一方フリーランスは、サラリーマンとは違った形でお金を受け取ることになります。よくある疑問に答えていく形で、フリーランスにかかる税金をひと通りみていきましょう。

 先日会社を退職し、1人でデザイナーの仕事をはじめました。とくに手続きをとらなければ税金は一切かからないと聞いたのですが、本当ですか？

　フリーランスになったとたん税金がかからなくなることはありません。**計算方法は異なりますが、しっかり税金を払う必要がありますし、**滞納すれば税務署が黙っていません。

 でも、私がデザインの仕事をしてお金をもらっていることを、税務署はどのように把握するのですか？

　たしかに、自主的に申告しなければ、税務署は事業内容や収入などを「直接的に」把握することはできません。

　その代わり、「お金を支払っている側」から証拠をつかむことで、その**受取人であるフリーランスの情報が間接的に判明する**わけです。

　税務署がフリーランスの存在をつかむときは、次の2つの方法がとられます。1つが「支払調書」、そしてもう1つが「税務調査」です。

重要な事柄ですので、それぞれ少し詳しくみていきましょう。

2．フリーランスの存在が「割れる」とき
①支払調書

　たとえばライターへ原稿料を支払う出版社など、報酬の支払者側は、一定の業種のフリーランスに対して支払った金額を、「支払調書」に記載して1年に1回税務署に提出しなければなりません。

　「一定の業種」とは、たとえば原稿・さし絵・作曲・デザインなどの業種であり、その報酬として支払った**1年分の合計が5万円を超えると支払調書の提出義務が生じます**。5万円といえば、たとえば2、3度同じライターと仕事をすればすぐに超えてしまう額です。

　その支払調書にはフリーランスの住所・名前・報酬金額などが書かれていますから、そこで存在が判明するわけです。

【支払調書のサンプル】

平成○○年分　報酬、料金、契約金及び賞金の支払調書

支払を受ける者	住所（居所）又は所在地	東京都文京区○○－△△			
	氏名又は名称	古井　雷太			
区分	細目	支払金額		源泉徴収税額	
		内	千　　　　円	内	千　　　　円
原稿料	4回		124,444		12,704
（摘要）					
支払者	住所（居所）又は所在地	東京都千代田区○○－△△			
	氏名又は名称	日本○○出版社　　（電話）03－○○○○－××××			
整理欄		①		②	

②税務調査

　税務調査といえば、映画「マルサの女」のように、調査官が会社に立ち入って脱税などの不正経理や悪事を明らかにし、多額の税金を徴収していくようなイメージがあるかもしれません。

　ところが実際は、どのようにお金やモノが流れているのか、そしてどのように経理をしているかを把握するために、不正経理などまったく行なっていない普通の会社にも、税務調査は入ります。会社であれば、一度は税務調査が入るものと思って間違いはありません。

　税務調査官は、その会社の不正を探すだけでなく、**「その会社がいつ、誰に、いくら、どこの口座に支払っているか」**を把握していきます。

　たとえばA社に税務調査が入り、デザイナーのBさんに対して9月1日に50万円を支払った旨の振込用紙が出てきたとしましょう。

　調査官はこの情報をメモして振込用紙のコピーをとり、Bさんの住所などを確認して税務署に戻ります。その後Bさんの情報を照会すると、50万円をきちんと申告しているかどうかが判明するというわけです。

3．フリーランスも直接調査される

とはいえフリーランスに税務調査が入ることはありませんよね？

　法人であれ個人であれ、何かの事業を行なっていて、売上があれば、税務調査はやってくる可能性があります。フリーランスのところにも、直接調査が入ります。かつては「赤字だと税務調査は入りにくい」という通説もありましたが、今は赤字でも調査されます。

　税務署に申告していない場合は当然調査対象ですが、申告内容に明らかに異常が認められる場合も、調査対象とされやすくなります。たとえば、**売上から仕入を引いた「粗利益」が同業他社と比較して明らかに低い場合や、ある一定の経費の金額から考えられる売上が明らかに低い場合などは、調査の可能性が高まります。**数字はウソをつきませんし、調査官の目はごまかせません。

ということは、私の金融機関の預金口座もチェックされているのですか？

　よっぽどの疑惑をもたれない限り、預金口座の動きまでチェックされることはありません。

　ただし、いったん疑惑をもたれてしまうと、預金口座のある支店で、ターゲットとなる個人がどのような預金口座をつくっているか、どのような動きをしているのかを調査員は徹底的に調べます。通常、各支店には預金口座の取引履歴のデータが10年分ほど残されていますので、調べようと思えばいくらでも調べられるのです。

　これは、家族名義の預金口座でも同じことです。ときどき筆者の元に、企業の経理担当者から「フリーライターから振込先を家族名義の口座にしてくれと言われたが、どうすればよいか？」といった相談を受けることがあります。**税務署員はフリーランスの家族名義の預金も調べます**ので、「家族の名義にしても同じことですよ」と答えることにしています。

　つまり、当然のことながら、フリーランスもきちんと収支を申告して税金を納めないといけないのです。それを怠ると、本来納める税金に加えて、延滞税や加算税といった余分な税金が上乗せされます。

4．税金が還付されることもある

きちんと申告していれば税金が返ってくるというのは本当ですか？

　サラリーマンは会社から税金が天引きされますが、フリーランスの場合も、業務の内容によっては税金が天引きされることがあります。それが「報酬・料金等に対する所得税の源泉徴収」です。

　フリーライターの原稿や演劇・演芸の台本制作、デザインなどに対する報酬は、報酬金額×10.21％が天引きされたうえで支払われます。また1回に支払われる金額が100万円を超える場合には、その超える部分につい

ては20.42％が源泉徴収されるという決まりがあります（☞203ページ）。

たとえば1回に支払いを受ける報酬金額が仮に150万円だとすると、源泉徴収される所得税の金額は次の通りです。

100万円×10.21％＋（150万円－100万円）×20.42％＝204,200円

したがって実際に支払われる金額は1,295,800円です。

こうして1年間の売上から経費を引いた金額に下表の税率を適用して計算した所得税の納税額と、1年間に源泉徴収された所得税の金額とを比べます。そこで**源泉徴収された金額の方が多い場合には、その差額分の所得税が還付されることになる**というしくみです。

ちなみに、所得税の金額を計算するためのものとして、下記のような速算表というものがあります。

【所得税の速算表】

課税される所得金額	税率	控除額
195万円以下	5％	0円
195万円を超え　330万円以下	10％	97,500円
330万円を超え　695万円以下	20％	427,500円
695万円を超え　900万円以下	23％	636,000円
900万円を超え　1,800万円以下	33％	1,536,000円
1,800万円超	40％	2,796,000円

※たとえば「課税される所得金額」が700万円の場合には、求める税額は次のようになる。700万円×0.23－63万6,000円＝97万4,000円
※上記は、復興特別所得税を含まない所得税の速算表です
※平成27年分から「課税される所得金額」が4,000万円超の部分は、45％の税率が課されることになります

所得税の税率は5〜40％で、所得が増えれば増えるほど税率が上がっていくしくみになっています。これを**超過累進課税制度**といいます。

支払いを受ける際に源泉徴収される所得税が少なくとも10％であることを考えれば、所得税の税率が上の速算表において5〜10％未満の範囲内であれば、確実にいくらかの金額は還付されることになります。源泉徴収されるかされないか、また、源泉徴収される金額がいくらかなどについては、報酬・料金等の区分によって違ってきますので、詳しくは後述します。

3 個人事業主にかかる代表的な税金

1. 個人事業主にかかるおもな4つの税金

　個人事業主にかかる税金には多くの種類があります。その代表的なものを順番にみていきましょう。

【個人事業主にかかるおもな税金】

> 所得税、住民税、消費税、固定資産税、自動車税、酒税、たばこ税、ゴルフ場利用税、入湯税、個人事業税　など

①酒税、たばこ税、ゴルフ場利用税、入湯税

　一般消費者と同様、購入・利用時に一緒に支払うものです。

②自動車税

　毎年4月1日に所有している自動車について自動的に課される税金です。納付書が毎年送付されてきますので、5月末までに納めることになります。事業用に使っていてもいなくても同じ金額が課されます。

③固定資産税

　固定資産税には2種類あり、1つは土地や家屋などの不動産に対して課されるもの、もう1つが構築物、機械装置、工具・器具備品などの償却資産に対して課されるものです。

　土地・家屋に対して課される固定資産税の納期は年4回。ほぼ3か月に1回納める計算です。具体的な納期は各市区町村によって異なります。

　償却資産に対する固定資産税・都市計画税は、毎年1月に、各市区町村に対して「償却資産申告書」を提出することで課されることになります。

④所得税、住民税、消費税、個人事業税

　さて、残りのこの4つが個人事業主の代表的な税金になりますので、サラリーマンと比較しながら少し詳しく解説しましょう。

　次ページの表のように、所得税と消費税は自分で申告することによって

納税しますが（申告納税）、住民税と個人事業税は、所得税の確定申告を行なうことで自動的に課される税金です（賦課課税）。

【個人事業主と会社員の税金】

	税金	個人事業主の場合	会社員の場合
申告が必要な税金	所得税	事業所得に対して課税される。所得から所得控除を差し引いた課税所得に対して税率を適用して計算。確定申告書を税務署に提出する	毎月の給料から天引きされる。会社が年末調整を行ない、差額が還付・追徴される。自分では計算しない
	消費税	原則課税と簡易課税のいずれかから選択。申告書を自分で作成し、税務署に提出し期限までに納付する	
	固定資産税（償却資産分）	償却資産申告書を毎年1月に各市区町村に提出する	
申告しなくても課税される税金	個人事業税	所得税の確定申告書を提出し、所得が一定額以上である場合にその翌年度に課される	
	個人住民税	所得税の確定申告書を提出することによって、自動的に課される。住民税の申告書を提出することもできる	年末調整の結果として、給与支払報告書を会社が住所地の市区町村に提出。これに基づいて自動的に課される
	固定資産税（土地・家屋）、自動車税	固定資産税（土地・家屋）は、土地・家屋を持っていると、自動的に課される。自動車税も同様	左に同じ
その他の税金	酒税・たばこ税・ゴルフ場利用税・入湯税　など	支払いの際に自動的に徴収される	左に同じ

2. 個人事業主の消費税は「1,000万円」が基準になる

　消費者が商品を買うときは、その対価と一緒に消費税を支払います。個人事業主になれば、原材料などを仕入れる際に消費税を支払う一方で、商品を売ったときには消費税を受け取ることになります。**この受け取った消費税と支払った消費税の差が、最終的な消費税の納税額となるのです。**

> 【消費税の基本】
>
> 納める消費税　＝　預かった消費税　－　支払った消費税

　ただし、すべての個人事業主が消費税を納めなければいけないわけではありません。消費税を納める義務のある個人事業主を課税事業者、納める必要のない者を免税事業者といいます。過去のある一定期間中の課税売上が1,000万円を超えると、自動的に課税事業者となります。

　詳しくは101ページで解説しますが、すべての取引は消費税のかかる取引とかからない取引に分類され、消費税のかかる取引による売上のことを「課税売上」と言います。ある一定期間中の課税売上が1,000万円を超えていれば課税事業者となり、1,000万円以下であれば免税事業者として扱われて消費税の納税が不要となるわけです。

3. 個人事業主の所得税の求め方

　個人事業主が受け取るお金に対しては「所得税」がかかります。所得税の対象となる「所得」とは、下表の10種類に分けられています。

【10種類の所得】

> 利子所得、配当所得、不動産所得、事業所得、給与所得、退職所得、山林所得、譲渡所得、一時所得、雑所得

　サラリーマンの給料は「給与所得」として扱われるのに対して、個人事業主がもらうお金は「事業所得」とされます。どちらもお金を受け取ることに変わりはありませんが、この二者には次の大きな違いがあります。

【給与所得と事業所得の算出表】

> ● 給与所得　＝　給与等の収入金額　－　給与所得控除額
> ● 事業所得　＝　事業所得の総収入金額　－　必要経費

　「給与所得控除額」とは給与所得者に認められている経費のようなもので、収入金額に応じて自動的に計算されるしくみになっています。年収が100

万円なら給与所得控除額は65万円、200万円なら78万円などと、年収によってあらかじめ決まっているのです。

これに対して、事業所得の必要経費は、実際にかかった費用を積み上げて計算します。したがって、**たくさんの領収書を集計する面倒な作業を避けては通れません。**

そして必要経費の集計を終えたら、前記算式に当てはめて事業所得の金額を求めます。そして10種類の所得の合計を求めたものから各種所得控除額を引き、それに税率を掛けて所得税の金額を算出します。

【所得税額の算出表】

課税所得　＝　10種類の所得の合計　－　所得控除額
課税所得　×　税率　＝　所得税

4．個人事業主の住民税と個人事業税

住民税と個人事業税は、所得税の確定申告をしていればその翌年に自動的に納付書が送られてくる税金です。

一般的に「住民税」というときは、都道府県に支払う「都道府県民税」と市区町村に支払う「市区町村民税」を合わせたものを指します。

所得税の税率は、課税所得が増えれば増えるほど税率も上がっていく超過累進税率であるのに対して、**住民税の税率は所得の多寡に関わらず一律10％です。**毎年4月に市区町村から納付書が郵送され、それを年4回にわけて納付することになります（☞241ページ）。

個人事業税は、個人事業主に対して課される税金で、**課税所得が290万円を超える場合に納付しなければならない**ものです。2回に分けて納付し、税率は事業の種類によって区分されています（☞244ページ）。

社会保険制度はどうなっているの？

1. 簡単な社会保険の基礎

　ここまで税金面から個人事業主の特徴をみてきましたが、社会保険の話にも触れておきましょう。

　そもそも「社会保険」という言葉自体が、曖昧で何を指しているのかよくわかりません。「健康保険と社会保険はどう違うのか」「年金には入らないといけないのか」「病気にならない自信があるから、健康保険に加入しなくてもよいのか」など、何となくわかっているようでわからないいろいろな疑問が浮かんでくるものです。

　まず、社会保険のおおまかなしくみは下図のようになります。

【社会保険のしくみ】

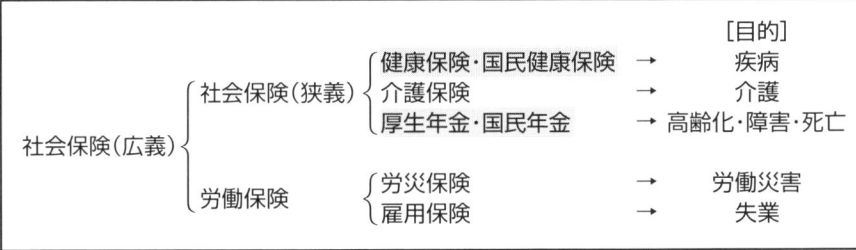

　こうしてみると、見慣れた単語ばかりが並んでいることがわかりますね。一般的に、**社会保険とは「健康保険・国民健康保険」「介護保険」「厚生年金・国民年金」の3種類を合わせた概念です。**

　健康保険と国民健康保険は、ともに病気などで医療が必要になったときのための保険であり、介護保険は、介護を目的として要介護者を社会全体で支えるための保険です。厚生年金と国民年金は高齢化・障害・死亡の補償を目的として加入するものです。

　また、広義の社会保険に組み込まれる労働保険とは、労働災害が起こっ

た場合の補償を行なう労災保険（労働者災害補償保険）と、失業した場合に失業手当を給付することを1つの目的とする雇用保険からなっています。

　これらの中で、サラリーマンを辞めて独立開業する場合に加入や変更手続きが必要となるのが、健康保険・国民健康保険と厚生年金・国民年金です。

2．健康保険か国民健康保険を選ぶ

　サラリーマンの場合は通常、会社が健康保険に加入しています。会社を退職すると、健康保険に加入するのか、国民健康保険に加入するのか、どちらかを選択する必要に迫られます。

【退職後の健康保険制度の選択肢】

> ①　退職前の健康保険の任意継続を選択する。保険料は今までの倍となり、期間は2年間が限度
> ②　国民健康保険に加入する。保険料は前年の所得、加入する世帯の人数によって決まる

①2行前に「健康保険に加入する」と書きましたが、退職前の健康保険の「任意継続」を選択するという意味です。これは、**会社の退職日までに継続して2か月以上健康保険の被保険者だった場合に限り、退職日から20日以内に申請することにより、継続的に2年間健康保険の適用を受けることができる**という制度です。

　ただし、任意継続を選択すると、健康保険料の自己負担分はもちろん、会社が折半して支払ってくれていた分も自ら負担することになりますので、退職前の2倍の保険料を払うことになります。

　また任意継続は2年間が限度ですので、2年経てば別の健康保険制度に移らなければなりません。

②　国民健康保険を選択する場合は、住んでいる市区町村の国民健康保険担当課で手続きを行ないます。

　　国民健康保険料の金額は、「所得割」と「資産割」の2つから構成さ

れます。所得割は、前年の所得をベースにして計算され、各市区町村によって計算方式が異なります。資産割は、固定資産をもっている場合に、「固定資産税額の○％」といった形で算出されます。

　それぞれが持っている固定資産によって資産割は異なってきますので、どちらの保険料が安くなるかを一概にいうことはできません。
　したがって、退職前に健康保険の選択で悩んだときは、**まずは市区町村の役所のホームページや窓口で計算方法を調べ、国民健康保険料の金額がいくらになりそうかを計算してみましょう。**
　なお、任意継続は、いったん選択すると２年間は国民健康保険への変更ができませんので、慎重に選択するようにしてください。

３．個人事業主の年金制度のしくみ

　法人を設立する場合には厚生年金への強制加入となりますが、**個人事業主として開業する場合は、国民年金へ加入することになります。**

　年金制度には健康保険の任意継続のようなものはなく、あくまで国民年金を選択することになりますので、市区町村で手続きを行ないましょう。国民年金は１か月の保険料が定額で、誰でも同じ金額となります。

　下図のような、年金を階層化して比較する表をご覧になったことがあるかと思います。サラリーマンである「第２号被保険者」の場合は、国民年金が最下層にあり、その上に厚生年金がつくいわゆる「２階建て」、会社によっては厚生年金基金までついて「３階建て」になる場合もあります。

【サラリーマンと個人事業主の年金制度】

厚生年金基金
厚生年金
国民年金

サラリーマン（第２号被保険者）の場合

国民年金基金・付加年金（＝任意加入）
国民年金

個人事業主（第１号被保険者）の場合

　これに対して、個人事業主になると、通常は最下層の国民年金しかありません。自分で加入を選択して国民年金基金や付加年金に保険料を払い込

んではじめて「2階建て」となるのです。サラリーマンがいかに手厚く保護されているかということが見てとれます。

またサラリーマンの厚生年金保険料は、給与額から求められる「標準報酬月額」をベースに求められるもので、配偶者などの「扶養している人」がいるかいないかについては無関係です。また、扶養している配偶者については「第3号被保険者」という扱いで保険料の負担なく国民年金に加入していたことになるのです。

つまり会社を退職して厚生年金をやめると、自分だけでなく配偶者の分も同時に手続きをする必要があるのです。この手続きを「国民年金の第3号被保険者から第1号被保険者への種別の変更」といい、第1号被保険者になることで、配偶者自身も国民年金の保険料を納めることになります。

column ▶ 付加年金

国民年金基金の保険料まではとても負担できないという場合は、ぜひ付加年金に加入しましょう。

付加年金は月額400円の払い込みで受給金額は「200円×付加保険料納付月数」ですので、将来年金を受け取る際、2年間年金をもらえば元が取れる計算になります。

5 許認可が必要な事業とその手続き

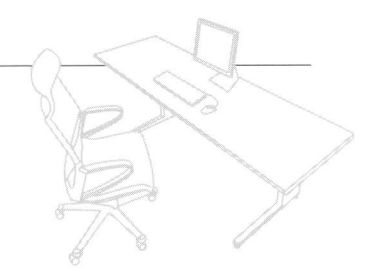

1. 許認可をとらないと罰せられる

飲食店などの店内に、額に入った「営業許可証」が飾ってあるのを見かけることがあるでしょう。**独立するにあたっては、業種によって「許認可」が必要になります**。許認可とは、文字通り、監督する行政機関からの許可・認可を受けることを意味します。

許認可を受けずに開業すると、ペナルティーが科されます。たとえば、居酒屋を開業する際に飲食店の営業許可をとらずに営業すると、2年以下の懲役または200万円以下の罰金が科されます。必ず許可を受けてから開業しなければいけません。

2. 許認可が必要な業種一覧

許認可手続きを行なう主な窓口は、保健所や警察署、ハローワーク、税務署、都道府県庁などです。

たとえば飲食店やフード系の移動販売などを開業する場合は、管轄する保健所に食品衛生責任者の資格を証明する書類を添付した食品営業許可申請書を提出します。保健所経由で都道府県知事などの許可をもらって、初めて開業することができるのです。

旅行業であれば、海外・国内の募集型企画旅行を営む第1種旅行業なら地方運輸局窓口に、国内の募集型企画旅行を営む第2種旅行業は都道府県の窓口に申請を行ないます。リサイクルショップや中古車販売など古物を販売する場合には、警察署に古物商許可を申請します。

許認可や届出が必要となる業種と、その窓口の一部を次ページ表にまとめました。事業を始める前に、具体的な手続きを窓口機関に問い合わせてみましょう。いわゆるフリーランスの業種では、許認可を受ける必要のないケースもあります。

なお、各窓口機関のホームページには、どの業種の許認可を扱っているかが掲載されていますので、参考にしてください。

【許認可の必要となる業種と窓口】

業種	窓口	必要な手続き
飲食店、喫茶店	保健所	食品営業許可（栄養士、調理師の資格を持っているか、ない場合には食品衛生責任者養成講習を受講）
食料品製造業、食料品販売業	保健所	食品営業許可（同上）
そうざい製造業	保健所	食品営業許可（同上）
ペットショップ	保健所	動物取扱業の登録（動物取扱責任者の設置）
理容店・美容院	保健所	開設届（理容師免許、美容師免許を持っている人がいること）
クリーニング店	保健所	開設届（自店で洗濯処理する場合、クリーニング師が必要）
旅館、ペンション	保健所	旅館業許可（規制が厳しいため、早めの要件確認が必要。他にも消防法や建築基準法の遵守など旅館業法以外の規制も対象となる。また飲食店営業許可など各種許認可を必要とする場合が多くなる）
アンティークショップ	警察署	古物商許可
リサイクルショップ	警察署	古物商許可
中古車販売業	警察署	古物商許可
金券ショップ	警察署	古物商許可
深夜酒類提供飲食店	警察署	飲食店営業許可に加え、深夜酒類提供飲食店営業開始届（営業種別、地域による制限もある）
警備業	警察署	警備業を営んではならない者に該当しないことについて公安委員会の認定が必要
人材ビジネス（派遣事業、紹介事業）	労働局	一般労働者派遣事業許可／特定労働者派遣事業届出／有料職業紹介事業許可。事業の種類により、派遣元責任者、職業紹介責任者などの選任、財産要件等がある
酒屋（コンビニでの酒販売）	税務署	酒類販売免許
旅行業（第1種旅行業）	運輸局	旅行業登録。一般旅行業務取扱主任者の選任。基準資産額3,000万円以上、営業保証金の供託義務

業種	窓口	必要な手続き
旅行業 （第2種旅行業）	都道府県	旅行業登録。一般又は国内旅行業務取扱主任者の選任。基準資産額700万円以上、営業保証金の供託義務
建設業	都道府県	建設業許可。経営業務管理責任者と専任技術者の選任が必要
電気工事業	都道府県	電気工事業登録（主任電気工事士を配置）
宅地建物取引業 （不動産業）	都道府県	宅地建物取引業免許
障がい福祉サービス事業	都道府県	事業者指定を受けること。その為には法人格が必要。また、サービスを行なう事業の種類により、人員配置の基準がある
軽自動車の運送業	運輸支局	貨物軽自動車運送事業経営届出
個人タクシー	運輸支局	一般乗用旅客自動車運送事業。経営許可（新規許可の場合）または、譲渡譲受認可（現に個人タクシーの許可を受けている事業者から事業の譲渡を受ける場合）。いずれも資格要件を満たす必要がある
公衆浴場（銭湯・健康ランドなど）	保健所	公衆浴場営業許可
風俗営業（麻雀、パチンコなど）	警察署	風俗営業許可
医薬品販売業	保健所	医薬品販売業許可。営業所管理者（薬剤師）の設置。店舗販売業の場合は登録販売者

「ブレーン」の間違いのない選び方

1. 専門家はインターネットで調べられないことを教えてくれる

　独立開業する人もさまざまで、本書のような参考書をたくさん読んで、開業セミナーにも積極的に出席する志の高い方もあれば、ほとんど何の勉強もしていない方もいたりします。最初から最後まで自分で調べて実行するくらいの覚悟がほしいところですが、自分ひとりでは解決できない問題にぶつかることもあるでしょう。

　そんなとき、弁護士や税理士、社会保険労務士などの専門家は、あなたの相談相手（ブレーン）として強力な存在になります。

　たとえば税理士は、税務に関する専門家です。税務署に対する開業の手続きや毎年の確定申告の際に手腕を発揮します。

　たとえば開業手続きを行なう際に「税務署に直接教えてもらいながら書けばいいだろう」と考える人がいます。たしかに、提出が義務づけられている書類については税務署で書き方を教えてくれます。しかし提出が義務づけられていない書類については、提出するのかしないのかの選択から自ら行なわなければなりません。

　たとえば後述する「消費税の課税事業者」を選択すべきか、「簡易課税」の選択をすべきか、さらには、「青色事業専従者」に給与を払うべきかどうかなど、税務に関して迷う項目は多々あります。これらは、何を選択すべきかを税務署で教えてくれることはありません。

　今はインターネットで何でも調べられる時代ですが、ブレーンとなる専門家は、表面的なことだけでなく、**その選択が別の面でどのような影響を及ぼすのかといったところまで考えてアドバイスしてくれる**ので、強力な相談相手になるはずです。

2．どのような専門家がいるのか？

あなたが病院に行くときのことを考えてみてください。風邪をひいて頭が痛ければ内科、捻挫して足が痛ければ外科、歯が痛いなら歯科というように、症状によってどの病院に行けばよいかがすぐに判断できます。

しかし、**独立開業をするにあたっては、初めてのことだらけですから「誰に聞けば良いかわからない」という場面に出くわすことが少なくありません**。そこで頼りになる「医者」こそが、税理士や司法書士などの専門家です。

独立したての個人事業主が「かかりやすい症状」と「医者」を分野ごとに下表にまとめましたので、確認しておきましょう。

分　野	症　状	対象となるブレーン
税金、確定申告	開業に際して税務署・都道府県・市区町村などにどんな届出をするかわからない	税理士
	会計帳簿の作成や青色申告などがわからない	
	節税の方法がわからない	
	確定申告のしくみがよくわからない	
社会保険、労働保険、助成金	人を雇ったときの、社会保険（健康保険、厚生年金）、労働保険（労災、雇用保険）の手続きがわからない	社会保険労務士
	助成金がもらえるのか、もらえるならどうしたらよいのかがわからない	
許認可、登録など	事業を開業するにあたっての許認可のとり方がわからない	行政書士
	外国人を雇い入れたい	
登記申請、抵当権の設定・抹消、契約書の作成	銀行からの融資を受けるのに、担保の設定が必要だ	司法書士
	住宅ローンを完済したので、担保を外してほしい	
	第三者との契約書を作成してほしい	
特許、商標権	自分の会社名を他人に使われないようにしたい	弁理士
	自社商品をマネされないよう、特許をとりたい	
法律全般	第三者とのトラブル、もめごとを解決したい	弁護士
	第三者に自分の権利を主張してほしい	
経営指導、企業診断	自社の分析と、どう改善すればよいのかを教えてほしい	中小企業診断士
	経営のコンサルティングをしてほしい	

3．専門家の探し方

どの専門家に相談したら良いかがわかっても、専門家それぞれの得意分野が異なることもあり、誰に相談するのが適切なのかを判断するのはむずかしいものです。

まず、探している専門家にコンタクトをとるためには、下表のような方法が考えられます。

【専門家に出会うための方法】

- 各種機関（税務署、年金事務所、法務局など）に置いてある専門家の名前の記載された一覧表から探す
- 各○○士会の地域支部に問い合わせる
- 電話帳（タウンページ）
- 街中の広告
- インターネット（Webサイト、Facebook、ブログなど）
- 口コミ
- すでに事業を行なっている人からの紹介
- 金融機関・商工会・商工会議所などからの紹介
- 自分で歩いて探してみる

①インターネットで探す場合

かつてはタウンページのような電話帳が専門家探しの中心手段でしたが、現在ではインターネットが主流です。

Yahoo!やGoogleなどの検索エンジンで専門家の職種名を入力してみると、該当する専門家のサイトがずらっと表示されます。エリアを絞りたい場合には、「職種名＋エリア」という形で入力すれば、専門家個人のサイトや所属する会社のサイトが次々ヒットするはずです。

そのほか、「○○士を何人でも無料で紹介します！」と宣伝する専門家斡旋サイトが多数存在します。探す側としてはここに登録している専門家こそ信頼性が高いと考えるかもしれませんが、我々専門家の立場からみれ

ば、逆です。

そもそも無料紹介サイトを運営している会社は、誰かがお金を払わないと成り立たないはずです。それは誰か。サイトに掲載している専門家がお金を負担している場合が大多数なのです。つまり、安くないお金を毎月支払ってまでサイトに掲載しているわけですから、その理由は想像がつきそうなものですよね。

ですから、斡旋サイトを見る場合には、必ずしも良い専門家が紹介されているわけではないという前提で見るべきだといえます。実際には斡旋サイトに費用をかける必要はなく、堅実に業務を拡大している専門家も大勢いるわけですから。

直接その専門家個人のサイトや所属する会社のサイト、ブログ、Facebookページなどを見ると、専門家の仕事に対する考え方や姿勢、得意分野や特色などを把握することができます。その中で、自分が共感できたり、考え方が自分にとってふさわしい専門家に相談するのが一番ではないでしょうか。

②**直接紹介を受ける場合**

誰かから直接情報を得る場合にも、いくつかの方法があります。

税務署や年金事務所、法務局などの各種機関に行くと、たいてい各士業の一覧表が備え付けてあります。また、それぞれの地域には「○○士会」の支部が設けられています。士業によって異なりますが、支部に希望の条件を伝えれば、適した人を斡旋してくれることもあります。

さらに各士業が頻繁に出入りしている金融機関や商工会、商工会議所などから紹介してもらう手段もあります。**ただし、この場合の問題点は「おすすめの人」ではなく「その機関によく営業に来ている人」が紹介される可能性があることです。**士業の立場からすると、仕事をもらうために金融機関や商工会・商工会議所に営業に行くというのは、よくある話です。

4.「最後の１人」の選び方

それでは、出会った人の中から最終的にどの「１人」に決定するかにつ

いてのポイントを考えてみましょう。

　まずは第一印象です。これから継続的に付き合っていくパートナーになる人です。直接会った最初の印象に違和感が残るようでは、きっと良い関係は築けないでしょう。できれば複数の専門家に会ってみてください。考え方や仕事のやり方に関する違いも明確になりますし、自分が潜在的に相手に求めているポイントが見つかることもあるでしょう。

　そして、その人が熱心な人かどうかも大切な要素です。士業の方々は、基本的には目に見えない商品を売る職業です。**つまり、いかに1つの仕事に情熱を注ぎ込めるかどうかが非常に大切な商売なのです。**熱心でない士業ほど役に立たないものはありません。

　たとえば、税理士は日々変わっていく法律や制度の改正にもきちんと対応できるよう努力するのは当然のことです。自分の本業に関わる情報に疎い税理士が、他人であるあなたの事業に熱心なアドバイスをしてくれる可能性は低いでしょう。

　「時代に合った感覚」を持っているかどうかも重要です。たとえば、あまり大きな声ではいえませんが、パソコンやWeb事業を苦手とする税理士はたくさんいます。あなたの事業にWeb戦略が欠かせないのであれば、当然ながらそうした専門家を頼ることはできません。時代の流れに即した適確なアドバイスをしてもらえるかどうか、しっかりと見極めてください。

　そのほか、報酬金額や顧問料なども気になるところですが、完成品が目に見えない以上、単純に金額だけで比較することはできないものです。もし金額ベースで判断する場合は、どの仕事をどこまで任せ、どれくらいの金額まで出せるのかをハッキリさせた上で、比較するようにしましょう。

7 必要不可欠な設備投資の考え方

1．設備投資と売上の伸びに直接の因果関係はない

　店舗を持つ場合、オープンしたその店は自分の「城」です。内装やレイアウト、インテリアにいたるまで思う通りにしたいと考えるのは自然なことといえるでしょう。

　「この土地を買って2階建のビルを建てて、駐車場を何台分つくってエントランスの置物を買って、店舗は厨房まで見渡せるようにして、コンロはこれくらいの大きさに…」と、理想と希望は尽きることはありません。

　実店舗を持たないネットショップの場合でも、ホームページのデザインに凝り始めて止まらなくなることはよくあることです。

　筆者の今までの経験から、この傾向が強いのは意外にも男性です。理想を実現するためにお金を惜しまない男性が多いのに対して、女性は現実的で、ムダなものはなるべく省こうとする傾向にあります。

　筆者自身が独立したときも設備投資には頭を悩ませましたが、当時は「お金をかけて充分な設備投資をしなければお客様は来ない」と考えていました。何年か経ち、設備投資にかけた金額をみて、自分の考え方が間違っていたことに気づいたのです。「ここまでお金を掛けなくてもよかった」と思うことは、1度や2度ではありませんでした。

　たしかに店舗の第一印象は大切です。「このお店に入ってみようかな」という気にさせることが、新しいお客様を生み出す第1歩と言えるからです。しかし、売上を伸ばして事業を継続していくためにもっとも重要なことは、一度来店したお客様をリピーターにすることです。

　ドライな考え方をすれば、設備投資に多額の資金を掛けることと、リピーターが増えることに直接の因果関係はありません。リピーターを増やすためには、あくまでどのようなサービスを提供するかというソフト面が最も重要な要素で、ハード面は二の次と考えて間違いはありません。

２．設備投資は少ないほど良い

　それでは、設備投資にかかる金額の考え方について、具体例を示しながらみていきましょう。結論から言うと、設備投資は少なければ少ないほどよいということです。

　自己資金０で金融機関から3,000万円の融資を受け、3,000万円すべてを設備投資につぎ込んだ結果、毎期300万円の利益が出て、それにより毎期300万円ずつ借入金を返済していった場合を①とします（※）。逆に、設備投資をせず、毎期100万円の利益が出続けた場合を②として、２つの変化を比べてみたものが下図です。

①3,000万の設備投資を全額借入で行ない、毎年300万円を返済した場合

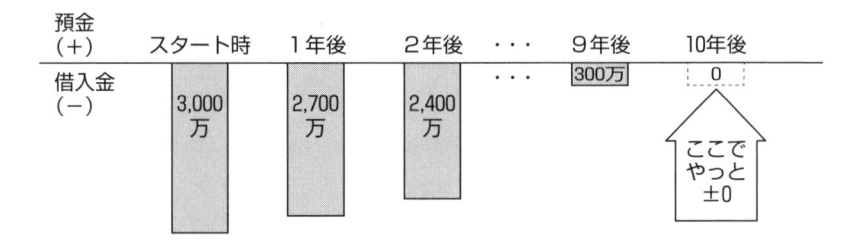

預金(+)	スタート時	１年後	２年後	・・・	９年後	10年後
借入金(−)	3,000万	2,700万	2,400万	・・・	300万	0

ここでやっと±0

②設備投資をせずに毎年100万円を稼いだ場合

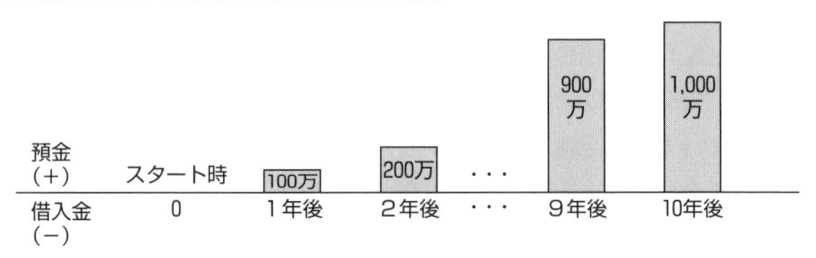

預金(+)	スタート時	１年後	２年後	・・・	９年後	10年後
		100万	200万	・・・	900万	1,000万
借入金(−)	0					

※あくまで話を単純化するための例であり、実際には自己資金０で3,000万円満額を貸してくれることはあり得ません。設備投資額の30％程度の自己資金が目安になります

さて、どちらがトクだと言えそうでしょうか。

①は、10年働き続けてようやく「±0」の状態に戻っているのに対して、②は最初から「マイナス」がありませんので、稼げば稼ぐほど「プラス」が増えていきます。10年後には、①と②の間には実に1,000万円もの差が生まれるのです。

ハッキリしていることは、設備投資をした分だけマイナスからスタートするということです。だから設備投資を少なくすればするほど、トータル財産が早くプラスになるのです。この例は極端だと思われるかもしれませんが、**プラスに転じるまでの期間が頭から抜け落ちている人が本当に多いのです。**初期に多額の設備投資を行なったものの、回収できずに市場から去っていく人は少なくありません。

3．設備投資額の算出方法

それでは、「いかに初期の設備投資額を抑えるか」を念頭におきながら、設備投資とはどんなものなのかを詳しくみていきましょう。

①不動産の賃借資金

賃貸オフィスを借りる場合、家賃のほか、敷金、礼金、仲介手数料がかかります。関西であれば、敷金・礼金の代わりに保証金がかかります。

仮に、敷金が家賃の3か月分、礼金が1か月分、仲介手数料が1か月分の物件を借りると、当月・来月分の家賃を加え、一時に支払う金額は家賃の7か月分（3か月＋1か月＋1か月＋2か月）となります。

これは、かなりの金額です。月額家賃20万円の物件を借りれば、20万円×7か月＝140万円が一気に吹き飛ぶ計算です。

②店舗・事務所の内装外装工事資金

店舗・事務所の設計にあたってデザイナーやインテリアコーディネータ、設計事務所などに依頼する場合は、その設計料がかかります。

さらにその設計に基づいて室内の天井・壁・床などに手を加えたり、電気設備、給排水設備、通信設備の改装工事を行なったりするわけですが、

こだわり出したらキリがないのがこの内装・外装工事です。

　最初から見た目に必要以上のこだわりを持たず、できるだけあるものをそのまま利用することを考えましょう。理想には遠い設備でも、最初はガマンです。ある程度期間が経ってそれなりの余裕が生まれてから、少しずつ自分の理想に近づけていけばよいのです。

③店舗・事務所内の什器備品資金

　什器備品費もバカにできません。具体的には厨房機器や陳列棚、テーブル、椅子、レジスター、パソコンなどが挙げられます。事務所であれば、オフィス機器や事務用品が該当します。

　これらは新品をそろえるに越したことはありませんが、リサイクルショップなどの中古品でも、十分なものを見つけることができるはずです。ただし、故障・修理が必要になる可能性の高い電子機器に関しては、中古品はおすすめしません。

④広告宣伝用の看板・ビラなどの資金

　看板、折込チラシ、カード、ホームページ、名刺……多種多様な広告・販売促進ツールにどのくらいのお金をかけるかはとても重要です。

　看板ひとつとっても、店舗や事務所自体に設置する看板のほか、「月額〇万円の1年契約」といった形でロードサイドや住宅地などに設置する看板もあります。予算総額はいくらか、どの媒体にいくらかけるのかなどを計画的に考えていきましょう（☞64ページ）。

⑤商品の仕入資金

　販売業の場合は仕入が発生します。とくに初期段階はそれなりの品ぞろえを用意するため、一時に商品の仕入資金が必要となります。商品を置く広さなどを勘案して、いくらほどの仕入資金が必要となるのかを算出してみましょう。

⑥フランチャイズ契約で開業する場合

　加盟金が一時に必要になってきますので、設備資金の金額の算定に含めておきましょう。

> **column ▶ フランチャイズ・ショー**
>
> 　フランチャイズ契約での開業を検討する場合、フランチャイザーと呼ばれる事業者が一堂に会した展示会をのぞいてみるのも一つの手です。
>
> 　特に、日本経済新聞社が毎年3月に東京ビッグサイトで主催する"フランチャイズ・ショー"は出店するフランチャイザーも多く参考になるでしょう。

8 店舗・事務所の選び方

1. 自宅を職場にするメリットとデメリット

通常、独立した時点からヒト・モノ・カネのすべてを充分に備えてスタートできることはまれでしょう。なるべくコストをかけずに、余裕のある範囲内で現実的な判断を積み重ねていくことになるはずです。

当然ながら、重要な問題となるのが事業を行なう「場所」です。自宅兼オフィスとするか、テナントを借りるかということが最初の大きな選択肢になります。

まず、自宅を職場にしたときのメリットは下記のとおりです。

【自宅を職場にしたときのメリット】

- 家賃がかからない
- 水道光熱費や交通費の増加を抑えられる
- 「ちょっと留守番」のための人材投資を抑えられる

テナントを借りることにより、家賃や水道光熱費がかかるだけでなく、離れた場所にあると交通費もかかります。

そして、もう一つの問題が「留守番問題」です。特に問題となるのが、来客があった場合の応対方法です。宅急便ならば不在通知で後から受け取れますが、一般のお客さんが来店した場合は「不在で申し訳ありません」と謝るしかありません。

独立して外の賃貸物件を借りた場合に、「ちょっと留守番のために、人を雇いたい」と考えるようになるのは、じつはよくあることです。しかし、仕事もたいして任せられない人を、留守番のためにだけ社員やフルタイムパートとして雇うわけにはいきません。

家族など誰かと一緒に暮らしている前提でのお話になりますが、誰かが

在宅していれば取り継ぎもできますし、何かしらの応対もしてもらえるでしょう。

【自宅を職場にしたときのデメリット】

- 事業用のスペースが狭い
- 家とのケジメがつかない
- 通勤に一度出かけないと、仕事モードの気分にならない
- 仕事中家族の目が気になる
- 来客を招きにくい

一方、自宅を職場にしたときのデメリットは何でしょうか。まず自宅で事業を行なうことを想像してみてください。会社勤めから独立する人であれば、以前まで自宅はあくまで居住の場であり憩いの場だったはずです。そんな場所をある日突然"仕事の場"にすることができるかどうかがポイントとなります。

上記のようなデメリットが気になるようであって、特に、仕事とプライベートをきちんと区分したいということであれば、賃貸物件での開業はやむを得ないでしょう。

2．出店地域・物件を選ぶときのポイント

賃貸物件で開業すると決めたら、まずはどの地域に店を出すかを考えましょう。業種や業態、中心となるターゲット顧客の状況、ライバル店の位置などを総合的に勘案して決定する必要があります。

とくに不特定多数のお客さんを対象とする場合には、知らない地域から選ぶのではなく、土地勘のある地域にしたほうが良いでしょう。**なおかつ、その土地の昼間と夜の人通りをきちんとリサーチすることが必須です。**このチェックを怠ると、街中でよく見かけるような、半年から数年でめまぐるしく看板が変わるようなお店の1つになってしまう可能性があります。

先日、私が独立開業の相談を受けたときのことです。その人はサラリーマン時代に飲食業コンサルタントとして活躍し、数多くの飲食店のオープ

ンに携わってきたそうです。今回の開業にあたっても、近隣の飲食店を綿密にリサーチし、何十ページにも渡る出店計画書を持っていて、「やり手だな」と思って聞いていましたが、出店予定地だけが見当はずれでした。

近隣に住む人からすれば「あそこじゃ絶対客は入らない」と口をそろえるような場所だったのです。その方の住まいは、近隣とはいえ出店予定地からやや離れた市であり、予定地近辺にほとんど土地勘がないようでした。

このように、**理論的に成功しやすい立地でも、その土地の事情に詳しくないがために失敗することは非常に多いのです。**

【出店地域・物件選びのポイント】

- お客様が来店してくれるまでの動線を考える
  …メインターゲットとなる客層が目の前を通らない場所であれば、そのターゲット顧客が歩く動線を考えて、看板を使って誘導することができるかを考えよう
- 客観的にシビアに立地を見る
  …第三者が同じ場所に出店したと仮定した場合でも、そのお店に自分が通うかを考えよう。「雰囲気が気に入らない」とか、「通いづらい」と感じたら、お客も同じことを感じる可能性は高い
- 自分の腕を過信しない
  …「腕がよければ少々離れていても客は来る」というのは、あくまで過信。ちょっとの距離が大きな差になることをキモに銘じよう

3. 居抜き物件の改修は必要最低限に

地域を決めたら物件を見に行きましょう。ターゲットとなる地域を歩きながら、気に入った立地や物件のイメージを固めて、不動産会社に紹介してもらうのがオーソドックスなやり方です。物件を探すときは、家賃のほか、それに付随する敷金・礼金や共益費、管理費、更新料、保証金など、必要となる資金をもれなくチェックする必要があります。

居抜き物件を選ぶ場合の注意点にも触れておきましょう。「居抜き物件」とは、前のテナントが撤退した店舗のことです。最初の設備投資を抑える観点から、調度品や設備をそのまま引き継いで利用できるメリットは大きいはずです。たとえば飲食店を始めるならば厨房設備が整っているなど、業態に合った掘出しモノの物件が見つかる可能性があるのです。

　一方、居抜き物件のデメリットは、建物の大きさや間取りなどにあらかじめ制限があるため、必ずしも自分の思い通りにならないことです。レイアウトを変えるとかえって改修費用がかさむことにもなります。居抜きを選ぶ場合は、こだわりをできるだけ捨てて、必要最低限の改修に絞ることがポイントです。

　また、壁のクロス張替えはDIYで済ませるなど、細かいところを自分で改修してしまうことができれば、かなりの節約になります。

4．「なぜこの物件は空いたのか」に向き合おう

　居抜き物件を決定する際、立ち止まって考えなければいけないのが「なぜ前の店は撤退したのか」ということです。不動産業者がその理由を積極的に教えてくれることはないかもしれませんが、前の店が繁盛していたなら空き店舗になっているはずがありません。

　独立開業しようとする方は、往々にしてお店にお客様が入らない状態を想像しません。「お客さんが入りきらなかったらどうしよう」「従業員を増やさないと回しきれないかもしれない」など、繁盛した際の「嬉しい悩み」ばかりを思い描き、悪い想像が先に立つ方は以外に少ないものです。

　まずは不動産業者や近隣住民などに、どのような業種・業態で、どんな人がその場所でどのように営業していたのか積極的に聞き込み調査をして、失敗の原因を１つでも多く見つけてください。**その原因が自分なら克服できると思えるのであれば、そこで初めて決定に踏み切るべきなのです。**

　コンサルタントなどにアドバイスを乞うのはもちろん有効ですが、実際に営業を始めるのはあなたです。売上が伸びず撤退を余儀なくされたとしても、コンサルタントが責任をとってくれるわけではありません。あくまで信じられるのは自分の目と耳で得た情報であると心に留めてください。

⑨ ネットショップを開業する場合

　自らホームページを立ち上げたり、Yahoo!ショッピングや楽天市場などのショッピングモールにショップをオープンさせたりと、インターネット経由の通信販売で開業する環境は飛躍的に整ってきています。
　実店舗とネットショップの相違点を下表にまとめてみました。

	実店舗の場合	ネットショップの場合
陳列	実店舗に陳列	写真を撮ってネット上に掲載
	値札をつける	値段をネット上でつける
広告宣伝	実店舗内のコーディネートなど、お客様の入りやすい店づくり	お客様が入りやすく、購買意欲を高めるサイトづくり
	紙媒体・ネット媒体を利用した広告宣伝	ネット媒体を利用した広告宣伝
開店時間	週○日、○時～○時など	24時間オープン
来店方法	開店時間内に、実店舗に訪れる	いつでも、ネット上の店舗を訪れる
接客方法	会話をしたり、質問しながら販売することができる	ネットあるいはメールで行なう
試着・試飲	店舗内で試着や試食、試飲をすることができる	仮想店舗のため、試着、試食、試飲ができない
支払方法	現金あるいはクレジットカードで回収することができる	クレジットカード、代金振り込み、代金引換、郵便振替、コンビニ払いなどから選ぶことができる
商品の渡し方	店舗内で手渡し	宅配便などで配送

1. ネットショップでも許認可と納税は必須

　ネットショップでの開業も、基本的な手続きは実店舗と変わりません。実店舗で許認可が必要な事業は、ネットショップでも当然許認可が必要です。よくあるネットショップ業種の中で許認可が必要となるのは、次のようなものです。

【ネットショップによくある許認可が必要な業種】

- ●中古品の売買（古物商の許可）
- ●食品の販売（食品衛生法に基づく営業許可）
- ●酒の通信販売（通信販売酒類小売業免許）
- ●ペットの販売（動物取扱業）　など

　業種と許認可の対応表と申請先については、28ページを参照してください。また税金についても、実店舗と同様の手続き・計算方法で課税されます。

2. ネットショップを開業するために準備すべきこと

　開業までに用意しないといけないものは、当然ですが、まず商品です。スペースの問題で多量の在庫を持てない場合でも、受注したらすぐ発注できるルートを確立しておかないといけません。

　そのほかネットショップを開業する際の必需品は、パソコン、デジタルカメラ、プリンタ、インターネット回線などです。レンタルサーバの契約や振込代金を受けるネットバンクの口座も開設しておきましょう。

　何より大切なのが、ホームページのデザインと機能です。ホームページの作成に関しては53ページに詳しく開設しています。

　また、Yahoo!ショッピングや楽天市場などのショッピングモールにネットショップをオープンする場合には、出店の申込み後、先方から「出店審査」というものが行なわれます。出店審査を通過したあとで出店契約を交わし、店舗ページが作成されて初めて、ネットショップがオープンとなります。

10 個人事業＆フリーランスと会社設立の比較検討

　独立開業するにあたっての選択肢として、個人事業主と法人のいずれの形態で行なうかを選択する必要があります。一概にどちらが良いということを論じることはできませんが、いくつかの面から、どちらを選んだほうがトクになるかを比較していきましょう。

1．税金面での比較

　個人事業主と法人での大きな違いは、税金がかかる対象が異なる点です。個人事業の場合、税金がかかるのは個人事業主に対してのみです。これに対し法人の場合は、法人に対して税金がかかるのに加え、法人から給料を受け取る個人に対しても税金がかります。

個人事業主の場合	法人の場合	
	法人に対して	個人に対して
●所得税 ●個人住民税 ●個人事業税 など	●法人税 ●法人住民税 ●法人事業税 など	●所得税 ●個人住民税 など

　日本の税制は所得が増えれば増えるほど税率が高くなる超過累進税率を採用していますので、通常、法人と個人に所得を分散することにより税金が安くなります。

　一般的には、売上から経費を引いたあとの利益が500万円を超えるようであれば、法人を設立して、所得を分散したほうがトータルの税金は下がります。逆に法人にすると、毎年最低７万円強の法人住民税がかかってきますので、赤字の場合などはかえって税金が増えることになります。

さて、唐突ですが、「利益が出ている」と言うときの「利益」とは何を指しているのでしょうか。簡単に言うと、売上から経費を引いた「儲け」のことを表わしています。

$$利益 \; = \; 売上 \; - \; 経費$$

利益に対して一定の割合の税率を掛けて求めた額が、基本的に支払う税額となるのは、個人事業主も法人も同じです。異なるのは、この算式中の「経費」に含まれる「自分への給料」の取扱いです。

法人とは、個人からまったく独立した存在です。個人は、取締役に就任することによってその法人との関係が生まれ、「法人が取締役に給与を支払う」という形をとることになります。**つまり、経営者が法人を設立すると、自分への給与が経費になるわけです。**

これに対して個人事業主の場合、自分への給与は経費とはなりません（個人事業主以外の従業員への給与は経費となります）。したがって、個人事業主の場合は、自分への給与を支払う前の利益に対して所得税、個人住民税、個人事業税がかかります。法人の場合には、自分への給与を支払った後の利益に対して、法人税、法人住民税、法人事業税がかかり、これに加えて取締役である個人の給与に対して所得税と個人住民税がかかってくることになります（下表参照）。

個人事業主の場合

利益 × 税率 ➡ 所得税
　　 × 税率 ➡ 個人住民税
　　 × 税率 ➡ 個人事業税

法人の場合

法人に対して
（利益－自分への給与）× 税率 ＝ 法人税
　　　　　　　　　　× 税率 ＝ 法人住民税
　　　　　　　　　　× 税率 ＝ 法人事業税

＋

個人に対して
自分への給与 × 税率 ＝ 所得税
　　　　　　 × 税率 ＝ 個人住民税

つまり、個人事業主と法人を比較するとき、法人の場合は、法人に対する税金と個人に対する税金を合算してから比較する必要があるのです。

2．「対外的な信用力」の面での比較

税金以外の面ではどのようなメリット・デメリットがあるのかをみていきましょう。

個人事業主を選択する最大のメリットは「はじめやすい」ことです。法人の設立には、法務局への登記など法人設立関連費用が必要だったり、毎年複雑な申告をしたり、社会保険の手続きをしなければいけなかったりと、何かと手間がかかります。手間がかかるということは、同時に時間や人件費などそのほかのコストもかさむことになります。

独立開業するにあたっては、初期投資額をいかに少なく抑えるかが最大のポイントとなるわけですから、法人設立が必須でない場合やどちらにするか迷っているときは、個人事業からスタートするほうがよいでしょう。

法人設立が必須である場合とは、たとえば「対外的な信用力」に関係する場合です。取引先から、「法人にしてくれないと社内的な信用が得られない」と言われるケースは意外と多く見受けられます。

あるいは、見ず知らずの第三者に商品やサービスを販売していくのに、「株式会社」とついていないと、営業がしにくいと考える経営者もいらっしゃるでしょう。サービスをどのような形態で提供するかは、それぞれの直面している条件によって決まります。

もし対外的なイメージを重要視する場合には、初期コストがかかっても法人を設立するべきでしょう。一方、見た目や体裁、会社の名前にはこだわらない場合や、余計な手間を省いてとにかく簡単に開業したい場合には、個人事業を選択しましょう。

ただし、個人事業から始めて、継続的に利益が確保できるようになってから法人設立することもできます（これを「法人成り」といいます）。いきなり何段も飛ばして駆け上がろうとするのではなく、一歩一歩あせらず階段を上がろうと努力していくことが、成功への近道だと考えます。

【法人】

> **メリット**
> - 個人事業よりも対外的な信用力が増す
> - 資本金を1,000万円未満にすれば消費税の納税義務が少なくとも１期免除される
> - 欠損金を繰越しできる期間が個人事業主の３年に対し９年となる
> - 生命保険の種類によっては法人契約の保険料を経費で落とすことができる
> - 自分が商売をやめたとき退職金の支払が経費で落とせる
>
> **デメリット**
> - 法人設立のコストとして20万～30万円かかる
> - 交際費は、経費として落とせる金額に制限がある
> - 法人は社会保険の強制適用事業所となるため、社会保険料の負担が発生する

【個人事業主】

> **メリット**
> - 法人を設立した場合に要する20万～30万円のコストがかからない
> - 交際費は支払った全額を必要経費で落とすことができる
> - 従業員が常時５人未満であれば社会保険に加入しなくてよい
>
> **デメリット**
> - 対外的な信用力が法人に比べて劣る
> - 所得の分散ができないため、利益が出た場合トータルの税金コストが高くなる
> - 欠損金の繰越しできる期間が、法人の９年に対して３年と短い

⑪ 屋号をつける際の注意点

1. 会社と誤解される屋号は認められない

　商店街を歩いていれば、「〇〇商店」とか、「メガネの△△」などと「屋号」のついた看板が次々と目に入ります。個人事業でもこれらと同様、自分の店舗や事務所に屋号をつけることができます。

　屋号には、漢字・ひらがな・カタカナだけでなく、アルファベットの入ったものも認められます。ただし、個人事業主が屋号に使うことのできない表現もあります。それは、会社（法人）と誤解されるような言葉です。たとえば、コーポレーション（Corporation）、インコーポレイテッド（Inc.、Incorporated）、カンパニーリミテッド（Co.Ltd.、CompanyLimited）といった言葉を使うことはできません。

2. 商号登記で屋号は守れない

　屋号の登録は、地方法務局で「商号登記」という手続きを通して行ないます。

　かつては同一市区町村内の同一事業である場合、同じ商号での登記はできないことになっていましたが、今では、同一の所在地でなければ、同じ商号でも登録できます。「同一の所在地ではない」ということは、隣合わせの店舗であっても同じ屋号で商売することができるということを意味しています。

　つまり、商号登記という方法では、いまや自分の屋号を守ることはできないのが現状です。そこで個人事業の屋号を保護するために、商標権の登録という方法があります。

3. 商標権は早い者勝ち

　商標権とは、自社の商品やサービスについて、他社の商品やサービスと

区別するための文字、図形、記号、色彩などの結合体を独占的に使用することができる権利と定義されます。

具体的には、大企業の社名やそれに付随するロゴデザインなどは通常商標権の登録がなされています。たとえば「佐川急便」や「LION」といった文字、それに付随するロゴデザインなどが当てはまります。佐川急便の有名なロゴなども商標の1つです。

【商標権が認められるまでの流れ】

```
①特許庁に商標登録出願をする
    ↓
②審査・認定
    ↓
③登録料の納付
    ↓
④商標権の認可
```

商標権が認められるまでには、出願してから約8か月かかります。すぐには認められないと思っておきましょう。

費用については、通常出願時と登録時に支払うのが一般的です。また、商標権の登録はカテゴリーごとに行なうことになり、登録に要する費用は、その区分の数と登録年数によって異なります。

単純に1区分でいくら、2区分であればいくらという形に費用が設定されています。同様に登録年数は5年ならいくら、10年なら…となり、当然10年の方が高くなります。金額については、弁理士事務所や特許事務所によって異なりますが、**特許庁の登録料を含めて出願時に9万円前後、登録時に6万～10万円が目安となります。**

商標権は、同一市区町村内のみならず日本全国に効力が及びます。つまり登録商標を使用する権利をひとり占めすることができ、他人による商標の類似範囲の使用を排除することができるわけです。その権利を侵害する者に対しては、侵害行為の差止めや損害賠償請求をすることができます。

ただし、下記のような組合せに関しては登録できないという例外規定があります。

【登録できない屋号の組合せ】

ありふれた氏または名称 業種名 著名な地理的名称	＋	商店、商会、屋、家、社、堂、舎、洋行、協会、研究所、製作所、会、研究会…

「ありふれた氏」というのは、簡単に言えば、よくある苗字や名称のことです。50音別電話帳などでかなりの数を発見することができるものなどが当てはまります。特殊な苗字なら差別化できますが、「日本でもっとも多い苗字」の上位に来るような姓は、「ありふれて」います。

このように書くと、「〝山田商店〟や〝鈴木堂〟といった店は存在しているが許されるのか？」という疑問が生じるかもしれませんが、商標権として登録することができないだけで、名乗ることは自由なのです。つまり「山田商店」は商標登録せずに営業活動をしていると考えてください。

注意しなければいけないのは、商標権は「早い者勝ち」ということです。「うちはずっと前からこの商号を使っていた」と主張しても、商標権の出願の登録をしていなければダメです。

独立行政法人工業所有権情報・研修館が運営している『特許電子図書館』（http://www.ipdl.inpit.go.jp/homepg.ipdl）では、登録されている商標を検索することができますので、商標登録を検討しているのであれば調べてみてください。また、商標権は商標権の存続期間は10年間ですので、10年ごとに更新が必要になることも注意が必要です。

なお、31ページの表にあるように、商標権の登録業務は弁理士の管轄になりますので、実務の相談に関しては弁理士事務所や特許事務所に相談するようにしてください。

12 ホームページを開設するときのポイント

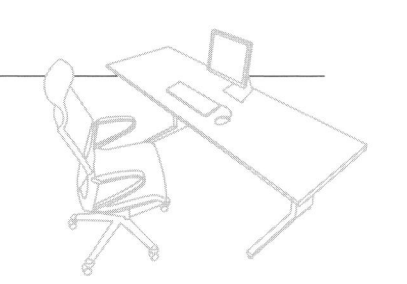

1. ホームページは販促ツールの1つ

　独立開業するにあたって、ホームページは重要なポイントであることは先に述べた通りですが、そもそも、ホームページとは販売促進ツールの1つであることを覚えておく必要があります。

【いろいろな販売促進ツール】

> 1．看板・ポスター
> 　　屋上看板、欄間看板、ポール看板、袖看板、ウィンドサイン、立て看板、野立て看板
> 2．フライヤー・チラシ
> 　　(ｱ)　新聞折込チラシ、ポスティングチラシ
> 　　(ｲ)　駅前や街頭で配るフライヤー
> 3．名刺
> 4．DM（ダイレクトメール）
> 5．ショップカード
> 6．パンフレット・リーフレット
> 　　会社案内、商品案内、製品カタログ
> 7．インターネット
> 　　ホームページ、携帯メール、メルマガ（メールマガジン）
> 8．店内グッズ
> 　　(ｱ)　POP、ディスプレイ
> 　　(ｲ)　ノベルティグッズ、お客様紹介カード、ポイントカード

前ページのように、販促ツールにはさまざまな種類があります。開業直後の限られた資金の中で自分のビジネスをお客様にアピールしたいわけですから、費用対効果の高いツールを選択したいところです。まずは、どれが自分にとって必要かつ効果的なツールなのか、優先順位をつけてみてください。名刺や看板などの最低限必要なもの以外は、開業後に順次必要になったその都度作成していくというのも１つの手でしょう。

ただ、販路が全く確保できていない開業前は、どのツールを選択するか悩みがちですので、代表的なツールについて触れておきましょう。

①看板

物言わぬ広告塔として長期間活躍してくれる看板は、一番ポピュラーな販促ツールといえるでしょう。

看板を設置する場合の料金体系には２つのパターンがあります。１つは、店舗に直接設置する場合など、製作時にすべての支払いが完結するパターンです。

もう１つは、他のビルやテナントなどの壁、電柱などに看板を出すような、設置時に製作費を支払った後、１年契約あるいは２年契約などで月極の料金を支払っていくパターンです。

②チラシやDM（ダイレクトメール）

チラシやDMなどの紙媒体をつくる際にまず考えなければならないことは、「売り込みたい相手が誰なのか」ということです。ターゲットの目の届かないところに広告を打っても効果はありません。

職業、性別、家族構成、店舗に来るまでの交通手段、どんなことに関心があるかなどターゲットの特徴をつかんで、適切な媒体を選択する必要があるのです。

新聞折込などのチラシに広告を載せた場合、レスポンス率はかつて３％と言われていましたが、現在では0.1％にも満たないそうです。実施する場合は、広告を打つ範囲をできる限りターゲット顧客に重ね合わせるのがポイントです。

たとえば、折込チラシで不特定多数の人の目にとまるようにするのか、駅前でターゲットとなる層が通りやすい時間帯を狙ってチラシを撒くのか。あるいは、飲食店や美容院などの業種でよく見られるように、ターゲットが積極的に自分のビジネスを探しているフリーペーパーのような媒体に広告を打つのか。

　自分が客になったつもりで、どの媒体が最適なのかをよく考えて選択しましょう。

2．売上につながらないホームページでは意味がない

　普段、なにげなくネットサーフィンをしているとき、「これならつくらない方がよかったのでは」と思うページに出くわすことはありませんか。長期間情報が更新されていなかったり、見た目があまりにも悪かったり、トップページの動画やフラッシュが異様に長すぎてイライラさせるようなものだったり。見ていて非常に残念な気分になることも少なくありません。

　まず念頭に置くべきなのは、ホームページをつくることそれ自体に意味はなく、**ホームページをつくった結果、売上が伸びることこそが目的だ**ということです。そうである以上、自分にとって魅力的な自己満足なページでなく、顧客にとって魅力的なページにすることが必須条件になります。

【効果の出ないホームページの例】

- 長期間情報が更新されない
- デザインがあまりに時代遅れ
- トップページのフラッシュ動画がやたらと長い

3．専門業者に依頼する際の注意点

　ホームページをつくるにあたっては、まずはホームページビルダーのような専用ソフトを使って自作するという選択肢があります。かつては、解説本を読んでも、専門知識がないと自作するのは困難でしたが、現在は、テンプレートも多数用意されていて、非常に便利になっています。十分な時間と専門知識があり、自分で納得のいくものをつくりたいのであれば、

コストもかかりませんので自作するのもよいでしょう。

　ただし、オンラインショッピングを行なうなど、事業で本格的にホームページを活用する場合は、プロの制作会社に依頼するのが現実的でしょう。

　制作費用は、依頼する内容によって10万～200万円くらいまで非常に幅広く設定されているようです。ページ数が少ないほど安くなりますし、中身が複雑になるほど高くなります。トップページに動画を置きたい、コピーや文章もライターにお願いしてキャッチーなものにしたいなど、こだわった分だけコストがかかります。

　ただし、かけたコストに比例して良いページができるとは限りません。200万円かけてつくったサイトでも、集客力や売上のアップにつながらなければ意味がありません。自分が載せたい内容、最低限求める機能を事前に決めておくことが大切です。

　業者の選び方としては、まず制作会社のホームページをチェックすれば、サンプルを閲覧できるはずです。デザインが自分の求めるものに合っているかを判断してから依頼するようにしましょう。

　また、ホームページをつくった後「検索しても全然出てこない」というのはよくある話です。検索結果の上位に表示されるためには、他のホームページにリンクを貼ってもらったり、キーワードを埋め込むなどしてサーチエンジンに引っかかりやすくなるなどの対策（SEO対策）を行なって、知名度を上げる必要があります。

column ▶ ホームページに代わる便利なツール

　ホームページにできる限りお金と手間をかけたくない場合は、「**みんなのビジネスオンライン**」（www.minbiz.jp）の利用を検討してみましょう。これは、業種に最適化されたサイトを7つのステップで簡単に無料作成できるサービスです。業種にあったテンプレートから自分の希望通りにカスタマイズしていくことができます。専門知識がなくても見映えの良いサイトをつくることができる点が大きな特徴です。最初の1年間は無料、2年目以降は月1,470円で使うことができます。

　そのほかブログを使うという方法もあります。ブログは運営サイトご

とにデザインやレイアウトのフォーマットが用意され、好みに合わせて自由に選ぶことができます。コストもかからず情報発信も容易なので、初心者にとってハードルの低い販促ツールといえます。

　そのほか、FacebookなどのSNS（ソーシャルネットワーキングサービス）は、開業する前からビジネスとして使い始めることをおすすめします。新たな事業について無料で情報発信することは、知名度の低い開業当初に特に効果を発揮しますので、ぜひ活用してください。

13 前職の会社を退職するときの注意点

1．円満退職のススメ

　いままで、数多くの「退職の場面」を見てきました。筆者自身も、従業員として退職し独立する場面、逆に経営者として従業員が退職していく場面の両方を経験しました。それらを通じて感じるのは、円満に退職することが、独立して成功するための必要条件だということです。会社をどのように辞めるかが、独立後にも大きく響いてくるのです。

　まったく関係のない業種で、縁もゆかりもない土地で独立するなら話は別ですが、通常はそれまでの経験を活かし、似た業種で独立開業するケースが多いはずです。

　業界内では、いろいろな噂が、思わぬルートで、ときに驚くようなスピードで飛び交っています。勤めていた会社や業界に少しでも遺恨を残すような辞め方をしてしまうと、他人の口を伝って、どのような噂を立てられるかわかりません。**結果的にそれが、商売上決して小さくないマイナス要因となる可能性があります。**

　また円満に退職できなかったツケは、いつか自分の身にふりかかってきます。たとえば、自分が従業員として勤めていたとき、「毎日夜中まで残業して働いているのに、残業手当もロクにつけられない。こんな会社辞めてやる」と飛び出すように会社を辞めてしまったとしましょう。

　ところが、いざ自分が経営者として従業員を雇うようになると、立場や考え方が異なっているせいで、いつの間にか従業員だった頃の気持ちを忘れて「残業手当なしで夜中まで働くのが当然だ」と、自分がされたことと同じことをする傾向があります。

　そうなれば、昔の自分と同じように、突然退職する従業員が出てきてもおかしくありません。

　270ページから解説するように、いずれは従業員を雇う立場になること

を見据えて、何としても、トラブルなどを起こさず円満に退職するべきです。それくらいの甲斐性がなければ、自分のために気分よく働いてくれる従業員を育てることも難しいでしょう。成功するための第一歩だと思って、上手に退職したいものです。

2．上手に退職する方法

　円満に退職するためには、勤務先に対して筋をきちんと通すことです。辞表をたたきつけて、「今日を持って辞めさせていただきます。」などというのはドラマだけのお話でまったくの論外です。

　それぞれの会社ごとに、就業規則で「○日前までに退職願いを提出しなければならない」といった退職規定があるはずですので、これを遵守してください。

　また、退職の理由は、誠意をもってきちんと説明するべきです。ウソをついても、何かの拍子にバレてしまうことがほとんどです。**事情をじっくり説明して納得してもらうことで、独立後も「敵」ではなく「ビジネスパートナー」として付き合っていくことが可能になります。**あなた自身にとって、将来のビジネスパートナーを失うことは決して得策とは言えないはずです。

　同時に、会社のクライアントに迷惑をかけることは絶対に避けましょう。自分の退職が原因で、今までお世話になったお客様に不快な思いをさせることは、あなたへの信頼を失墜させることに直結します。

　独立開業は人生の一大事です。今日思い立って明日から独立できるといった類の話ではありません。社内での自分の立場を考えて、自分の後任を決定する期間、後任に仕事を引き継ぐ期間を考慮に入れて、計画的に余裕を持って退職するようにしてください。

14 開業までにかかる経費の処理のしかた

円満に退職することができたら、いよいよ開業準備のスタートです。個人事業主として開業する日に向けて、突っ走りましょう。

1．ほしいと思う備品をリストアップしよう

開業するに当たって必要な備品は膨大な数になりますので、一度すべてリストアップすることをおすすめします。インテリアなどの細かな備品は次から次へとほしくなるもので、気がつくと大幅に予算をオーバーしていたということになりやすいからです。

必要だと思うモノをエクセルで色分けしながら入力すると、後で修正がしやすいでしょう。物品名だけでなく、おおまかな金額も記入していきます。次に、書き出した「必要だと思うモノ」を、改めて眺めてみてください。すると、①絶対に必要なモノ、②あると便利なモノ、③自分の好みやこだわりの範囲のモノ、の3つに分けられることに気づくはずです。

冷静になって、一つひとつをこの3分類に仕分けていってください。それぞれの集計をとることによって、各区分の必要資金がいくらになるかを把握します。最優先すべきは当然①ですが、それだけでも思った以上にお金がかかることがわかるはずです。①だけで予算を超えてしまうケースも少なくないでしょう。しかし、この作業を済ませることで、余裕ができたときに②や③を購入すればよいという計画的なプランを立てることができるようになります。

ありがちなのが、ホームセンターでどんどんほしいものを買って、いきなり資金が不足してしまうパターンです。くれぐれも注意しましょう。

2．領収書のもらい方

備品を購入する前に、領収書を必ずもらうことを頭に入れておきましょ

う。会社勤めであれば、勤め先の経費で落とす場合以外にあえて領収書をもらう必要はありませんが、**個人事業主となった以上、事業にかかわるお金であれば必ず領収書を受け取るクセをつけてください。**

とくに男性に顕著なのですが、「面倒だ」、「格好がつかない」と言って受け取らないケースが本当に多いのです。領収書がないものは、経費として認められません。「領収書がない＝支払ったという証拠がまったくない」ということを意味します。これは肝に銘じておいてください。

「レシートは領収書としての効力はないのか」いう質問をよく受けますが、レシートでもOKです。領収書の宛名が「上様」になっているケースはどうでしょうか。領収書としての機能は果たせますが、なるべく宛名をきちんと書いてもらってください。「上様領収書」だと、「その領収書だけ誰かからもらってきたのではないか」と税務署に疑われる可能性があります。無用な疑いは避けるのが賢明です。

それでは、宛先は何と書いてもらうのがベストなのかというと、以下の3パターンであればどれでも問題ありません。

①屋号＋名前
②屋号のみ
③名前のみ

開業前、税務署などへ「個人事業の開業・廃業等届出書」（☞85ページ）を提出していない場合、あるいは各行政庁へ許認可の申請をしていない場合は、まだ屋号の届出をしていない状態ですので、個人名で書いてもらっておけば大丈夫です。

3．開業前の支出は開業後の費用になる

ここまで説明した開業前の支出は、開業後、「開業費」という科目で経費として認められます。開業費は、開業した年に1度に経費として落とすか、5年間で分割して落とすかどちらかを選ぶことができます。

ただし、1つの金額が10万円以上の什器備品や機械装置などは、減価償却の対象になりますので、一度に落とすことはできません（☞91ページ）。

第2章

開業手続きのすべて

1

資金計画の立て方

1．お金の計画がないと廃業の恐れも

　開業するにあたり、各種手続きと同時に作成しなければならないのが、経営計画書です。

　とはいえ、書店で「経営計画書」や「事業計画書」「ビジネスプラン」といった言葉の書かれた本を見ると、非常に複雑で、とてもつくれそうな気がしてこないかもしれません。本書では、必要最低限の項目だけをカバーした経営計画書を目指します。最低でもこれだけはつくらないといけない部分のみを抜き出して紹介します。

　必要最低限の項目とは、「お金に関する数値計画」です。

　経営理念をつくって経営分析を行なって、経営目標を立てて…といった形で文章を考えながら経営計画書を立てるのは大事なことです。しかし、文章を考えるのに悩んで月日を浪費したり、行き当たりばったりで何の計画も立てずに開業してしまったりするのはまったくの時間のムダです。何はともあれ、まずは絶対に避けて通れないお金に関する数値計画だけは考えておかないと、すぐに廃業に追い込まれることにもなりかねません。

2．お金に関する数値計画をつくろう

　お金に関する数値計画は、大きく分けて次の2種類に分けて考えます。

①開業準備のためのお金に関する数値計画（準備開始〜営業開始＋開業から3か月間）
②軌道に乗った後のお金に関する数値計画（開業3か月経過後）

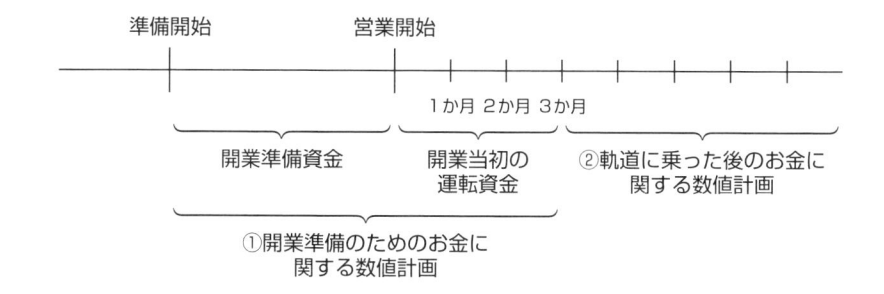

```
準備開始        営業開始
  |—————|————|————|————|————|————|————|————|————|
              1か月 2か月 3か月
       開業準備資金  開業当初の    ②軌道に乗った後のお金に
                    運転資金       関する数値計画
           ①開業準備のためのお金に
             関する数値計画
```

　①は、開業準備にいくら必要なのか、そして必要資金をどのような手段で用意するのかの2点を明らかにした計画です。

　②は、開業後3か月を経過した後の、日常的なお金の出入りが行われている中での売上やそれに対する仕入、さらにその他の経費に関する数値計画を立案したものを言います。

　これらの数値計画を立案する理由は2点あります。1つ目は、お金の面で成り立たないビジネスモデルを開業前に排除しておくことができるという点です。「どうやりくりしても、毎月50万円の赤字が出ていってしまう」ということが最初にわかっていたら、商材を変更するとか、場所を変えて家賃を下げるとか、そもそも開業しないなどといった対策を講ずることができます。

　2つ目は、金融機関からの評価です。これから独立開業するという非常に不安定な状態の人に融資をするのは、金融機関側から見るととてつもないリスクを伴います。

　「なんとなく1,000万円ぐらいお金が足りなさそうだから、1,000万円お金を貸して」というのと、「開業準備に1,500万円かかってしまう。そのうち500万円は自己資金で用意できる。残りの1,000万円については、期間を7年間にしてくれれば、各月の利益が30万円出るから十分返済可能である。だから、1,000万円のお金を貸して」というのと、貸す側の立場だったら、どちらに貸したくなるでしょうか。

　経営計画書はこういうときに必要となるものなのです。

3. 開業準備資金を把握しよう

　まずは、開業準備のための数値計画、つまり開業準備にいったいいくらかかるのかを計算します。

　開業するにあたって店舗や事務所を借りる場合には、敷金・礼金・保証金や家賃、仲介手数料が必要となります。借りた店舗や事務所を改造する場合には、内装や外装の工事費用が必要となります。

　さらに開業に合わせて什器備品を購入する場合や、開業することを知らせるための広告活動にもお金が必要となるでしょう。店舗に商品や材料を陳列して販売する場合には、最初は品揃えを充実させるためにたくさんの仕入も必要となります。

　これらの開業準備に必要なお金を、それぞれの分類ごとに、思いつくまま右ページの表に記入していきましょう。この表を埋めることによって、開業のためにいったいいくらかかるのかを把握することができます。

　まずは、「内容」と「当初想定金額」に、必要と思われる物と想定される金額を手当たり次第書き出してみましょう。

　当初想定金額の右側の列は、各社からの見積金額を記入します。「見積書をとったら想定したよりだいぶ高かったから、買うのはやめておこう」ということはよくあることです。この中で、最終的に購入を決めたものだけ、その横の「決定金額」の欄にその金額を記入して下さい。

4. 開業当初の運転資金を把握しよう

　次に必要なのは、開業してから売上代金を受け取るまでの期間にいったいいくらのお金がかかるのかということを把握することです。

　モノが売れなくても、経費は出ていきます。お客さんが入らなくても、家賃はかかります。もし人を雇っていた場合には、売上がないからといって給料を減額することはできません。

　このように、毎月営業していくために必要となる資金を「運転資金」といいます。開業当初の運転資金を把握するために、69ページの表を埋めながら、当初3か月間の計画を立ててみましょう。もちろん3か月でなくても構いません。お客様が開業時点で確保することができていて、代金回収

【開業準備資金を把握するための計画書】

分類	内容	当初想定金額	見積金額	決定金額
店舗・事務所	敷金・礼金・保証金			
	家賃（　）か月分			
	仲介手数料			
	（　　　　　　）			
	小計			
内外装工事	（　　　　）工事			
	（　　　　　　）			
	（　　　　　　）			
	（　　　　　　）			
	小計			
什器備品	レジスター			
	パソコン			
	パソコン周辺機器			
	電話・FAX・複合機			
	机・椅子			
	棚・キャビネット			
	（　　　　　　）			
	（　　　　　　）			
	（　　　　　　）			
	小計			
販売促進	看板			
	名刺			
	DM、チラシ、ショップカード			
	ホームページ作成			
	ネットショップ開設			
	（　　　　　　）			
	（　　　　　　）			
	小計			
当初仕入	商品・材料			
その他				
	合　　計			

の目途も立っている場合には1か月で十分でしょう。

しかし、そのような恵まれた状態で開業する方はまれです。開業から順調に回り始めるまでの期間を長く設定すればするほど、石橋をたたいて渡る万全の資金繰りをすることができます。

逆にいえば、お金が入ってくるまでの期間が長いほど、開業当初に用意しておかなければならない運転資金も多くなります。 3か月というのは、開業してから軌道に乗り始めるための最短期間です。大変だとは思いますが、「開業して3か月の間に軌道に乗せる」という決心で、営業活動に勤しむことを前提に、必要資金の金額を算出してみましょう。

5. まずは家計感覚からはじめてみよう

具体的な金額はやってみないことにはわかりませんが、家計から類推して、おおよその金額を推測して考えましょう。

明確な基準がない中でこの表を埋めるのは困難かも知れませんが、ぜひトライしてみてください。この作業を通じて、現時点での自分の感覚と実費とのギャップを頭に叩き込むことができるからです。

たとえば、家計の電気代月8,000円を基準として、電気代の経費を1万円と予測したところ、実際は2万円かかったとしましょう。この場合、予測とは1万円もの差があったことになります。**自分が想定した金額と実額との差を「覚える」のではなく「感じる」ことで、経費に対してより敏感になれるのです。**

この意識を植え付けておけば、領収書をみたときに「あれ？　先月の電気代が高い。原因は何だろう」と瞬時に疑問をもつことができるようになります。疑問に思うことこそが、利益を増やすための第一歩です。

次ページの表を完成させると、一番下に3か月間の運転資金の合計額が算出されます。通常、運転資金といえば売上に対する収入もカウントしますが、商売によって売上回収時期は異なります。また、当初の運転資金はなるべくシビアに見たほうが手堅い計画になるので、ここでは運転資金を支出の合計のみで計算しておきます。

【開業当初の運転資金を把握するための計画表】

		1か月目	2か月目	3か月目
仕入	仕入			
	材料			
	（　　　　　）			
人件費	従業員給料			
	（　　　　　）			
販売費・一般管理費	旅費・交通費			
	通信費（電話、インターネット）			
	家賃・リース			
	保険料			
	水道光熱費（電気、ガス、水道）			
	ガソリン代			
	消耗品費・事務用品費			
	広告宣伝・販売促進費			
	（　　　　　）			
	（　　　　　）			
	（　　　　　）			
各月合計				
3か月合計				

自己資金を計算する

1. 自己資金を洗い出してみる

ここまでで、開業準備資金と開業当初の運転資金の金額が把握できたはずです。これらを足すと開業準備のための必要資金が算出されます。

> 必要資金＝開業準備資金＋開業当初の運転資金

これに対して、いくら自己資金があるのかを下表に書き込みながら把握していきましょう。必要資金と自己資金の間にどのくらいの差があるのか、いくら調達すればよいのかがわかります。

このほかにも、解約返戻金が見込める生命保険や、売却により資金化できる不動産や自動車があれば追加しましょう。

【自己資金を整理しよう】

種類	内容	金額
預金	銀行　　　支店	
	銀行　　　支店	
	銀行　　　支店	
貯金	郵便局	
株式		
投資信託		
その他		
合計		

2．不足資金を割り出す

必要資金と自己資金が判明した状態は、下図のように表わせます。

【不足資金を把握しよう】

必要資金を左側、自己資金を右下にとったときの差が不足資金です。この差を埋めることができなければ、必要資金が準備できない、つまり開業できません。では、どう対策を打てば良いでしょうか？　上の図から、不足資金をうめるためには2つの方法があることがわかります。

3．不足資金をうめる方法①〜設備投資額を減らす

1つ目は、必要資金を抑える方法です。これはつまり、最初に書き出した開業準備資金と開業当初の運転資金を再度見直して、設備投資額を減らしていく作業を意味します。

設備投資をいかに抑えるかが成功のカギだということは先に説明しましたが、ここがキモです。使い回しできるものは使い回し、ちょっとでもムダだと思うものは省いて、設備投資をできるだけ抑えましょう。

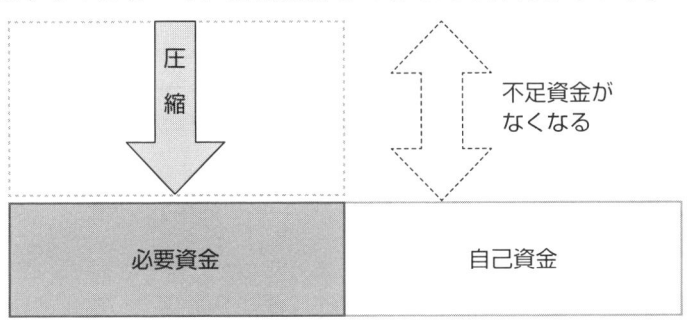

4．不足資金をうめる方法②～資金調達する

2つ目は、不足資金を資金調達によってうめる方法です。

【資金調達の方法】

① 持っている資産を再度見直しして、資金化してつぎ込めるものがないかを探す
② 身内から借りる
③ 受給資格者創業支援助成金などの助成金を検討する
④ 金融機関（銀行、信用金庫など）から融資を受ける

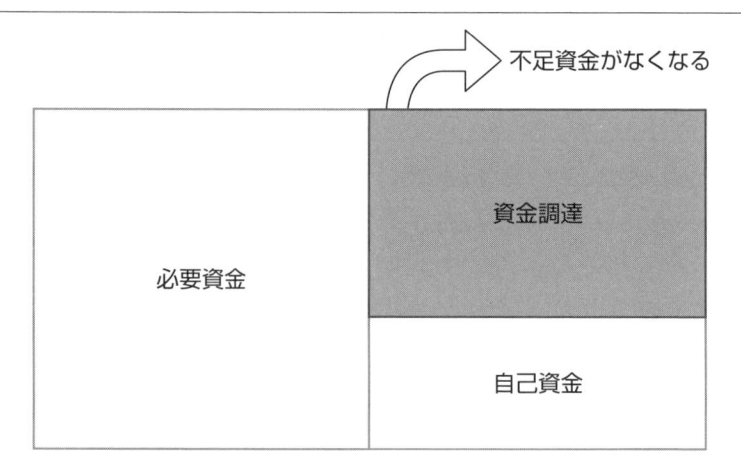

不足資金がなくなる

必要資金　｜　資金調達
　　　　　｜　自己資金

① まず自分の財産を見直して、必要資金に充てられるものを探しましょう。金融機関の普通預金に預けている資金だけでなく、貯蓄しておいた定期預金・定期積金、さらには外貨や株式、証券投資信託に運用しておいたもの、生命保険に掛けているもののうち貯蓄性の高いものなどをまず物色してください。

それでも足りなければ、自身が持っている遊休の土地や建物といった不動産を売却する方法もあります。

【自分の財産を見直してみよう】

普通預金	解約せずに残高にある分を引き出すことが可能
定期預金	満期日は設定されているが、満期日前でも解約可能
定期積金	同上
外貨	円転する際の為替相場によって、円に変換できる金額が変わる。できれば円安のときに両替したい
株式	株価の高いときに売却したいところだが、株式相場を読むのは非常にむずかしい
証券投資信託	同上
生命保険金	掛捨て型でなく、貯蓄性の生命保険であれば、貯まっている部分もあるはず。ただし、解約することによって保障がなくなるので、万が一の保障は確保しておく
土地・建物などの不動産	土地の価格が下落傾向にある今日、思った以上の金額で売却することは一般的にはむずかしい。「売りたい」といってもすぐに買い手が付くとは限らない

② 次に身内から借りる方法です。身内でもきちんと「金銭消費貸借契約書」を作成して、ケジメをもって返済していかなければなりません。

金銭消費貸借契約書

貸主（甲）○○○○
借主（乙）○○○○

　甲と乙は、次の通り金銭消費貸借契約を締結した。

第1条　甲は乙に対し、本日、金１００万円を貸付け、乙はこれを受領した。
第2条　乙は、甲に対し、前条の借入金１００万円を平成○○年○○月から平成○○年○○月まで毎月末日限り金１０万円宛分割して、甲に持参して支払う。
第3条　利息は年○％とし、毎月末日限り当月分を甲に持参して支払う。

　上記の金銭消費貸借契約を証するため、本契約書2通を作成し、各

> 当事者署名押印のうえ、各1通を所持する。
> 　平成○○年○○月○○日
> 　　貸主（甲）住所
> 　　　　　　　氏名　　　　　　　　　　印
> 　　借主（乙）住所
> 　　　　　　　氏名　　　　　　　　　　印

③　助成金を活用するという方法もあります。**受給資格者創業支援助成金**は、失業保険の受給資格を持っている人が開業後1年以内に労働者を雇い入れた場合に、創業費用の一部を助成してくれるという厚生労働省管轄の助成金です。

　その他にも助成金はありますが、制度は日々刻々と変わっていきます。インターネットで『創業支援　助成金』を検索すると、**厚生労働省の『事業主の方への給付金のご案内』**というサイト（http://www.mhlw.go.jp/seisakunitsuite/bunya/koyou_roudou/koyou/kyufukin/kigyou.html）がヒットすると思います。この中の、「これからビジネスを始めようとしている方へ」というところから、「厚生労働省の創業支援」と、「経済産業省の創業支援」をご覧ください。要件に合う助成金を見つけるのはなかなかむずかしいものですが、合致すれば非常に有益な資金調達手段となります。

④　①～③を考えた上で、方法が残っていない場合には、最後に金融機関からの融資を検討します。それなりの設備投資をしようとする場合は、金融機関からの融資を受けたいところでしょう。

　しかし、不足資金を全額借り入れようと考えてはいけません。次のような場合は、融資がおりない可能性が高いでしょう。

> イ．必要資金が多すぎるケース
> ロ．自己資金が少なすぎるケース
> ハ．事業そのものの採算が見込めず、リスクが高いケース

イ．必要資金が多すぎるケース

　これは、そもそもの開業準備資金が初期段階として大きすぎるということを意味します。何の実績もない独立開業時から多額の必要資金がかかるのであれば、よっぽどの採算見通しや担保価値などがないと厳しいと考えて間違いありません。

　とはいえ「多額の必要資金」がいくらなのかは、業種、立地、採算性などによってまったく異なります。経験から言えば、5,000万円を超える融資は、誰であろうとも審査が通りにくいレベルだといえます。開業当初の個人事業主であれば、1,000万円の融資でも多すぎるという認識でいたほうがよいでしょう。

　店舗の内装外装の工事が必要になる場合でも、できることなら融資の申請額を500万～700万円には抑えたいところです。

　「設備投資は1,000万円単位でお金がかかるのが当たり前」というイメージがあるかもしれませんが、何十年と営業活動を続けてきた法人が設備投資に何千万円をかけるのと、個人事業主が初めて経営を行なうときの話を同じレベルで考えてはいけません。

　金融機関などの第三者の目はシビアです。かつて大企業のトップセールスマンだった人も、独立開業すれば若葉マークをつけた経営者の1人でしかありません。非現実的な計画では、融資を受けることは難しいでしょう。

ロ．自己資金が少なすぎるケース

　必要資金と自己資金の関係は、下記の式が大まかな目安となります。要するに必要資金の30％は自己資金でまかないましょうということです。

$$必要資金 \times 30\% \leqq 自己資金$$

　これは、30％以上の自己資金があれば必ず融資を受けられるという話ではありません。**30％以上用意できて初めて、審査の土俵に上ることができる**というイメージです。

　この金額の資金をそろえられない場合は、計画段階までさかのぼって調達方法を見直しましょう。「設備投資の場合には誰でも融資を受けられる

はず」という軽い気持ちで開業準備の資金を見積って、金融機関に申請を出したものの、金融機関から却下されて初めて設備投資の資金が高すぎることに気づくというのはよくあることです。一旦原点に戻って、本当に必要な設備投資なのかどうかという点から再度考え直してみるべきでしょう。

ハ. 事業そのものの採算が見込めず、リスクが高いケース

　金融機関から融資を断わられる場合には、それなりの理由があります。事業そのものの採算が見込めないケースも多々あります。まだ事業を始めたわけではないのですからいくらでも引き返せます。ビジネスモデルを再度考え直して、チャンスを待つのも1つの方法です。

　なお、金融機関には都市銀行、地方銀行、信用金庫、信用組合など、いくつかの種類があります。都市銀行は大企業を主な取引先としているので、通常個人事業の融資は難しいでしょう。一方の地方銀行、信用金庫、信用組合は中小企業を主な取引先としています。ただし独立開業の融資にあっては、積極的に取り組んでいるところとそうでないところ、まったく取り扱っていないところといろいろあります。まずは各金融機関の窓口で問い合わせてください。

　これらの金融機関以外に、新規開業を取り扱ってくれるのが、政府系の金融機関である日本政策金融公庫です。日本政策金融公庫は、創業や起業を行う人向けの融資を行っている金融機関で、「新規開業資金」や「女性、若者／シニア起業家支援資金」「再挑戦支援資金」「食品貸付」「生活衛生貸付」「新創業融資制度」といった融資の種類があります。

　これらの融資を申し込む場合は、日本政策金融公庫の最寄りの支店に行く際に、「借入申込書」と一緒に「創業計画書」と呼ばれる経営計画書を提出します。

　次項から、日本政策金融公庫に提出する経営計画書を例にとって、経営計画書のつくり方を解説していきます。

③ 融資に必要な経営計画の立て方・経営計画書のつくり方

1. あなたのビジネスの魅力を表現しよう

　必要資金調達のための金融機関への融資を希望する場合、避けて通れないのが経営計画書です。経営計画書というと小難しいもののように思えますが、要するに自分の考える商売のやり方を第三者に説明するためのものです。「何のために事業を行なうのか」「どのような商品をどこから仕入れ、どこで、どうやって、誰が販売するのか」など、独立開業にあたって誰しもが必ず考える内容を書面に表しただけのものです。

　「起業したい」という、あなたの個人的な希望を実現するために第三者のサポートを求めるのであれば、あなたの事業の性格や魅力についての説明を尽くすのは当然のこと。経営計画書は、相手に自分の考えていることをしっかりと理解してもらうための手段だと思ってください。

2. 経営計画書の書き方

　ここでは日本政策金融公庫のホームページからダウンロードできる「創業計画書」をひな形として取り上げます。79ページをご覧ください。これはA4の大きさ2枚で構成されています。

1. 創業の動機

　強く熱い気持ちがないと商売は続きません。中途半端な気持ちなら、最初からやらないほうがよいでしょう。「ほんとにこのビジネスを始めたい」「このビジネスを通じて、〇〇を良くしたい、貢献したい」など、飾る必要はないので、自分の言葉で自分の「思い」を表現してください。

2. 事業の経験等

　この欄にはこれまでの事業経験などについて事実を記入します。隠して

もよいことはありませんので、ありのまま記入してください。具体的には、①今まで自分で事業を経営していたことがあるかどうか、②今から開業しようとする事業について、従業員としてでもよいので経験があるかどうか、③資格、④借入金の有無を記入してください。

３．取扱商品・サービス

　この欄には、販売する商品・サービスを具体的に３種類記入します。また、売上全体からみたそれぞれの商品・サービスの占める割合を「売上シェア」の欄に記入します。セールスポイントの記入欄には、自社製品のどこが売りなのか、同業他社と比べてどこが違うのか、どこにこだわっているのかなどを記入しましょう。

　「どこが売りかなんて言われても……」と思うかもしれません。ですが、厳しいことを書くと、**「売り」がなければ新規のお客様はつきません**。開業した後で順調に伸びていくかどうかは、この「売り」や「強み」を持つかどうかにつきます。自分のつくる商品・サービスそのものが秀でた特徴を持つものなのか、あるいは技術そのものより、その技術を提供する話術が自分の「売り」なのか。これらの「売り」や「強み」を認識して、それをアピールすることが、ビジネスを成功に導くための近道と言えます。

４．取引先・取引条件等

　この欄は、販売先、仕入先、外注先の主な取引先をいくつか記載します。そして、その取引先の全体における占める割合を記入します。たとえば、販売先の中でＡ商店が、売上全体の80％を占めるような場合には、シェアの欄に80％と記入します。

　次に、それぞれの回収支払の条件を記入します。よく、取引を開始する際、この回収支払の条件をないがしろにするケースが非常に多く見受けられます。開業したあとでわかることですが、この回収支払の条件というのは、資金繰りに大きな影響を与える非常に重要な問題となります。融資を申し込む前に、現金での回収支払の有無や、何日締めか、決済されるのはいつなのかをきちんと頭に入れて記入してください。

(1／2)

創 業 計 画 書　　　　お名前

・この書類は、ご面談にかかる時間を短縮するために活用させていただきます。お手数ですが、ご協力のほどよろしくお願いいたします。
　なお、本書類はお返しできませんので、あらかじめご了承ください。
・お手数ですが、可能な範囲でご記入いただき、借入申込書に添えてご提出ください。
・この書類に代えて、お客さまご自身が作成された計画書をご提出いただいても結構です。

〔　平成　　年　　月　　日作成　〕

1　創業の動機

業　種		創業（予定）時期	平成　　年　　月
創業されるのは、どのような目的、動機からですか。			

2　事業の経験等

過去にご自分で事業を経営していたことはありますか。	□ 事業を経営していたことはない。 □ 事業を経営していたことがあり、現在もその事業を続けている。 □ 事業を経営していたことがあるが、既にその事業をやめている。〔⇒　やめた時期：　　年　　月〕

	年月	略歴・沿革
この事業の経験はありますか。 （お勤め先、勤務年数など創業 に至るまでのご経歴）		

取得されている資格	有　（　　　　　　　　　　　　　　　　）・　特になし

創業される方（法人の場合、代表者の方）の現在のお借入の状況 （事業資金を除きます。）	お借入先名	お使いみち	お借入残高	年間返済額
		住宅・車・教育・カード・その他	万円	万円
		住宅・車・教育・カード・その他	万円	万円
		住宅・車・教育・カード・その他	万円	万円

3　取扱商品・サービス

お取扱いの商品・サービスを具体的にお書きください。	①	（売上シェア　　％）
	②	（売上シェア　　％）
	③	（売上シェア　　％）
セールスポイントは何ですか。		

4　取引先・取引条件等

	取引先名（所在地等）	シェア	掛取引の割合	回収・支払の条件	取引先名（所在地等）	シェア	掛取引の割合	回収・支払の条件
販売先		％	％	日〆 日回収		％	％	日〆 日回収
		％	％	日〆 日回収		％	％	日〆 日回収
仕入先		％	％	日〆 日支払		％	％	日〆 日支払
		％	％	日〆 日支払		％	％	日〆 日支払
外注先		％	％	日〆 日支払		％	％	日〆 日支払
		％	％	日〆 日支払		％	％	日〆 日支払

従業員等	常勤役員の人数（法人の方のみ）	人	人件費の支払	日〆　　　　　　日支払 （ボーナスの支給月　　　月，　　　月）
	従業員数（うち家族）	人（　　人）		
	パート・アルバイト	人		

（日本政策金融公庫　国民生活事業）

第2章 ▶ 開業手続きのすべて

(2／2)

お名前 ＿＿＿＿＿＿＿＿＿＿＿＿＿＿＿＿

〔 平成　　年　　月　　日作成 〕

5　必要な資金と調達の方法

必要な資金		金　額	調　達　の　方　法	金　額
設備資金	店舗、工場、機械、備品、車両など （内訳）	万円	自己資金	万円
			親、兄弟、知人、友人等からの借入 （内訳・返済方法）	万円
			日本政策金融公庫　国民生活事業 からの借入	万円
			他の金融機関等からの借入 （内訳・返済方法）	万円
運転資金	商品仕入、経費支払資金など （内訳）	万円		
合　　　計		万円	合　　　計	万円

6　事業の見通し（月平均）

		創業当初	軌道に乗った後 （　　年　　月頃）	売上高、売上原価（仕入高）、経費を計算された根拠をご記入ください。
売　上　高　①		万円	万円	
売上原価　② （仕入高）		万円	万円	
経費	人件費(注)	万円	万円	
	家　賃	万円	万円	
	支払利息	万円	万円	
	その他	万円	万円	
	合　計　③	万円	万円	
利益①-②-③		万円	万円	(注) 個人営業の場合、事業主の分は含めません。

ほかに参考となる資料がございましたら、計画書に添えてご提出ください。　　　　　（日本政策金融公庫　国民生活事業）

※本書類はお返しできませんので、あらかじめご了承ください。

3. 必要な資金と調達方法

　創業計画書の2ページ目にあたる80ページは、計画を数値に落とし込むための表です。これまで説明した開業準備資金や運転資金をそれぞれの区分ごとに記載したもので、現時点で考える資金の調達先を記入します。

　開業準備資金を左上の「店舗、工場、機械、備品、車両など」の欄に、運転資金は左下の「商品仕入、経費支払資金など」の欄に記入します。右側には、これらの資金をどうやって調達するかを、それぞれの区分ごとに記載します。「日本生活金融公庫　国民生活事業からの借入」という欄に書き込むのが、日本生活金融公庫への借入申込額となります。

　数値計画の2つ目は事業の見通しを数値（金額）で表わしたものとなります。1か月あたりいくらの売上を稼ぐことができるのか、仕入はいくらか、その他の経費はいくらかかるのか、そして利益はいくらかを、創業当初、事業が軌道に乗った後、の2段階に分けて記入します。

　この表に金額を入れるためには、69ページで使った表をベースに、下のような表をつくって月ごとに計画を立案していくとよいでしょう。

【事業の見通し（月平均）をつくるための表】

		月	月	月
売上高　①				
売上原価（＝売上高×原価率）　②				
粗利益（＝売上高×粗利率）　①－②				
経　費	従業員給料			
	旅費・交通費			
	通信費（電話、インターネット）			
	家賃・リース			
	保険料			
	水道光熱費（電気、ガス、水道）			
	ガソリン代			
	消耗品費・事務用品費			
	広告宣伝・販売促進費			
	（　　　　　　　　）			
	合計　③			
利益　①－②－③				

この表は、何度も試行錯誤して書き直しながら完成形に近づけるものです。したがって、パソコンの表計算ソフトを使うか、手書きでつくるのであれば鉛筆で記入してください。書き方を順に説明していきましょう。

イ　まず売上高です。最初は思いつくまま売上の金額を埋めていきましょう。最初は無理を承知で計画してみてください。
　開業して以降、売上をいくら獲得していくのかを月ごとに記入します。前ページでは3か月分しか欄をつくっていませんが、1年分を計画しておきたい場合は、12か月分を作成して記入していってください。

ロ　売上原価とは、売り上げた商品・サービスの仕入値のことです。900円で仕入れた商品を1,000円で売った場合、粗利益は100円（＝1,000円－900円）と求められます。
　この場合、下記算式により、「粗利率は10％である」といいます。

売上高	1,000円
売上原価	900円
粗利益	100円

粗利率	＝	粗利益	÷	売上高
	＝	100円	÷	1,000円
	＝	10％		

　この「粗利益」をいかに稼ぐかが、商売の基本です。
　たとえば、1か月あたり100万円の粗利益を目標にしたとき、粗利率が10％の商品Aと、粗利率25％の商品Bをそれぞれ売った場合、売上はどれぐらいの差が出てくるでしょうか。

A　売上高＝100万円÷粗利率10％＝1,000万円

B　売上高＝100万円÷粗利率25％＝400万円

　Aは1,000万円の売上を稼がないといけないのに対し、Bのように利幅の高い商品であれば、売上高400万円で粗利益100万円が達成できるわけです。このことを頭に入れたうえで、自分の売ろうとしている商品・サ

ービスの粗利率が何％なのかを考えて、売上高、売上原価、粗利益を記入してください。

ハ　引き続き、経費の欄に書き込んでいきましょう。経費を各項目に分けて、それぞれの月に想定される経費の額を記入しましょう。その際に注意しないといけないことは下記の3点です。

> ● 開業当初から従業員を雇用する場合、計画通りの売上をあげるためには、従業員は何人必要で、給料はいったいいくら必要なのか
> ● 計画通りの売上をあげるための経費として不足はないか
> ● 何か月目から利益が出るのか。赤字の期間に必要となる運転資金に余力は残されているか

経費だけを見て算出するのでなく、計画表に埋めた売上計画を見ながら記入してください。「売上計画を達成するために必要な経費の金額がいくらなのか」を頭に浮かべながら記入することが大切です。

最後に自分の立てた数値計画をじっくりと眺めてもう一度検証してください。そして、この数値計画に異常がないかどうかを判断しましょう。

たとえば3か月目の売上が100万円で、4か月目の売上が200万円と記入した場合、1か月で売上を2倍にすることが本当にできるのか、もし2倍にするのならお客様を何人増やさないといけないのか、お客様に対応している時間を何倍増やさないといけないのか、何を売らないといけないのか。そうしたことをきちんと細かく考えて、それが1か月約30日間のうちに実行可能なのかを頭の中で検証してみましょう。

4 開業直後に提出が必要な書類

1．開業を公に宣言しよう

　開業の準備が整えば、役所への各種届出が必要になります。いよいよ開業するということを公に宣言するのです。

　第一歩は、税務署で開業の手続きをすることです。開業する個人事業主は全員、「**個人事業の開業・廃業等届出書**」を税務署に提出します。後々、この届出書の写しを金融機関などから求められることになりますから、期限内にきちんと届出書を提出しましょう。

　国の出先機関である税務署は、各都道府県に数か所〜数十か所存在し、それぞれ管轄する地域が決められています。

2．納税地を選択する

　提出先については、まず「納税地」をどこにするかを選択する必要がありますが、個人事業主の場合、納税地は自宅の住所地が一般的です。提出期限は、開業の日から１か月以内です。

　事務所・店舗の所在地を納税地とすることもできます。この場合、納税地として事務所・店舗の所在地を記入し、２行目に自宅の住所を記入します。もし自宅の住所地を管轄する税務署と、事務所・店舗の所在地を管轄する税務署が異なる場合には、それぞれの税務署に届出書を提出します。

　届出書は直接税務署の受付に持参して提出しますが、郵便で提出することもできます。**注意点は、記入後の届出書をコピーして自分用の控えをつくり、提出と同時にその控えに受付印を押してもらうことです。**この控えはのちに金融機関などで提出を求められることがありますので、必ず作成して保管しましょう。

　郵送で提出する場合も、切手を貼った返信用封筒を同封し、受付印押印済みの控えを返送してもらいましょう。

【個人事業の開業・廃業等届出書】

- 対象者 …個人事業を行なう人全員
- 提出期限…開業の日から1か月以内
- 提出先……納税地の所轄税務署長
  - ☞ 納税地は一般的には自宅の住所地
  - ☞ 事務所・店舗の所在地を納税地とすることもできる。
  - ※2つの税務署が異なる場合には、2か所共に提出。

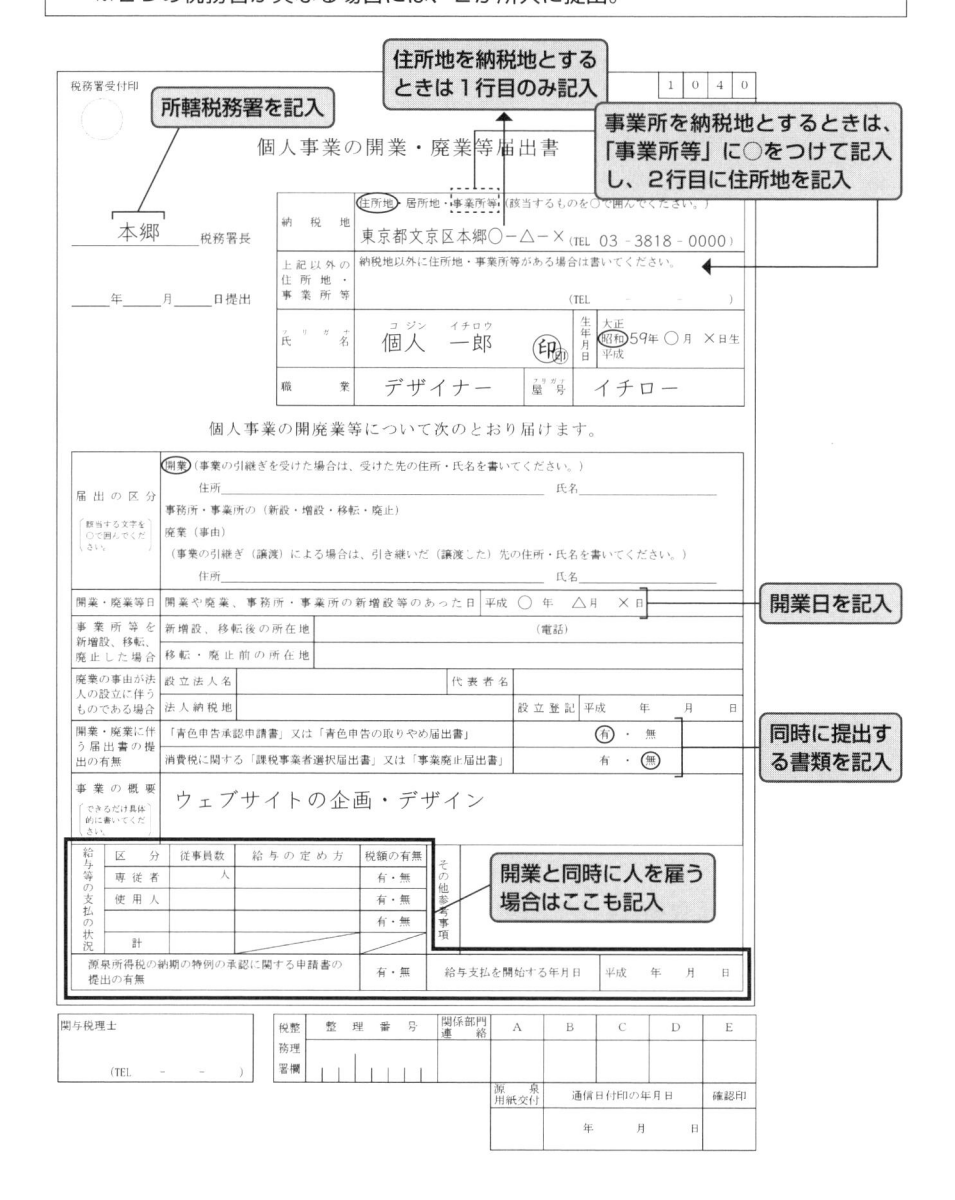

所轄税務署を記入 → 本郷 税務署長

住所地を納税地とするときは1行目のみ記入

事業所を納税地とするときは、「事業所等」に○をつけて記入し、2行目に住所地を記入

個人事業の開業・廃業等届出書

納税地：（住所地）・居所地・事業所等（該当するものを○で囲んでください。）
東京都文京区本郷○-△-× (TEL 03-3818-0000)

上記以外の住所地・事業所等：納税地以外に住所地・事業所等がある場合は書いてください。

氏名：個人 一郎 ㊞
生年月日：昭和59年○月×日生

職業：デザイナー　屋号：イチロー

個人事業の開廃業等について次のとおり届けます。

届出の区分：開業（事業の引継ぎを受けた場合は、受けた先の住所・氏名を書いてください。）
　　　　　　事務所・事業所の（新設・増設・移転・廃止）
　　　　　　廃業（事由）
　　　　　　（事業の引継ぎ（譲渡）による場合は、引き継いだ（譲渡した）先の住所・氏名を書いてください。）

開業・廃業等日：開業や廃業、事務所・事業所の新増設等のあった日　平成　○年　△月　×日　← **開業日を記入**

開業・廃業に伴う届出書の提出の有無：
- 「青色申告承認申請書」又は「青色申告の取りやめ届出書」　㈲・無
- 消費税に関する「課税事業者選択届出書」又は「事業廃止届出書」　有・㈱

→ **同時に提出する書類を記入**

事業の概要：ウェブサイトの企画・デザイン

給与等の支払の状況：
区分	従事員数	給与の定め方	税額の有無
専従者	人		有・無
使用人			有・無
計			

→ **開業と同時に人を雇う場合はここも記入**

源泉所得税の納期の特例の承認に関する申請書の提出の有無　有・無　　給与支払を開始する年月日　平成　年　月　日

5 申告納税制度と青色申告

1. 青色のメリットと白色との違い

　税金のかかり方は、大きく分けて2種類あります。1つは賦課課税方式、そしてもう1つが申告納税方式です。

　賦課課税方式とは、納税通知書が自動的に送られてきて、その納税通知書にしたがって税金を納付する方法です。申告納税方式は、納税者が税金を自分で算出して申告・納付を行なう方法のことをいいます。

　個人事業主にかかる所得税は「申告納税方式」をとっています。自らの申告が求められている以上、自分で正確に計算する必要があります。

　そこで、開業届を提出すると同時に検討したいのが、申告の方法を青色申告にするか白色申告にするかということです。青色申告とは、複式簿記により必要な帳簿を作成する代わりに、青色申告でしか得られない特典を利用することができる制度です。

　白色申告だと帳簿を作成する必要がないかと言えば、そうではありません。白色申告について、平成26年1月から記帳・帳簿等の保存制度の対象者が拡大されました。事業を行なっているすべての個人事業主を対象として、売上、仕入、経費について、年月日、相手先、金額を帳簿に記載することになりました。

　白色申告と青色申告の違いをごく簡単に表わせば、「白色より青色の方がトク」「手続きにかかる手間はそれほど変わらない」。**つまり、基本的に青色申告にしたほうがよいということです。**

　青色申告の特典はいくつもありますが、中でもメリットの大きい3つのポイントを説明しましょう。

【主な青色申告の特典】

① 青色申告特別控除…所得を減らせる
② 青色事業専従者給与…家族への給料を経費にできる
③ 純損失の繰越控除…損失を翌年に繰り越して税金の計算ができる

①青色申告特別控除

　これは、一定の金額を所得から控除することができる制度で、手続きの方法によって、10万円控除と65万円控除の2種類があります。
　所得税は下記の算式で求められます。青色申告特別控除を活用すれば、「青色申告特別控除額（10万円または65万円）×税率」で算出された金額だけ節税できるわけです。
　白色申告には1円の控除もありませんので、活用しない手はないといえるでしょう。

　　所得税額＝（所得－所得控除－青色申告特別控除）×税率

②青色事業専従者給与

　家族の協力によって事業が成り立っている場合、家族に支払う給料を経費として処理できる制度です。白色申告の場合、「事業専従者控除額」として、控除できる金額が下記のように決まっています。

- 配偶者である事業専従者…86万円
- その他の事業専従者 …50万円

　寝る間を惜しんで一生懸命働いた家族に対しても、この金額以上支払った分については経費で落とせません。年間を通して上記以上の金額を支払いたい場合には青色申告にしたほうがトクだということです。

③純損失の繰越控除

　純損失の繰越控除とは、前年に赤字が出た場合の赤字分を、例外的に翌

年以降に繰り越して、その年の所得からマイナスして税金を計算することができる制度です。

①で示した算式からわかるように、利益（所得）が出た分だけ税金はたくさんかかります。つまり原則的には、たとえ前年が赤字だったとしても、純粋にその年の所得に対して税金がかかるしくみとなっています。

【純損失の繰越控除のしくみ】

> 所得税＝
> （所得－所得控除－青色申告特別控除－純損失の繰越控除）×税率

開業１年目はお客さんもつきにくく、赤字になるケースが非常に多いものです。この純損失の繰越控除という特典は、３年間に渡っての繰越しが可能なのです。

仮に１年目に500万円の大幅な赤字を出したとしましょう。たとえ２年目以降に事業が安定して何とか黒字化したとしても、初年度の赤字分を回収できていない状態では、２年目以降の税金を払い続けるのは非常に苦しくなります。そこで、２年目〜４年目の期間内であれば、赤字分の500万円が０円になるまで所得から控除することができるのです。

青色申告のメリットは、一般的に①の青色申告特別控除の効果が強調されることが多いのですが、現場で確定申告の計算を行なっていると、②③に見られるように、トータルで青色申告の節税効果を実感します。ぜひとも、青色申告を採用するようにしてください。

２．所得税の青色申告承認申請書

それでは、青色申告を受けるための手続きを確認していきましょう。まず**「所得税の青色申告承認申請書」**を、納税地を管轄する税務署に提出します。開業日が何月何日に該当するかによって、提出期限が下記のように異なりますので、注意が必要です。

①開業日が１月１日〜１月15日の場合
　⇒開業した年の３月15日まで

②開業日が1月16日～12月31日
　⇒開業日から2か月以内

　開業してから最初の年を明けて、3月の確定申告直前にあわてて青色申告承認申請書を出そうとする方が少なくありませんが、もちろんそれでは開業した最初の年の分からの適用は受けられず、翌年からの適用となってしまいます。
　前項の「個人事業の開業・廃業等届出書」の提出期限は開業日から1か月以内ですので、これと同時に青色申告承認申請書を提出しておくことをおすすめします。

【所得税の青色申告承認申請書】

- 対象者 … 青色申告の承認を受けたい人
- 提出期限
  - ☞開業日が1月1日～1月15日の場合　開業した年の3月15日
  - ☞開業日が1月16日～12月31日の場合　開業日から2か月
- 提出先…納税地の所轄税務署長

所得税の青色申告承認申請書

税務署受付印　　　　　　　　　　　　　　　　　　　　　　　　　1 0 9 0

___本郷___ 税務署長

___年___月___日提出

納税地	(住所地)・居所地・事業所等（該当するものを○で囲んでください。） 東京都文京区本郷○－△－×　(TEL 03 - 1234 - 0000)
上記以外の住所地・事業所等	納税地以外に住所地・事業所等がある場合は書いてください。 (TEL　－　－　)
フリガナ 氏名	コジン　イチロウ 個人　一郎　㊞	生年月日	大正・昭和・平成　59年　○月　×日生
職業	デザイナー	フリガナ 屋号	イチロー

青色申告を受け始める年を記入 →

平成○年分以後の所得税の申告は、青色申告書によりたいので申請します。

1　事業所又は所得の基因となる資産の名称及びその所在地（事業所又は資産の異なるごとに書いてください。）

　　名称___イチロー_____　　所在地___東京都文京区本郷○－△－×___

　　名称_____　　所在地_____

2　所得の種類（該当する事項を○で囲んでください。）

　　(事業所得)　・　不動産所得　・　山林所得

独立開業であれば、通常「事業所得」に○をつける

該当しなければ「無」に○をつける →

3　いままでに青色申告承認の取消しを受けたこと又は取りやめをしたことの有無

　　(1) 有（取消し・取りやめ）___年___月___日　　(2) (無)

4　本年1月16日以後新たに業務を開始した場合、その開始した年月日　　○年　△月　×日

5　相続による事業承継の有無

　　(1) 有　相続開始年月日___年___月___日　被相続人の氏名_____　(2) 無

6　その他参考事項

該当する帳簿等に○をつける →

　　(1) 簿記方式（青色申告のための簿記の方法のうち、該当するものを○で囲んでください。）

　　　　(複式簿記)・簡易簿記・その他（　　　　　　）

　　(2) 備付帳簿名（青色申告のため備付ける帳簿名を○で囲んでください。）

　　　　(現金出納帳)・売掛帳・買掛帳・(経費帳)・(固定資産台帳)・(預金出納帳)・手形記入帳
　　　　債権債務記入帳・(総勘定元帳)・(仕訳帳)・入金伝票・出金伝票・振替伝票・現金式簡易帳簿・その他

　　(3) その他

関与税理士 (TEL　－　－　)	税務署整理欄	整理番号	関係部門連絡	A	B	C	D	E
				通信日付印の年月日			確認印	
				年　月　日				

90

6 減価償却に関する手続き

1．減価償却ってなに？

　開業時の設備投資は少ないほどよいと何度も述べてきましたが、もちろん、最低限必要になるモノがあります。ただし、それらの購入に要した費用は、全額がその年の経費として落ちるとは限りません。

　備品や車両などは、時間の経過と共に徐々に価値は下がっていくものの、1年間でそのすべてを使い切ってしまうわけでもありません。そういったモノに関しては、購入に要した取得価額を、それぞれのモノに応じて決められた期間で分割して費用化していく方法がとられています。このしくみを減価償却といいます。

　減価償却の対象となる資産は減価償却資産と呼ばれ、下のものがあてはまります。おおざっぱにいうと、**1個あたりの金額が10万円以上の資産については、1度に経費として処理することはできないと考えてください。**

【おもな減価償却資産】

> 減価償却資産…建物、建物附属設備、構築物、機械装置、車両運搬具、工具器具備品、ソフトウェア

　減価償却資産の種類は、一つひとつの資産ごとに細かく区分され、それぞれの区分ごとに法定耐用年数が定められています。法定耐用年数とは、それぞれの取得価額を費用化するためにかかる総年数のことをいいます。

2．2種類の償却方法

　費用化していくための主な償却方法には、定額法と定率法があり、資産の種類ごとに選ぶことができます。

①定額法

> 特徴………毎年、減価償却することができる金額が同じ
> 計算式……減価償却費＝取得価額×定額法償却率

　定額法は、償却することができる金額が毎年一定となる方法で、法定耐用年数ごとに償却率が決まっています。
　「取得価額」とは買った時の値段のことですから、上記計算式から算出される減価償却費は、毎年変わらないことを意味しています。

②定率法

> 特徴………減価償却することができる金額が、毎年一定の割合で減少していく
> 計算式……減価償却費＝期首帳簿価額×定率法償却率

　一方、定率法は、初期段階の償却費を多めにとって、毎年一定の割合で徐々に減らしていくという計算方法です。
　上記計算式中の期首帳簿価額とは「取得価額－既償却額」、つまり買った値段から前年までに減価償却した金額を引いた金額のことです。既償却額は毎年増えるので、結果として減価償却費の金額は毎年減っていくことになります。
　法定耐用年数の期間内で取得価額を経費化していくという点では、定額法も定率法も変わりません。法定耐用年数が経過したときに残されている未償却部分は同額になります。
　異なるのは、経費化していくスピードです。**定率法は最初からトップギアで多額の減価償却費を計上することができるが、いずれ失速して定額法に抜かれてしまうというイメージです**。最終的な減価償却費の合計額は同じになりますが、毎年の損益に少なからず影響を与えることになります。
　なお、建物、無形固定資産、ソフトウェア、生物に関しては無条件で定額法が採用され、定率法を選択することはできません。

3. 届出手続きと記入上の注意点

　償却方法を決めたら、「**所得税の減価償却資産の償却方法の届出書**」を税務署へ届け出ます。**この書類を提出しなかった場合、自動的に定額法を選択したものとみなされます**。すなわち定額法のままでよいと思えば、手続きは一切必要ありません。

　減価償却資産については、それぞれ耐用年数の定められた耐用年数表というものがあります。この耐用年数表は、「減価償却資産の種類」ごとに定められています。そして、機械装置については、「設備の種類」、それ以外の減価償却資産については、「構造又は用途、細目」まで区分されています。耐用年数表の一部を抜粋したものが下表です。

＜機械・装置＞

設備の種類	細目	耐用年数
農業用設備		7
林業用設備		5
食料品製造業用		10
飲料、たばこ又は飼料製造業用設備		10
繊維工業用設備	炭素繊維製造設備 　黒鉛化炉 　その他の設備 その他の設備	 3 7 7

＜器具・備品＞

構造・用途	細目	耐用年数
事務機器、通信機器	謄写機器、タイプライター 　孔版印刷・印書業用のもの 　その他のもの 電子計算機 　パーソナルコンピュータ（サーバー用のものを除く） 　その他のもの 複写機、計算機（電子計算機を除く）、金銭登録機、タイムレコーダーその他これらに類するもの その他の事務機器 テレタイプライター、ファクシミリ インターホーン、放送用設備 電話設備その他の通信機器 　デジタル構内交換設備、デジタルボタン電話設備 　その他のもの	 3 5 4 5 5 5 5 6 6 10

この届出書の記入について見ていきましょう。96ページの記入サンプルと照らし合わせながらご覧ください。

まず「減価償却資産の種類」は、建物・建物附属設備・構築物・車両運搬具・工具器具備品といった種類が該当します。また「設備の種類」は、機械装置の中に区分けされている○○製造設備というものが該当します。

「構造又は用途、細目」というのは、建物・建物附属設備・構築物・車両運搬具・工具器具備品という資産の種類の中に、さらに細かく分類されているものをいいます。たとえば器具備品は、「事務機器及び通信機器」「看板及び広告器具」といったように、構造または用途で区分されています。

具体例をみていきましょう。96ページの記入例の、真ん中より少し下の部分「2　減価償却資産の償却方法」の欄をご覧ください。

減価償却資産の種類 設　備　の　種　類	構造又は用途、細目	償却方法
器具備品		定率法

上のように記入すると、器具備品に属するすべての「構造又は用途、細目」をすべて定率法で償却することになります。

減価償却資産の種類 設　備　の　種　類	構造又は用途、細目	償却方法
器具備品	事務機器及び通信機器、電子計算機	定率法

こちらは、器具備品という資産の種類の中で、「事務機器及び通信機器」という「構造又は用途、細目」に属する電子計算機という細目について、定率法を採用するということになります。

つまり、この中に含まれない器具備品については、届出を出していないのと同様に扱われ、定額法で償却することになります。

この償却方法の届出書は、初年度の確定申告書の提出期限までに届け出ればよいため、事前の提出が義務付けられている青色申告の承認申請書と異なり、開業年の翌年3月15日まででよいことになります。

【所得税の減価償却資産の償却方法の届出書】
- 対象者……償却方法を定額法以外の方法にしたい人
- 提出期限…最初の確定申告期限（翌年３月15日）まで

使わないほうを消す

税務署受付印　　　　　　　　　　　　　　　　　　　　　　　1 1 6 0

所得税の ~~棚卸資産の評価方法~~ / 減価償却資産の償却方法 の届出書

_____ 本郷 _____ 税務署長

_____年_____月_____日提出

納税地	ⓐ住所地・居所地・事業所等（該当するものを○で囲んでください。） 東京都文京区本郷○-△-×　(TEL 03 -1234-0000)
上記以外の住所地・事業所等	納税地以外に住所地・事業所等がある場合は記載します。 (TEL　-　-　)
氏名　フリガナ コジン イチロウ	個人 一郎　㊞　生年月日 大正・昭和59年 ○月 ×日生・平成
職業	デザイナー　屋号　イチロー

~~棚卸資産の評価方法~~ / 減価償却資産の償却方法 については、次によることとしたので届けます。

定額法・定率法などを記入

1　棚卸資産の評価方法

事業の種類	棚卸資産の区分	評価方法

2　減価償却資産の償却方法

	減価償却資産の種類 設備の種類	構造又は用途、細目	償却方法
(1) 平成19年3月31日以前に取得した減価償却資産			
(2) 平成19年4月1日以後に取得した減価償却資産	車両運搬具		定率法

3　その他参考事項

(1) 上記2で「減価償却資産の種類・設備の種類」欄が「建物」の場合
　建物の取得年月日　平成／昭和_____年_____月_____日

(2) その他

関与税理士 (TEL　-　-　)	税務署整理欄	整理番号	関係部門連絡	A	B	C	D	E

通信日付印の年月日　　確認印
年　月　日

建物附属設備、構築物、機械装置、車両運搬具、工具器具商品などを記入

7 棚卸資産の評価に関する届出

1．年末に売れ残った商品を評価する

商売をする過程では、通常、物を仕入れるという行為が発生します。仕入れ元に実際に代金を支払った段階で経費にできそうなものですが、仕入額は、商品が売れた段階で初めて経費として計上されます。

```
┌─────────────┐      ┌─────────────┐
│ 年始にあった商品 │      │   当年中に    │ ┐
│      A      │      │   売れた商品   │ │ 売上原価
├─────────────┤  ⇒   │      C      │ ├ ＝当年の経費
│   当年中に   │      ├─────────────┤ ┘
│  仕入れた商品  │      │ 年末に残った商品 │
│      B      │      │      D      │
└─────────────┘      └─────────────┘
```

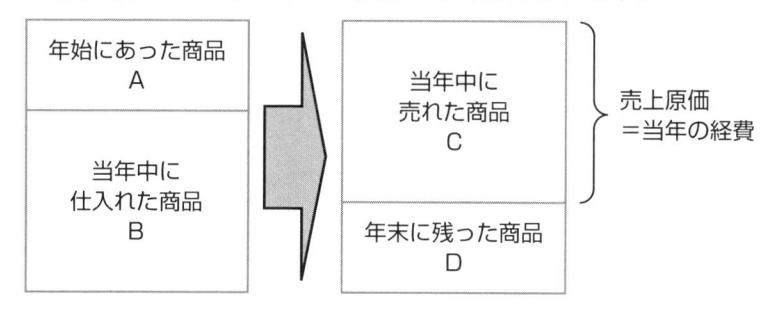

図の左側にあるすべての在庫（年始にあった商品と当年中に仕入れた商品）の行く末は、右側のように、売れた商品と年末に残った商品に区分されます。

当年中に仕入れたのはBですが、当年の経費になるのは、あくまで売れたCのみなのです。このCを「売上原価」といいます。売上原価を求める算式は下記のとおりです。

> 売上原価C ＝ 年始商品A ＋ 当年中に仕入れた商品B
> － 年末に残った商品D

そして、この算式中の年末に残った商品Dを、「棚卸資産」といいます。これは要するに、仕入れた商品のうちまだ販売されていないもののことです。具体的には商品のほか、製品、半製品、仕掛品、原材料などの会計科目が棚卸資産に該当します。

棚卸資産の金額を評価するにあたっては、いくつかの方法があります。

減価償却資産の償却方法と同様、税務署に届け出ることによって、任意の方法で評価することができるというわけです。

2. 棚卸資産の評価法には複数の種類がある

棚卸資産の評価方法には下記のように複数の種類があります。

【棚卸資産の評価方法の種類】

個別法	原価法	個々の取得価額をもって評価
先入先出法		先に仕入れたものから順次払い出しが行なわれたものとして計算
総平均法		年始の取得価額と、当年中の仕入金額との合計額を、総数量で割って単価を算出
最終仕入原価法		その年に最後に仕入れた単価をもって、年末の評価額を計算
低価法		上記の方法で計算した原価と、年末時点の時価を比較して、どちらか低い方の価額で評価する

　この中で、低価法だけが特殊であることがわかります。というのも、年末時点の時価と、その他のいずれかの方法で算出した原価とを比較して、低い方をとるという方法だからです。

　その他の原価法については、いずれかのタイミングでの購入価額を元に計算します。

3. 所得税の棚卸資産の評価方法の届出書

　評価方法の届出をしなかった場合、自動的に「最終仕入原価法による原価法」を選択したものとみなされます。この方法で差し支えない場合は、届出は必要ありません。

　最終仕入原価法による原価法以外を希望する場合は、「所得税の棚卸資産の評価方法の届出書」を提出します。この届出書は、「減価償却資産の償却方法の届出書」と兼用になっていますので、該当しない方を二重線で削除して使用してください。もちろん、2つの届出を1枚で提出することも可能です。

　記入する内容は、「事業の種類」「棚卸資産の区分」「評価方法」の3点

のみです。「事業の種類」に小売業、製造業、卸売業などといった業種を記入、「棚卸資産の区分」には商品、製品、半製品、原材料などの区分を記入、そしてもう１か所、「評価方法」を記入します。

　この届出書の提出期限は、減価償却資産の償却方法の届出と同じく、最初の確定申告書の提出期限、すなわち開業年の翌年３月15日となります。

【所得税の棚卸資産の評価方法の届出書】

> ●対象者………評価方法を「最終仕入原価法による原価法」
> 　　　　　　　以外の方法にしたい人
> ●提出期限……最初の確定申告期限（翌年３月15日）まで
> ●提出先………納税地の所轄税務署長

使わないほうを消す

税務署受付印		1 1 6 0

所得税の ~~減価償却資産の償却方法~~ 棚卸資産の評価方法 の届出書

___本郷___ 税務署長

___年___月___日提出

納税地	(住所地)・居所地・事業所等（該当するものを○で囲んでください。） 東京都文京区本郷○-△-× (TEL 03 -3818 -0000)
上記以外の住所地・事業所等	納税地以外に住所地・事業所等がある場合は記載します。 (TEL - -)
フリガナ 氏　名	コジン　ジロウ 個人　二郎　㊞	生年月日	大正 昭和 49年 ○月 ×日生 平成
職　業	雑貨小売業	フリガナ 屋号	ジロー

~~減価償却資産の償却方法~~ 棚卸資産の評価方法 については、次によることとしたので届けます。

1　棚卸資産の評価方法

商品、製品、半製品、原材料、消耗品などを記入

小売業、製造業、漁業などを記入

事業の種類	棚卸資産の区分	評価方法
小売業	商品	先入先出法による原価法

2　減価償却資産の償却方法

	減価償却資産の種類 設備の種類	構造又は用途、細目	償却方法
(1) 平成19年3月31日以前に取得した減価償却資産			
(2) 平成19年4月1日以後に取得した減価償却資産			

（個別法、先入先出法、
総平均法、最終仕入原価法）
と
（原価法、低価法）
を組み合わせて記入

3　その他参考事項

(1)　上記2で「減価償却資産の種類・設備の種類」欄が「建物」の場合
　　　　　　　　　　　昭和
　建物の取得年月日　平成___年___月___日

(2)　その他

関与税理士		税整理欄	整理番号	関係部門連絡	A	B	C	D	E
(TEL - -)									
						通信日付印の年月日		確認印	
						年　月　日			

8 消費税の課税事業者を選択する場合

1. 課税事業者になると還付を受けられる場合がある

　前述のとおり、すべての個人事業主が消費税を納めなければならないわけではありません（☞20ページ）。過去のある一定期間中の課税売上げが1,000万円を超える「課税事業者」となると、強制的に消費税の納税義務者となります。開業前に課税売上げが1,000万円を超えることは有り得ませんので、初年度は強制的に課税事業者になることはありません。

　ただし、積極的に課税事業者を選択するケースがあります。これは喜んで消費税を払うということではなく、**「開業年の分の消費税の還付を受けることができる場合がある」**ということです。

　消費税は、下記のように算出されます。

> 納める消費税　＝　預かった消費税　－　支払った消費税

　ただし、開業の年に多額の設備投資をした場合、預かった消費税より支払った消費税が上回る場合も出てきますよね。この場合には、上回った分の消費税の還付を受けることができます。つまり、還付を目的として「あえて」消費税の課税事業者になるという選択が生まれるのです。

　ただし、いったん課税事業者となると、少なくとも2年間は消費税を申告しなければならなくなります。1年目に還付を受けたとしても、2年目に納める消費税額が1年目の還付分を上回った場合、課税事業者にならないほうがトクだったということになります。実際にやってみなければわからないことですが、慎重に計算を行なってから提出しましょう。

　一般的には、店舗や事務所を新築した場合、あるいは、賃貸物件に多額の造作を施す工事を行なった場合以外は、課税事業者を選択する必要はないでしょう。

2．消費税課税事業者選択届出書

　自ら課税事業者を選択するためには、「消費税課税事業者選択届出書」の提出が必要になります。

　この届出書は、届出書を提出した日の属する課税期間の翌課税期間から、課税事業者としての効力が発生します。

　課税期間というのは、消費税の納税をする際の計算の基礎となる期間を言います。個人事業者にとっての課税期間というのは、原則として、1月1日～12月31日の暦年のことです。

　ですから、その年の分について課税事業者を選択したければ、その前の年の年末までに届出書を提出しなければなりません。「新規開業なら、開業の前年の年末までに届出書を出すなんて不可能では」と言われそうですが、ご安心ください。新規開業の場合には、開業した年の年末までに提出すればよいとされています。

【消費税課税事業者選択届出書】

- 対象者……消費税の課税事業者になりたい人
- 提出期限…通常は課税事業者として申告したい年の前の年の末日まで。ただし新規開業の場合は開業年の年末まで
- 提出先……納税地の所轄税務署長

　なお、提出先の税務署も、土曜、日曜、祝日、年末年始（12月29日～1月3日）は休みとなります。年末が休みだからといって、年明けの1月4日に提出した場合には翌年分からの適用となってしまいます。税務署の開庁日を確認した上で、年末年始の休み前にきちんと提出しましょう。やむをえず12月29日にあわてて提出する場合は、切手を貼ってポストに投函してください。郵便の場合、通信日付印の表示された日に提出したこととみなしてもらえます。

【消費税課税事業者選択届出書】

第1号様式

消費税課税事業者選択届出書

収受印

平成　年　月　日

　　　本郷　税務署長殿

届出者：
- (フリガナ) トウキョウトブンキョウホンゴウ
- 納税地　（〒113-0033）　東京都文京区本郷〇-△-×　（電話番号　03-3818-0000）
- (フリガナ)
- 住所又は居所（法人の場合）本店又は主たる事務所の所在地　同上　（電話番号　－　－　）
- (フリガナ)
- 名称（屋号）　イチロー
- (フリガナ) コジン　イチロウ
- 氏名（法人の場合）代表者氏名　個人　一郎　㊞
- (フリガナ)
- 代表者住所（法人の場合）　（電話番号　－　－　）

下記のとおり、納税義務の免除の規定の適用を受けないことについて、消費税法第9条第4項の規定により届出します。

適用開始課税期間	自 平成 ○年 △月 ×日　至 平成 ○年 12月 31日		
上記期間の基準期間	自 平成　年　月　日 至 平成　年　月　日	左記期間の総売上高 左記期間の課税売上高	円 円
事業内容等	生年月日（個人）又は設立年月日（法人）　1明治・2大正・③昭和・4平成　59年　○月　×日	法人のみ記載　事業年度　自　月　日　至　月　日 資本金　円	
	事業内容　デザイナー	届出区分　事業開始・設立・相続・合併・分割・特別会計・その他	
参考事項		税理士署名押印　（電話番号　－　－　）　㊞	

※税務署処理欄
整理番号		部門番号					
届出年月日	年 月 日	入力処理	年 月 日	台帳整理	年 月 日		
通信日付印	年 月 日	確認印					

注意　1．裏面の記載要領等に留意の上、記載してください。
　　　2．※印欄は、記載しないでください。

（左側）開業日　適用開始課税期間

（右側）開業した年の年末

9 電子申告の開始手続き

1. e-Taxの実情と導入手続き

確定申告の季節、プロスポーツ選手などの著名人が「e-Taxでの確定申告はとてもカンタンでした」とニュースでコメントしているのをご覧になったことがある人も多いでしょう。税理士業界でも、税務署から頻繁にe-Taxの利用促進が呼びかけられているのですが、一般にはあまり浸透していないのが実情のようです。

e-Taxは、確定申告などの国税に関する手続きをインターネットを通して行なえるシステムです。税務署への提出書類を、わざわざ現地まで足を運ばずに、インターネットを介して送信することができるのです。

便利な制度ですが、e-Taxを利用するためには、少々複雑な手続きを踏む必要があります。

【e-Tax事前準備の流れ】

> 1. システム利用のための環境を整える
> 2. 電子証明書・ICカードリーダライタを入手する
> 3. 開始届出書を提出する
> 4. 利用者識別番号を取得する

1. まずはパソコンの環境を整えます。具体的にはハードウェアのCPUやメモリ、WindowsなどOSのバージョン、Webブラウザのバージョンなどの環境を、e-Taxの推奨環境に合致させます。
2. 「電子証明書」とはデータ作成者が本人であることの確認書類で、住民票のある市区町村が発行する「公的個人認証サービス」などが当てはまります（有料）。

    さらに、電子証明書を読み取るためのICカードリーダライタという

装置を購入する必要があります。

3. 上記の準備を整えたら、「**電子申告・納税等開始届出書**」を納税地の税務署に提出します。インターネット経由で提出することもできます。書式にしたがって必要事項を記入し、「**申告・納税等手続**」欄に忘れずにチェックを入れて提出します。書面で提出する場合には、利用することができるまでにある程度の日数が必要になりますので、十分な余裕をもって提出してください。

電子申告・納税等開始（変更等）届出書

（※届出書の記入例の図。納税地：〒113-0033 東京都文京区本郷○-△-× 電話番号 03-1234-0000、屋号：イチロー、氏名：個人 一郎、職業：デザイナー、生年月日：昭和59年○月×日、本郷税務署長殿。「申告・納税等手続」欄に✓。「ここにチェック！」の吹き出し付き。）

第2章 ▶ 開業手続きのすべて 105

10 退職後の国民年金と国民健康保険への加入

1. 国民年金への移行手続き

24ページで説明した通り、サラリーマンを退職すると、厚生年金から国民年金へと切り替える必要が出てきます。厚生年金は会社で手続きをすべてしてくれていたわけですが、国民年金は自分ですべての手続きをしなければなりません。

国民年金の被保険者の種類	概要	説明
第1号被保険者	自営業者、農漁業従事者、無業者など	厚生年金などの被保険者になっていない人 日本国内に住所 20歳以上60歳未満 国籍は無関係
第2号被保険者	サラリーマンなど	厚生年金の被保険者 公務員共済組合等の組合員 私立学校教職員共済の加入者
第3号被保険者	サラリーマンの配偶者	第2号被保険者の配偶者 主として、第2号被保険者の収入で、生活しているもの 20歳以上60歳未満

まずは、上表にまとめた国民年金の被保険者の種類をご覧ください。国民年金の被保険者は、第1号から第3号までの3種類があり、いずれかに該当しています。

通常、サラリーマンは厚生年金に加入していますが、その場合、自動的に国民年金の第2号被保険者に該当していることになります。会社勤めのときは、国民年金に加入しているという意識は薄いものですが、**退職すると、第2号被保険者から第1号被保険者になるための手続きが必要になります**。この手続きを、「被保険者の種別の変更」といいます。

種別の変更は、住民票のある市区町村の役所にある、国民年金課もしく

は国民年金を担当する部署で行なってください。

なお、本人が第2号被保険者であるときは、その配偶者は上表の通り自動的に第3号被保険者となります（配偶者が第2号被保険者である場合は除く）。ということは、本人が第1号被保険者となった場合は、必然的に配偶者の種別の変更手続きも必要になります。自分だけは変更しておいて、配偶者はほったらかしということのないよう注意してください。

- ●本人……第2号被保険者　→　第1号被保険者
- ●配偶者…第3号被保険者　→　第1号被保険者

第3号被保険者の社会保険料は、配偶者が加入している厚生年金等が一括して負担してくれていたため、個別に社会保険料を納めることはありませんでした。

配偶者が第1号被保険者になるということは、配偶者自身の名義で保険料を納めることとなり、当然、納付書も2人分送られてきますので、その覚悟をしておきましょう。

【種別の変更手続きに持参する物】

- ●年金手帳
- ●退職した日の確認できる書類（退職証明書、離職票、健康保険等脱退連絡票など）
- ●認印
- ※配偶者がいて、配偶者が第2号被保険者でない場合には、配偶者の年金手帳も持参

2. 健康保険の移行手続き

国民年金と同様に、健康保険の変更手続きも必要です。第1章で説明した通り、会社を辞めると、①退職前の健康保険を任意継続するか、②国民健康保険に加入するかの選択に迫られます。

このとき、健康保険からいずれかへの移行が必要となります（☞24ペー

ジ）。①を選択する場合には、退職前の健康保険組合等が窓口となります。大企業など企業単独で健康保険組合を持っているケース、同業種の複数の組合で「〇〇業健康保険組合」に加入しているケース、全国健康保険協会（協会けんぽ）に加入しているケースなどがあります。共通しているのは、会社勤め時代の健康保険組合等に対して任意継続の手続きを行なうということです。役所での手続きではないことに注意してください。

　この場合、退職日の翌日から20日以内に「**健康保険任意継続被保険者資格取得申出書**」を健康保険組合などに提出し、かつ保険料を決められた日までに納めなければなりません。もし第1回の保険料が納付期限までに納められないと、任意継続の資格取得そのものが取消しとなるので気をつけてください。

　なお、任意継続の資格が取得できない場合には、自動的に次に解説する国民健康保険に加入することになります。

【任意継続の手続き】

- 提出期限……退職日の翌日から20日以内
- 提出先………会社勤め時代に加入していた健康保険組合等
- 必要なもの…健康保険任意継続被保険者資格取得申出書
- 保険料………第1回の保険料を指定された日までに納付

　②の国民健康保険への加入は、国民年金と同様、住民票のある市区町村の役所で手続きを行ないます。国民年金の窓口と国民健康保険の窓口は、同一あるいは隣りに並んでいることがほとんどです。

　提出期限は退職日の翌日から14日以内です。退職と開業準備を平行して進めていればどうしても忙しくなるものですが、必ず速やかに手続きを行なってください。開業したらますます忙しくなるのは目に見えていますし、手続きを遅らせても何のトクもありません。

　国民健康保険は、退職日の翌日から被保険者としての資格を取得したことになりますので、手続きが遅れたとしても、結局は保険料をさかのぼって納めることになります。

【国民健康保険の手続き】

- 提出期限…退職日の翌日から14日以内
- 提出先……住民票のある市区町村の役所（国民健康保険の担当窓口）
- 必要なもの
    - ☞ 退職した日の確認できる書類（退職証明書、離職票、健康保険等脱退連絡票など）
    - ☞ 認印

11 労災保険の特別加入

1．労災保険とは事業主を守る制度

　まず、労働者災害補償保険（労災保険）は事業主を守ってくれるものだと考えてください。従業員が不慮の事故に遭った場合などに、事業主の責任を肩代わりしてくれる、ありがたい制度なのです。

　労災保険とは、業務上の事由または通勤途上で労働者が負傷、疾病、障害、死亡に見舞われた場合などに、労働者やその遺族に対して保険給付を行なう制度です。労働者を1人でも雇っていれば労災保険の適用事業所となり、個人事業主は、成立手続きを行なって労働保険料を納めることになります。

　では、フリーランスで人を雇わない場合や、家族のみで事業を行なっている場合の家族の扱いはどうなるのでしょうか。これらの人は、労災保険の対象となる「労働者」に該当しませんので、原則として労災保険に加入することはできません。

　しかし、業務の実情や災害の発生状況から考えて、労働者と同様に保護すべきだという考えから、特別に労災保険に加入できるようにする制度もあります。それが、後に解説する「特別加入制度」です。

　また将来、商売が軌道にのれば、アルバイトを雇うことになるかもしれません。労災保険の対象となる労働者には、正社員だけでなくパート・アルバイトも含まれます。一人でも人を雇えば、労災保険への加入義務があると考えてください。

2．一人親方等の特別加入制度

労災保険の特別加入者は大きく３つに区分されます。

- ●第１種特別加入者……中小事業主等
- ●第２種特別加入者
    - ☞一人親方等
    - ☞特定作業従事者
- ●第３種特別加入者……海外派遣者

　この中で、労働者を使用せずに事業を行なう場合に関係してくるのが、「第２種特別加入者」です。第２種特別加入者は、「一人親方等」と「特定作業従事者」の２つに大きく分かれます。

　「一人親方等」は、次のような事業について特別加入が認められています。

【一人親方等の特別加入制度】

- ●自動車を使用して行う旅客または貨物の運送の事業（個人タクシー業、個人貨物運送業など）
- ●建設の事業（大工、左官、とびなど）
- ●漁船による水産動植物の採捕の事業
- ●林業
- ●医薬品の配置販売業
- ●再生利用の目的となる廃棄物の収集、運搬、選別、解体などの事業
- ●船員法第1条に規定する船員が行う事業

　また、次ページに挙げるような「特定作業」に従事する人についても、特別加入が認められています。

【特定作業従事者の特別加入制度】
- 特定農作業従事者
- 指定農業機械作業従事者
- 職場適応訓練生
- 家内労働者
- 労働組合等の常勤の役員
- 介護関係業務に係る作業従事者

　通常、労災保険の手続きは労働基準監督署の窓口で行ないますが、特別加入の手続きは、労災保険一人親方等の団体および特定作業従事者の団体を経由して、労働基準監督署に申し込むことになります。

　探し方は、まず開業地域の労働局のホームページをチェックしてみてください。労働局とは、各都道府県に１つずつ存在する厚生労働省の地方支部局です。労働局のサイトには「労働保険事務組合等名簿」あるいは「一人親方等の団体及び特定作業従事者の団体名簿」というものが掲載されている場合があります。ホームページに載っていない場合には、労働局あるいは、労働基準監督署に直接尋ねてみましょう。

第3章

1年目の経営を スムーズに 進めるために

1 資金繰りの考え方

開業の手続きが終われば、いよいよ商売の開始です。第3章では商売を行なっていく上で、頭に入れておいて欲しい基礎知識を紹介していきます。

1．資金繰り表とは「未来の取引」を書くもの

「資金繰り」とは、資金の過不足をきたさないようにすることをいいます。支払の時点で「お金がない！」という状態にならないようにすることが、商売を続けていく上での必須条件です。

そのために必要となるのが**資金繰り表**です。資金繰り表というとなんとなくむずかしそうで、つくるのもたいへんなイメージがあるかもしれませんが、そんなことはありません。簡単に書くとこんな感じです。

月	日	摘要	収入	支出	資金残高
1	1	前日残高			1,000,000
	10	家賃		105,000	895,000
	25	水道料		5,000	890,000
	25	電気代		10,000	880,000
	30	買掛金の支払		420,000	460,000

【資金繰り表の記入方法】

① 現金と預金など日々の支払に使うことができる資金残高を一番上の行に記入
② 支出（資金が出ていくこと）が決まっている取引について、日付、摘要、金額を記入する
③ 収入（資金が入ってくること）が確定している取引について、日付、摘要、金額を記入する
④ 資金残高の集計を行なう

資金繰り表の特徴は、過去の取引でなく、「未来の取引」について記入するという点です。未来の取引について、決まっている収入や支出を記入していくことにより、後の資金残高を推定し、その資金残高がマイナスにならないように対策を練るのが目的です。

　独立開業すると、一般的には支出や収入の取引項目が次々と増えていきます。これらの取引項目は、日付順に並べていくことにこそ意味があるので、それまで作成した資金繰り表の行の中にどんどん割り込んで入ってきます。だから手計算で行なうよりも、パソコンの表計算ソフトあるいは市販の資金繰りソフトで行なうことをおすすめします。

2．回収条件と支払条件は最初にしっかり検討する

　独立開業に限ったことではありませんが、「お金の世界というのはなんとなく汚い世界の印象がある」と感じている人がいます。

　商売をやっていく上でお金の話は避けて通れません。商品やサービスを提供したら、お金を回収する。これは別に悪徳業者がすることではありません。遠慮などしていては商売など無理。あとで嫌な思いをしたくなければ、最初からきっちりお金の話を考えておきましょう。

①回収条件について
　まず、売上代金の回収方法には次のような方法があります。
【代金の回収方法】

---

① 　現金商売………商品・サービスを販売する都度、現金で回収する方法
② 　都度請求方式…商品・サービスを販売する都度、請求書を発行し、代金を回収していく方法
③ 　掛け売り方式…商品・サービスを販売するに当たり、1か月に1度締日を設け、その締日までの1か月分についてまとめて請求書を発行し、一定の期日に代金を回収する方法

---

①の現金商売は、販売の都度お金が入ってきます。飲食業などはほとんど現金でその都度代金を回収しますので、これに該当します。

　②と③については、販売した日にはお金は入ってきません。請求書を発行して、何日あるいは、何か月後に代金を回収するという流れになります。

　この代金回収までの日数については、取引先との話合いによります。支払側が条件を指定してくるケースが一般的ですが、なるべく早く回収できるような条件にしましょう。

　とくに独立開業したてのときは、何かとお金が出ていくものです。しかも、売上もそれほど大きくない時期に代金回収までに2か月も3か月もかかるようであれば、この先いきなり暗雲が立ち込めるばかり。なんとか代金回収を短くしてもらうことがポイントです。**手形で受け取る場合を除いて、代金は翌月中に回収するのが一般的です。**

②**支払条件について**

> 【代金の支払方法】
> ①　現金仕入………商品・サービスの仕入の都度、現金で支払う方法
> ②　都度請求方式…商品・サービスの仕入の都度、支払請求書を受け取り、代金を支払う方法
> ③　掛け仕入方式…商品・サービスの仕入について、1か月に1度締日を設け、その締日までの1か月分についてまとめて支払請求書を受け取り、一定の期日に代金を支払う方法

　独立開業したてのころは、まだ対外的な信用もほとんどありません。したがって、支払は現金払いという①のケースがよくあります。その後に取引を継続していって、信用が増えた段階でようやく、②とか③に移行してもらえるということもありますので、覚悟しておきましょう。

　さて、ここで**売上代金の回収条件が掛け売り（月末締めの翌月末日回収）で、仕入代金の支払条件が現金仕入の場合の資金繰り表**を見てみます。

月	日	摘要	収入	支出	資金残高
3	1	前日残高			300,000
	10	家賃		105,000	195,000
	20	現金仕入		210,000	−15,000
	25	水道料		5,000	−20,000
	25	電気代		10,000	−30,000
	30	生活費の支出		50,000	−80,000
4	1	前日残高			−80,000
	10	家賃		105,000	−185,000
	25	水道料		5,000	−190,000
	25	電気代		10,000	−200,000
	30	3月分の売上代金回収	400,000		200,000
	30	生活費の支出		50,000	150,000

　この事例の場合、3月分の仕入は3月20日に現金で行なった仕入210,000円のみ、売上代金については、3月末日に締めて1か月分の請求書を得意先に送り、翌月末日である4月30日に売上代金が回収されるという前提です。

　この資金繰り表の最後である4月30日を見てください。この行の資金残高は150,000円となっています。つまり、4月30日だけを見ればお金は手元には残っており、支払不足は生じないということになります。

　しかし、4月30日が来るまでの過程はどうでしょう。この資金繰り表のとおりであれば、3月20日の現金仕入の代金すらマイナスとなって払えません。以後、最終の4月30日まで残高不足の状態が続きます。実際の現場でこのようなことが起こったら、支払を止めてもらうか、現金を何らかの方法でかき集めるか、あるいは破綻するしか道はありません。

　では、この表のどこに問題があるのでしょうか？　答えは簡単です。**仕入代金の支払が売上代金の回収よりも早いのが問題なのです。**

　売上代金が回収できるのが4月30日なのに、仕入の支払が3月20日。となると、4月30日に回収する売上代金を使って、仕入資金を支払うことはできなくなります。ということは、対応する売上代金とは別に、仕入のための資金を元々確保しておかなければ、資金ショートを起こしてしまいま

す。

　では、3月分の仕入資金を余分に確保せずに、この売上代金で仕入資金を支払えるようになるにはどうしたらよいでしょうか。

　なんてことはありません。売上代金を回収した後で、仕入代金を支払えばよいのです。仮に仕入代金の支払いを③の掛け仕入方式（月末締めの翌月末日払い）にした場合の資金繰り表をつくると次のようになります。

月	日	摘要	収入	支出	資金残高
3	1	前日残高			300,000
	10	家賃		105,000	195,000
	25	水道料		5,000	190,000
	25	電気代		10,000	180,000
	30	生活費の支出		50,000	130,000
4	1	前日残高			130,000
	10	家賃		105,000	25,000
	25	水道料		5,000	20,000
	25	電気代		10,000	10,000
	30	3月分の売上代金回収	400,000		410,000
	30	3月分の仕入代金支払		210,000	200,000
	30	生活費の支出		50,000	150,000

　この資金繰り表どおりでいけば、仕入代金の210,000円は売上代金を回収した日に支払うことになりますから、マイナスが発生することはなく、4月30日まで資金不足となることはありません。

　売上代金の回収条件や仕入代金の支払条件は、一度決めてしまうとなかなか変更しづらいものです。後から変更をお願いすると、資金的に危ない会社だと疑われる可能性さえ出てきます。何事も最初が肝心です。取引条件を決めるときには、資金繰りのシミュレーションをきちんと行なった上で、慎重に決定しましょう。

　資金繰りを楽にするための秘訣は、「**回収は早め、支払は遅め**」です。

【練習問題】

　次の3つの回収条件について、締日から支払までの日数を計算してみましょう。なお、この締日から支払までの日数のことを支払サイトと言います。

① 月末締めの、翌月末日払い
② 月末締めの、翌月10日払い
③ 20日締めの、翌月末日払い

答　①30日、②10日、③40日

　一般的に、売上代金の回収サイトが、仕入代金の支払サイトよりも大きい場合には、お金が入ってくるまでの日数が長いため、資金繰りはつらくなっていきます。

回収サイト ≦ 支払サイト

となるように、回収支払サイトを設定しましょう。

② 取引先と契約書を交わす際の注意点

1．契約書とはあなた自身を守るもの

独立開業して商売を行なっていくにあたって、契約書は避けて通れません。開業直後に交わすことが多い契約書は次のとおりです。

- お金を借りるとき………金銭消費貸借契約書
- リース契約を組むとき……リース契約書
- 賃貸物件を借りるとき……賃貸借契約書
- 業務委託を受けるとき……業務委託契約書

契約書を目にすると、条文がいっぱいあって文字もやたらと多く、「堅苦しい」とか「そんなのいらないのでは……」と感じる人はとても多いと思います。

契約書というのは、形式的につくらないといけないものではありません。また取引の相手のためにつくるものでもありません。**契約書は、あなた自身を守るためにつくるものなのです。**

そもそも、契約書というのは、契約の成立を証明する書面のこと。口約束も契約ですが、それをきちんと紙に残した物が契約書なのです。後から「言った、言わない」のトラブルになることを防止するためにもきちんと書面に残しておきましょう。

2．最低限取り決めておくべきこと

契約書で大事なことは、何を約束したかをちゃんと把握しておくことです。契約書を作成するにあたって、最低限意識しないといけないことは何なのかを書き出してみました。

【契約書の作成で確認しておくべきこと】

1. するべきことは何か。何を頼んだのか。何を頼まれたのか
2. 期間はいつからいつまでなのか
3. 金額はいくらか
4. お金の支払の手段と、その期日はいつか
5. 契約どおりに履行しなかったらどうなるのか
6. どうやったら契約を破棄できるのか
7. 契約期間が終わったら契約はどうなるのか。満了なのか、更新なのか。それをいつまでに伝えればよいのか

「契約書のつくり方」について記した書籍などを見ると、法律用語や漢字の羅列でむずかしく書かれていますが、簡単に言うと、上のことがお互いの合意内容通りに書かれていればよいのです。口頭で行なった合意内容がもれなく書かれているかを確認しましょう。

3．後々のトラブルを避けるためのポイント

上で示した契約書に記載すべき約束がきちんと表現されていたら、その書面を、きちんと効力をもち、後々問題にならないものにする必要があります。そのための注意点を説明していきます。

【トラブルを回避するためのポイント】

1. 作成年月日を書く
2. 署名捺印をきちんとする
3. 収入印紙をきちんと貼る
4. 契約書を2通つくり、きちんと、1通ずつ保管する
5. 捨印を押さない

① まずは、作成年月日を書くことです。契約書をパソコンなどで作成して印刷をする際、作成年月日を空欄にした状態で印刷することは非常に多いです。さらに作成年月日の記入を忘れてしまうということが実際見受けられます。後からのトラブルを防止するためにも、契約時に日付はきちんと記入しましょう。

② お互いに住所氏名を記入し、きちんと印鑑を押しましょう。よく「実印でないとダメなのか」という質問を受けますが、実印でないと契約は無効などということはありません。認印でも契約は成立します。

③ 収入印紙を貼らないと契約書自体の効力がなくなるわけではありませんが、収入印紙を貼るべき契約書に、収入印紙を貼らなければ、あとから罰金のような税金がとられることがありますので、きちんと収入印紙を貼りましょう。また消印をすることもお忘れなく。

④ 契約書は、お互いに一通ずつ持つということです。一通だけ作って、一方が原本を持ち、他方がコピーを持つというケースが見受けられます。そもそも、契約書は後々のトラブルを防止するためのものであって、契約書の単なるコピーは証拠能力の点でとても問題が大きいのです。印紙税はかかりますが、お互い原本を一通ずつ持つことをおすすめします。

⑤ 捨印とは、記載した文章の誤りを訂正するにあたり、欄外に捨印することをいいます。実はこの捨印を押すことにより、あとから相手方が何らかの言葉を書き加えたり、修正したりすることが可能となってしまうのです。ですから、極力捨印は押さないようにしましょう。文章を間違えたら、間違えたところに二重線を引いて、二重線上に訂正印を押し、その上に正しい文言を書いて修正を加えます。

4．契約書に関する印紙税を忘れない

契約書が「課税文書」に該当する場合、印紙税を納める義務が生じます。

課税文書とは、印紙税の課税事項の記載があって、その内容を証明する目的で作成された文書のことです。印紙税は、契約書の内容及び金額に応じて定められた印紙税額に相当する収入印紙を契約書に貼り付けることによって納税したことになります。収入印紙は郵便局などで販売しています。

印紙税を納めなければいけない文書であるにもかかわらず、納められていない場合には、その印紙税額の３倍の過怠税を納めなければなりません。 通常の印紙税額の３倍とはかなりの額ですよね。「印紙税がかかることを知らなかった」とか「印紙を貼るのを忘れた」といっても、過怠税を免れることはできません。契約書を交わすときには、収入印紙を貼る必要があるかどうかという点を必ず検証してください。

また、収入印紙を貼ってあったとしても、消印がなされていない場合には、その印紙税額と同じ金額の過怠税が課されてしまいます。消印をすることも忘れないようにしましょう。

では具体的に、印紙税を貼らないといけない課税文書にどういうものがあるかを見ていきます。いわゆるフリーランスを中心とした個人事業主が取り交わすことになる契約書には下記のようなものがあります。

● 第２号文書…請負に関する契約書
　☞ 請負契約とは、ある仕事を完成することを約束し、その仕事の結果に対して報酬を支払うことを約束した契約のこと
　☞ 機械保守、警備、清掃、講演などの仕事も含む。
　☞ その他、プロ野球選手、映画・演劇の俳優・監督・演出家・プロデューサー、プロボクサー、プロレスラー、音楽家、舞踊家、テレビジョン放送の演技者・演出家・プロデューサーの役務の提供を含む。
　　　例：工事請負契約書、注文請書、俳優出演契約書、広告契約書、保守契約書、印刷契約書、清掃請負契約書、映画俳優専属契約書など

１つの仕事を完成させることを委託することについて、契約書を交わしたものが第２号文書となります。第２号文書に該当する場合の印紙税の金額は次の通りです。

【第2号文書にかかわる印紙税額表】

契約金額	印紙税
1万円未満	非課税
1万円以上、100万円以下	200円
100万円超、200万円以下	400円
200万円超、300万円以下	1,000円
300万円超、500万円以下	2,000円
500万円超、1千万円以下	1万円
1千万円超、5千万円以下	2万円
5千万円超、1億円以下	6万円
1億円超、5億円以下	10万円
5億円超、10億円以下	20万円
10億円超、50億円以下	40万円
50億円超	60万円
契約金額の記載のないもの	200円

　長期間の契約書や基本契約書については、次の第7号文書に該当する可能性が出てきます。

> ●第7号文書…継続的取引の基本となる契約書
> ☞営業者間において、売買、売買の委託、請負などに関する2以上の取引を**継続的に**行なうことについて、その目的物の種類、取扱数量、単価、対価の支払方法などの事項を定めた契約書

　第2号文書に該当する場合には、印紙税の金額は契約金額によって増減するのですが、この第7号文書に該当してしまうと、契約金額にかかわらず、一律4,000円となります。

3 伝票類の準備

1. 必ず準備しないといけない3つの伝票

事業を行なっていくにあたって必要となる各種伝票類に次のようなものがあります。最低限必要な伝票類としてこの3つは揃えておく必要があります。どこかの会社に作成を委託するにしても、自分でつくるにしても、時間を必要とするので、開業までに準備しておきたいものです。

- 領収書　（金銭を領収した印として支払者に渡す文書）
- 請求書　（商品の代金の支払を請求するための文書）
- 納品書　（商品の納入に際し、納品した商品名、単価、個数などを明記した文書）

ただしインターネット上のデザインなど、物理的に存在しないものの場合には、納品書は省略してしまっても構いません。

なお、これらの3つの伝票類は、市販されています。市販のものに、自分の情報（住所、屋号、名前、電話番号など）を記入するか、あるいは判を押して使うという方法もあります。

2. 請求書のつくり方

請求書とは、販売した商品やサービスの代金を回収するために、得意先に対して発行する文書です。記載されていなければいけない項目は以下のとおりです。

> 請求書の発行日、相手先の名前、自分の住所、屋号、氏名、電話番号
> 請求する項目、単価、数量、金額、合計請求額、消費税額、振込先

市販の物でも、専用のパソコンソフトや表計算ソフトを使って自分でつ

くる場合でも、前ページの項目が書いてあれば大丈夫です。

たとえば、下のようになります。

【請求書の書式サンプル】

請 求 書

××年××月××日

〒113-0033
東京都文京区本郷○-△-×
イチロー
個人 一郎 ㊞
Tel：03-1234-××××

株式会社 ○○○　　　　　　　御中

下記の通りご請求申し上げます。　　振込先　○○銀行○○支店　普通預金　××

ご請求金額　[　　　]　（別途、消費税額　　　　）

項　　　　目	数量	単価	金　　額
			0
			0
			0
			0
	小　計		0
	消費税		0
	合　計		0

　形式は自由ですので、自分でつくる場合にはこのサンプルをアレンジして作成してください。

　なお、請求書を発行して相手方に渡したあとで、請求書の内容について問合せがあることが多々あります。また将来税務調査を受ける際に、「いつからいつまでの請求書を見せてください」と言われますので、請求書の控は必ずとっておいて、あとからわかるようにきちんとファイリングしておきましょう。

3．領収書の選び方

　領収書は、商品・サービスの代金を回収した際、代金を受け取ったことを明らかにするための文書です。すべての代金を振込で受け取ることになっていて、販売代金を現金・小切手・手形で受領することがまったくない人以外は必ず準備しなくてはならないものです。

　領収書も、文具店や書店、100円ショップなどで販売されています。豪華そうなものから安価でサイズの小さいものまでいろいろな種類があります。**その中で、若干高いかもしれませんが、複写式のものを購入することをおすすめします。**複写式の領収書だと、どのような領収書を相手方に渡したのかが後からきちんとわかるからです。

　領収書は、「いつ、誰から、何を、いくらもらったのか」を明らかにできるようにしておくことがとても大事です。将来、税務調査を受けた際に無用な疑いをかけられるのを避けるためにも、ぜひ複写式にしておきましょう。領収書を受け取った相手が悪意をもって金額を書き換えたとしても、自分のところに控えが残っていたら安心できるからです。

4．領収書はナンバリングしておこう

　それに加えて、必須ではありませんが、**領収書にはナンバリングを施しましょう。**領収書の中に通常「No.」と書かれているところがありますので、ここに順番に数字を入れていきます。ナンバリングの機械を使っても、手書きでも構いません。

　ナンバリングする目的は、領収書の「抜け」がないようにすることです。税務調査の際に調査官が領収書を見るとき、領収書に破られて存在しないページがないかを確認します。もし破られたページがあると、「領収書がない→お金をもらっているのに売上に計上していない」と推定されてしまうことになりかねません。書き損じた領収書もきちんと残し、書き損じた領収書の控えのところに貼り付けておきましょう。

5．領収書に記入するべき項目

領収書に記入しないといけない項目を列挙します。

【領収書に記入しないといけない項目】

- 領収書の発行日
- 相手先の名前（宛名）
- 自分の住所、屋号、氏名、電話番号
- 自分の印鑑
- 領収した金額
- 消費税額
- 但し書き（何の代金かを記入する）
- 収入印紙と消印
  （受け取った金額が5万円以上の場合に、その金額に応じて。平成26年3月31日までは3万円以上）

　これらの項目が記入されていないと、もらった相手方が困ることになります。最も頭を悩ませることになる領収書は、次の3つです。税理士業務を行なっている中でも、とても困ってしまう領収書です。

【問題のある領収書】

- 日付の入っていない領収書
- 明らかに、領収書を受け取った側が金額を記入している領収書
- 宛名や但し書きがきちんと記入されていない領収書

　領収書は、金銭を受け取ったことを証する書類なので、あとから問題の生じることのないようにしなくてはなりません。領収書の発行側としては、不備のない領収書を発行してあげることが得意先への信頼向上につながるはずです。
　まれに、白地の領収書を渡そうとする個人事業主がいますが、これは絶対にやってはいけません。自分の申告についても、ずさんな管理をしてい

るということを周りにアピールしているのと同じです。

6．領収書に関する印紙税

領収書に収入印紙を貼ることは先ほど説明しました。
領収書に貼る印紙税の金額を表にすると次の通りです。

【領収書に貼る印紙税額の一覧表（平成26年4月1日〜）】

受取金額	印紙税
5万円未満	非課税
5万円以上、100万円以下	200円
100万円超、200万円以下	400円
200万円超、300万円以下	600円
300万円超、500万円以下	1,000円
500万円超、1千万円以下	2,000円
1千万円超、2千万円以下	4,000円
2千万円超、3千万円以下	6,000円
3千万円超、5千万円以下	1万円
5千万円超、1億円以下	2万円
1億円超、2億円以下	4万円
2億円超、3億円以下	6万円
3億円超、5億円以下	10万円
5億円超、10億円以下	15万円
10億円超	20万円
契約金額の記載のないもの	200円

　領収書は、印紙税の取扱いの中では「第17号文書」と呼ばれ、「金銭又は有価証券の受取書」という名前が付けられています。この表では念のためにすべての金額を示しましたが、実際に使用することがあるのは上の2行だけでしょう。

　平成26年4月1日以降に作成される領収書について、非課税範囲が3万円から5万円に拡大されました。これにより、金額が5万円以上か、49,999円以下かどうかというところがポイントになりました。5万円以上（100万円以下）であれば、印紙税が200円かかりますので、収入印

を貼り、消印を押して領収書を渡してください。5万円ピッタリなら200円の印紙が必要で、49,999円までであれば印紙を貼る必要はないということです。

　なお、通常販売代金には消費税が含まれていますが、この表で判定する際には消費税は含めずに判定して構いません。ただし、**消費税を含めずに判定することができるのは、領収書にいくらの消費税がかかるのか明記されている場合のみです**。収入印紙を貼る、貼らないの境目に、消費税の金額が影響してくるのであれば、消費税の金額がいくらなのかを明らかにしておく方法を選ばない手はないですよね。

【消費税を含めずに判定してよい表記方法】

- 「¥○○○（うち消費税××円）」
- 「¥○○○　内訳　代金○○○円、消費税××円」

【消費税を含めずに判定してはいけない表記方法】

- 「¥○○○（消費税等込）」

4 銀行預金のつくり方

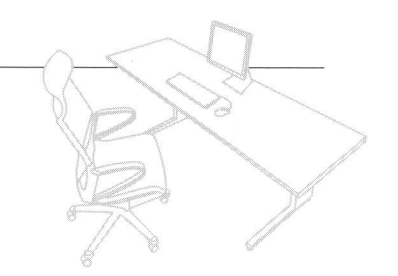

1. 銀行の種類にはどのようなものがあるか？

個人事業を始めるにあたって、預金通帳をつくるとき、どこの金融機関で、どうやって、どのような預金通帳をつくればよいのでしょうか。

まず、銀行には次のようないくつかの種類があります。

【おもな銀行の種類】

- 都市銀行
- 地方銀行
- 信用金庫・信用組合
- ネットバンク

都市銀行は全国に支店をもち、全国規模でサービスを展開している銀行です。三菱東京UFJ銀行、三井住友銀行、みずほ銀行、りそな銀行などが該当します。東京や大阪、愛知などの都心では特に支店数も多いですし、サービスも進んでいますので、便利な銀行です。

地方銀行は、それぞれの地方に拠点をおき、その地域を中心としてサービスを展開している銀行です。都道府県名だったり、都市名だったり、その地域ゆかりの名前が入っていたり、漢数字で始まる名前が多いのが特徴です。都市銀行ほどの全国的なネットワークの広さはありませんが、その地域で、個人事業でビジネスを展開していく場合には、十分満足できるサービスを提供してくれます。

信用金庫・信用組合もそれぞれの地域に根差した金融機関の1つで、「○○信用金庫」あるいは、「○○信用組合」という名前がついています。〝銀行〟という単語が付されていませんが、れっきとした金融機関ですし、そ

の地域内で商売を展開していく上で、十分利用価値があります。

　ネットバンクとは、実際の店舗を持たないインターネット上の銀行です。サービスをネット上で展開するために手数料などが安く、便利なのが特徴です。ただし、実際に銀行員に合って相談することは基本的にできません。

2．金融機関の選び方

　銀行を選ぶ際の判断の第1のポイントは、利便性です。自宅と職場の動線を考えたときに一番便利な銀行を選ぶ、外出した際にどこでも記帳ができるよう支店数を基準に選ぶなども一つの方法です。今の世の中、電話やネットでいろいろな手続きができますが、中には支店の窓口に行かないと行なうことのできない手続きもあります。**自分が普段移動するエリア以外にしか本支店のない銀行を選ぶのは、手間しかかからないのでやめておきましょう。**

　そのほか、得意先の多くがメインバンクとしている金融機関を選べば、振込手数料が削減できるといったメリットがあります。あるいはその地域に特化して、親身になって働いてくれるという意味から地方銀行や信用金庫・信用組合などを選ぶのもよいでしょう。

　第2のポイントは、あなたが融資を受ける意向があるかどうかです。新規開業時に融資を受けて設備投資を行ないたい場合には、預金口座をつくる前に、開業資金の融資が可能かどうかを銀行に相談に行きましょう。融資が認められたら、その銀行に預金口座をつくればよいのです。融資が下りなかった場合は他の金融機関を当たる必要がありますが、いくつもの金融機関を回ってもまったく融資が下りないケースは多々あります。

　ちなみに、政府系金融機関である日本政策金融公庫で認められて融資が下りた場合、日本政策金融公庫は預金を持たないので、口座を開くことはできません。その場合は、利便性の高い金融機関に預金口座をつくりましょう。預金口座はどの金融機関でも構いません。

3．預金の種類には何がある？

口座を開設する銀行を決めたら、次はどの預金をつくるべきかを考えます。預金の種類には次のようなものがあります。

【銀行預金の種類】

- 普通預金
- 当座預金
- 定期預金
- 定期積金、積立預金、積立定期預金

普通預金はもっとも一般的な預金で、自由に預け入れや払い戻しができる口座です。銀行に預金を持っていると言えば通常この普通預金を指します。個人事業でも、銀行に預金をつくるなら、一般的に普通預金口座をつくります。

口座の名義は、「○○商店（屋号）　△△××（名前）」という形でつくります。個人事業だからと言っても生活用の預金との大幅な違いはなく、キャッシュカードの発行も可能です。公共料金などの口座振替や、ATMで出し入れをすることができます。**個人事業の開業に際しては、通常はこの普通預金を1つつくればよいでしょう。**

次に当座預金です。当座預金というのは無利息で、小切手や手形を振り出す際に決済されるための口座です。ドラマなどで小切手を振り出すシーンを見たことがあるかと思います。現金より小切手や手形で支払うほうが格好いいように思えるかもしれません。

しかし、当座預金は、誰でもつくることができるものではありません。取引年月を経て、銀行から見た信頼性ができて初めてつくることができる口座だと思ってください。**個人事業の開業当時に当座預金をつくることは、まず不可能だと思って間違いはないでしょう。**

続いて定期預金は、満期日を指定し、満期日が来るまで払い戻しをしない条件で預ける預金です。したがって、いつでも出し入れが自由な普通預金とは根本的に異なる口座です。

満期日までの据置期間は1か月以上となっていますが、この据置期間が長ければ長いほど金利は高くなります。といっても、かつての高金利時代のように驚くほどの金利で、預けるだけで儲けられるということはおそらくもうないでしょうし、低金利時代の現在では普通預金に塩漬けにしておくよりはよいという程度です。

　とはいえ、金利に過度な期待をせず、運転資金とは別の余剰資金を普通預金と分けておきたいということであれば、定期預金にしておくのもよいでしょう。もしものときに使うお金を定期預金にしておくことは、非常によい方法です。

　最後に、定期積金・積立預金・積立定期預金を説明しましょう。これらは定義としては個々に違いはありますが、いつでも引出しが可能なものではなく、**「徐々にお金を貯めていく貯蓄性の預金である」**という点で同じ性格を持っています。

　あらかじめ定めた満期日に向かって毎月一定額を払い込んでいくものや、満期日というものがなく小さな定期預金を1つの通帳に貯めていくものなど、それぞれの特徴はあります。お金の払込みについても、銀行員の集金なのか、普通預金からの自動振替なのかといった違いが各銀行によってありますので、利用する場合は銀行に問い合わせてみましょう。

　これら積立性の預金については、特につくらなければならないものではありませんが、開業してそれなりに軌道が乗ってきたら、積み立てを始めたほうがよいでしょう。

　開業当時に購入した機械や備品が壊れることだってありますし、台風で屋根が飛ぶことだってあります。納税資金が必要になることもあるでしょう。余裕があるときにお金を少しずつでも貯めておかないと、いざというときの出費がつらいものとなってしまいます。わずかずつで構いませんから、コツコツと貯金箱に小銭を貯めていく感覚で積立をしていくことをおすすめします。

5 銀行との上手な付き合い方

1．銀行口座はなるべく少なくする

　銀行の選び方を説明してきましたが、1つに決められないとか、A銀行はこういうメリットがあって、B銀行は別のこういうメリットがあるから両方使いたい、といったことも出てくるかもしれません。銀行の選び方に決まりはありませんが、「いかに預金口座の数を減らすか」がお金を貯めるための重要なポイントです。

　筆者がなるべく預金口座を減らした方が良いと考える理由は次の2つです。

①見れば瞬時に預金残高を把握できる

　口座が1つであれば、資金繰りを考える際、お金のある・なし、当初の予定と比べての多い・少ないが一瞬で把握できます。もし普通預金口座を3つ持っていたとしたら、1つの預金残高を見ても「B銀行の口座やC銀行の口座にもお金はあるだろうし……」と考えて、本当にピンチを迎えたときの危機感をすぐに感じることができません。

　また、他の銀行の残高も集計するという余分な行動が必要となるため、スピードを持って瞬時に行動しなければいけないときに対応が遅くなり、傷は深くなっていきます。あくまで私の経験による感覚的なことですが、わざわざ集計をして合計金額を見るのと、通帳の実際残高を見るのとでは、その後にとる行動に大きな違いが生じてくるような気がします。ビジネスはスピードです。ライバル店に先を越される前に、スピード感を持って、あらゆる意思決定をしていきましょう。

　「ないものはない」とあきらめて、次に入ってくるためには何をすべきか、これからお金が出ていかないようにするためには何をすべきかを瞬時に考えて手を打つことが、資金の減少を防ぐ最善のコツなのです。

②「時間＝コスト」である

　「得意先Ｘ社のメインバンクがＡ銀行で、得意先Ｙ社がＢ銀行を使っていて、振込手数料がこちら負担だからもったいないし、２つの銀行に口座をつくろうと思うのだけど……」と相談されることは少なくありません。

　口座を２つにすると、預金を把握する労力が２倍になります。通帳を記帳に行こうと思っても、２つの銀行に行かないといけません。１つの銀行預金にお金が入ったときに、他の銀行預金に資金移動する手間もかかったりします。

　資金繰りを考えていくうえでは、残高が不足しないように資金移動を考えるのはとても手間がかかります。口座を３つにすれば手間は３倍になるわけで、つまり銀行を増やせば増やすほど時間がかかるわけです。

　「時間がかかっても、お金が出ていかなければよいんじゃないの？」と考える人もいるかもしれませんが、仕事をしているその間にも、コストがかかっていると考えてください。常に時給が発生しているのと同じことなのです。１日は24時間しかありません。

　営業職のサラリーマンであれば、自分が受注してくれば、その後のことは営業事務や総務経理担当者がやってくれていたわけですが、それらも全部自分でやらなければなりません。好んで余分な作業を増やすようなことはしないが得策に決まっています。

　振込手数料が余分にかかっても、**銀行をなるべく少なくして時間コストを減らすことが、トータルでのコスト削減につながるということをまず頭に入れておいてください。**

2. メイン・サブ・その他の使い分け方

　以上のように、預金口座を少なくしたいと言っても、いろいろな都合から複数の銀行に預金をつくらなければならないこともあります。得意先からの指定で、Ｃ銀行に口座をつくらなければならない場合や、Ｄ銀行に営業に行って取引をお願いする代わりに口座をつくるように言われた場合には、嫌とはなかなか言えないものです。

　複数の金融機関に普通預金の口座を持つことになった場合は、お金の出

入りの中心となるメイン口座の残高を常に把握しておきましょう。サブ口座については、どうしても必要な場合のみ使います。先に紹介した資金繰り表の作成にあたって、複数の銀行で行なうと下記のようになります。

【2つの口座を開設した場合の資金繰り表】

月	日	A銀行普通預金				B銀行普通預金				合計残高
		摘要	収入	支出	資金残高	摘要	収入	支出	資金残高	
4	1	前日残高			500,000	前日残高			10,000	510,000
	10	家賃		105,000	395,000				10,000	405,000
	18	B銀行へ		20,000	375,000	A銀行より	20,000		30,000	405,000
	20				375,000	電話代		20,000	10,000	385,000
	25	水道料		5,000	370,000				10,000	380,000
	25	電気代		10,000	360,000				10,000	370,000
	30	G社売上代金回収	400,000		760,000				10,000	770,000
	30	X社仕入代金支払		210,000	550,000				10,000	560,000
	30				550,000	H社売上代金回収	150,000		160,000	710,000
	30				550,000	Y社仕入代金支払		84,000	76,000	626,000
	30	生活費の支出		50,000	500,000				76,000	576,000

　複数の口座があると、口座間の資金移動が必要になります。上表では、4月18日に資金をA銀行からB銀行に2万円振り替えていますが、これによって、その後にある電話代の引落しが可能になっています。

　このように、引落しのときの残高不足を回避するために、資金を振り替えていく必要が出てくるのです。引落しの口座を分散すればするほど、「それぞれにいくら振り替えないといけないのだろう」と考える作業が増えて資金移動に手間を要することになります。

　1人で独立開業した忙しい時期に、なるべく生産性のあがらない余分な作業に時間を費やさないためにも、この資金移動の回数をなるべく少なくしましょう。やむを得ない場合は、移動する金額をなるべく固定して、考える時間を少なくすることをおすすめします。

3．各種サービスの紹介

ここでは、銀行が取り扱っている各種サービスについて紹介します。

①**両替**

店舗のレジの釣銭を用意する際に使います。両替機で、紙幣を硬貨に両替したり、硬貨を紙幣に両替することができます。また、銀行によって異なるようですが、硬貨の枚数が100枚を超えると、100円ほどの両替手数料を取られるケースもあるようです。

②**定額自動送金（自動振込）**

あらかじめ指定した口座から、定めた日に、定めた金額を、定めた相手先に振り込むことができる手続きのことを定額自動送金といいます。銀行によっては自動振込ともいいます。通常は振込手数料に加えて自動送金手数料が加算されて徴収されますが、銀行によっては自動送金手数料が無料というところもあります。

この手続きをしておけば、家賃などのように、毎月決まった金額を同じ相手先に振り込む処理をいちいち行なう必要がありません。

③**自動引落（口座振替）**

公共料金やリース料、保険料、会費、固定資産税や住民税などを、指定した口座から毎月一定期日に引き落す手続きのことです。この手続きをしておかないと、毎月公共料金などを自分で払いに行かないといけません。

支払いに行く手間を省くことができるのが自動引落（口座振替）の最大のメリットですが、自分で窓口で払う場合に比べてその金額に対する関心が薄くなるというのがデメリットです。**自動引落（口座振替）を選択しても、頻繁に記帳をして、通帳を見ながら、「この経費こんなにかかったのか」と思い続けることが大切です。**

④**インターネットバンキング**

インターネットバンキングは、銀行の窓口に行かずに通帳の残高照会が

できたり、取引明細を見ることができたり、振込の手続きをすることができたりするものです。

　窓口やATMで振り込むよりも振込手数料が安くなるところが多いですので、ネットを常時使用できる環境にあれば使わない手はないでしょう。

⑤手形の取立

　得意先から、資金の決済代金として約束手形を受け取ることがあります。約束手形は支払期日が定められているもので、支払期日が来るまで換金することができません。だから期日までこの約束手形を手元に持っておかないといけないのですが、約束手形という紙切れを持っておくのが防犯上怖いとか、銀行に提示することができる期間を忘れてしまうのが不安だといった理由で、その**手形をあらかじめ銀行に預けて取り立ててもらうことができます**。

　この手続きのことを、「手形の取立」といいます。取立手数料はかかりますが、不安を回避できることを考えたら、とても有効な方法です。放っておいても、期日が来たら銀行口座に代金が入ることになります。

⑥手形割引

　前述のとおり、手形は支払期日が来るまで換金することができませんが、開業当時は何かと物入りで、資金が不足するケースはたくさんあります。このようなとき、支払期日が来る前に約束手形を銀行にもって行き、割引料という料金を差し引かれた上で、現金化してもらう手続きのことを手形割引といいます。

　手形割引は融資の一種類です。「現金化してもらう」と書きましたが、正確には手形を担保にして融資をしてもらうことになります。ですから、割引料はこの融資に関する利息に相当します。手形をもらったから銀行に「割引して」と言いに行き、一両日中に現金を受け取ることができるという性質のものではありません。

　その理由は、あらかじめ銀行からの審査が必要だからです。個人事業主の信用力によって、手形の割引を受けてもらうことができるかどうかが決

まるのです。割引をしてもらえないケースもいっぱいあるのです。

　これは、手形割引を受けて資金を手にした後で、その手形を発行した会社が倒産した場合には、手形分の資金を個人事業主自身が返済しないといけないからです。その返済が可能かどうかをあらかじめ銀行が判断しておくことになります。

　手形割引を受けてもらえるかどうかについての審査には、通常数週間かかります。ですから、**得意先から手形で受け取ることが決まった段階で、手形割引をしてもらえるかどうかを取引銀行に相談しておきましょう**。もしその銀行で了承が得られなかった場合には、他の銀行に行って相談してください。1行に断わられたからといって、すべての銀行に断わられるとは限りません。あきらめずに、数行は回ってみましょう。

6 もしものときの共済加入手続き

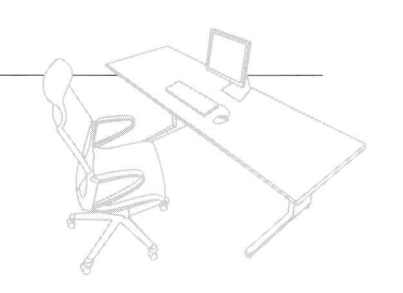

1．小規模企業共済とは個人事業主の退職金制度

　個人事業主や中小企業の味方として、中小企業基盤整備機構という機関があります。ここは経済産業省管轄の独立行政法人で、中小企業施策の総合的な実施機関となっています。この機関が行なっている制度の中で個人事業主に有効なものの1つが「**小規模企業共済**」です。

　小規模企業共済とは、個人事業主が事業を廃止した場合に、それまで積み立ててきた掛金に応じた金額の共済金を受け取ることができる共済制度です。

　つまり個人事業主における退職金制度のようなものです。個人事業主には退職金なんてあるわけがないと考えがちですが、退職金にあたるものの積立を、節税をしながら利息もつけて受け取ることができるという制度です。

　小規模企業共済に払い込む掛金について説明しましょう。この掛金は、毎月1,000円から7万円の範囲で選択することができます。また手続きをすれば、後からの増額や減額も可能です（ただし、上限月7万円）。

　さらにこの掛金の税制上の取扱いは、掛けた全額を「小規模企業共済等掛金控除」として、所得から控除することができます。「掛けた全額」という点が大きなポイントです。

　たとえば生命保険を掛けた場合に、払い込んだ保険料の全額が生命保険料控除として控除されるわけではありません。払い込んだ保険料に一定の算式を当てはめて、求められた金額を控除することができるだけです。ところが小規模企業共済の場合には、年間最大84万円も所得を減額することができ、節税の大きな武器となるのです。

　また、掛けたお金の受け取り方には次のようなものがあります。

【小規模企業共済の受け取り方】

1. 共済金Ａ…個人事業を廃業した場合、事業主が死亡した場合、配偶者・子以外に個人事業の全部を譲渡した場合
2. 共済金Ｂ…満65歳以上になって、掛金を15年以上払い込んでいる場合（仕事を続けながら受け取ることができる老齢給付金）
3. 準共済金…配偶者・子に個人事業の全部を譲渡した場合

　この共済金を受け取る場合の３種類のどれに該当するかによって、また掛けた月数によってもらえる金額が変わってきます。共済金Ａや共済金Ｂのように、廃業時や老齢時に受け取る場合のほうが金額を多くもらえます。
　もし途中で解約してしまうと、掛金の納付月数に応じて、掛金の80％〜120％の金額を解約手当金として受け取ることになります。掛金の100％以上を受け取りたければ、20年以上掛けないといけません。金額を減らしてでも20年以上掛け続けるという覚悟で加入してください。

２．中小企業倒産防止共済（経営セーフティ共済）

　中小企業基盤整備機構が行なっているもう１つの共済制度が、「中小企業倒産防止共済（経営セーフティ共済）」です。この共済制度は、その名の通り、１年以上事業を行なっている中小企業者を対象に、倒産を防止することを目的としたものです。具体的には、得意先が倒産して代金回収ができなくなった場合に、必要資金の融資を受けられる制度です。
　融資を受ける金額は、倒産で回収困難になった売掛債権の金額と、掛金総額×10倍のいずれか少ない金額が上限となります。月１万円を１年間掛けた場合には、１万円×12月×10倍＝120万円までの融資が受けられます。
　この倒産防止共済は、「お金がもらえる」制度ではありません。しかし、得意先が倒産した後で銀行から融資が受けられる保証はどこにもないですから、一気に資金繰りが悪くなるのを回避するということを考えると、非常にメリットは大きいはずです。

倒産防止共済の貸付は、貸付額が5千万円未満であれば、返済期間は5年間（据置期間の6か月を含む）で、貸付の利率は0％の無利息です。さらに担保も保証人も不要で、非常に画期的な制度です。

　倒産防止共済の掛金は、月額5,000円から20万円の範囲で自由に設定することができ、掛金の総額が800万円になるまで積み立てられます。またこの掛金については、個人事業主の場合、全額必要経費に算入されます。

　逆に、この倒産防止共済を解約すると、解約手当金というものが入ってきます。解約手当金は掛金総額に、掛金を納付した月数に応じた率を掛けた金額です。40か月以上掛けた場合には、100％の金額が入ってきます。なお、入ってきた解約手当金は全額雑収入となります。40か月というとわずか3年4か月です。わりとすぐに100％に達することを考えると、とてもメリットの大きい制度です。

　事業を始めて1年が経過したら、この中小企業倒産防止共済への加入を検討してみましょう。

7 商工会議所・青色申告会との付き合い方

1．商工会議所は何をするところ？

　商工会議所とは、各地域に存在する商工業者から構成される地域総合経済団体で、全国各地に存在します。商工会議所には、経営相談サービスを行なう部署があり、経営相談や会計・税務相談、創業に関する相談などを受けてくれます。そのほか各種の講演会や講習会などが実施されており、簿記の講座や創業のための塾なども開催されています。

　独立開業した後、「商工会議所の会員にならないといけないのか」という質問をよく受けますが、どちらでも構いません。自分の力で経営を行なっていて、特に悩みもないということであれば会費を払ってまで会員になる必要はないからです。

　ただ、帳簿のつけ方がまったくわからないので教えてほしいとか、商工会議所を通じた融資の斡旋を受けたいといった場合は、会員になって積極的に情報やアドバイスを求めていきましょう。

　さらに、商工会議所の会員であれば保険料が安くなる保険商品もあります。商工会議所の会費を払ってもおトクになることもありますので、検討材料にしてください。

2．青色申告会に入らないといけないの？

　青色申告会という名前も聞いたことがあるでしょう。これは、青色申告の適用を受ける個人事業主に対して日常の帳簿付けから決算までの一連の流れなどについて指導をしてくれる団体です。

　自分が青色申告を行なっているからといって、青色申告会に入らないといけないということはありません。青色申告会で行なわれている記帳指導や決算指導、法律や融資の相談などを受けたいということであれば、入会を検討してみましょう。

第4章

個人事業＆
フリーランスの
経理とは

1 個人事業主の経理

1. 個人事業主が経理を行なう理由

諸官庁に開業手続きを行なったら、いよいよ経理の世界へ突入です。しかし、そもそもなぜ個人事業主は経理をしなければならないのでしょうか。大企業ならいざ知らず、1人で始めるのに経理事務をしなければならないなんて面倒だという気持ち、よくわかります。

これは、個人事業主にかかる所得税という税金が申告納税制度であることに起因しています。個人事業主＆フリーランスは、自分の事業の利益がいくらなのかを計算して、その結果に対していくらの税金を納めるのかを算出し、自ら納付する責任があります。

2. 青色申告のメリットとは

第2章でも紹介したように、個人事業主が確定申告をする場合、青色申告と白色申告の2つの選択肢がありますが、青色申告の特典をさらに掘り下げて説明しましょう。

【青色申告の特典】

1. 青色申告特別控除…所得を減らせる
2. 青色事業専従者給与…家族への給与を経費にできる
3. 純損失の繰越控除…損失を翌年に繰り越して税金が計算される
4. 貸倒引当金…売掛金や貸付金のような金銭債権について、貸倒引当金の設定が認められる
5. 減価償却…特別償却もしくは税額控除が認められる
6. 推計課税の禁止

このうち、1〜3については86ページで説明しましたので、4〜6について詳しく説明していきます。

4の貸倒引当金は、売掛金などの金銭債権が貸倒れになることを想定して、その5.5％の引当金を設定することができるものです。そして、この引当金の設定分が必要経費に算入されます。

5の減価償却については、青色申告を選択すると、要件に合致する資産を取得した場合に、次の2つのうちのいずれかを選択することができます。要件に合致する資産を購入した場合に、通常の減価償却に加えて、使い始めた最初の年に、買った金額の何％の金額を必要経費に算入することができる「**特別償却**」という制度と、買った金額の何％という金額分の所得税をマイナスしてくれる「**税額控除**」という制度のいずれかの適用を受けられます。

6は、将来税務署から税務調査に入られた場合に関係のあるお話です。推計課税とは、実際存在する帳簿書類から売上や仕入・経費を確認していくのでなく、何らかの証拠から売上などを推計して課せられる税のことです。つまり勝手に売上を推定されてしまうのです。

たとえば飲食業の場合、おしぼりの発注数やわりばしの数から売上を逆算するといったことが行なわれます。**青色申告の場合には、推計で金額を決めることはできないことになっています。**

白色申告に比べて青色申告の方が手間がかかるのは事実です。しかし、白色申告では、実態より余分な税金を取られてしまう可能性があったり、数々の税制上の優遇措置を選ぶことができないといったデメリットがあるので、ぜひ青色申告に挑戦してみましょう。

3．10万円控除と65万円控除との違い

青色申告の適用を受けようと思ったら、青色申告の承認申請（88ページ）をしたうえで、各種帳簿の記入が必要となります。そこで作成された帳簿によって、青色申告特別控除が受けられるかどうかが決まるのです。

青色申告特別控除額には10万円と65万円の2つの段階があります。**控除される税額で比較すると、82,500円〜275,000円の差があります。**

1年間にこの金額分だけ所得税が安く済むと思えば、65万円控除の適用を受けたほうが断然おトクです。**一度きちんと帳簿をつくって、それ以後毎年同じようにつけていけば、事業をやめるまで毎年自動的にその分の金額の節税につながっていきます。**

　65万円控除の適用を受けるためには正規の簿記の原則に基づいた複式簿記による帳簿に記帳し、損益計算書だけでなく貸借対照表も含めた確定申告書を期限内に提出することが要件とされています。

　確かに手間はかかるかもしれませんが、10万円控除でもそれなりの手間はかかります。ムダな支出をできる限り抑えたい創業当初なのですから、少しでも節税をして、余分な資金の流出を防ぎましょう。

2 個人事業の収支の考え方

1.「赤字にならない経営」はあたりまえですか？

　前項で説明した10万円と65万円の控除とは、いったいどこから控除するのでしょうか。それは、「事業所得」の金額です。

　「所得」とは「儲け」のこと。事業所得とは事業から生じた儲けであり、儲けがあればあるほど事業所得の金額は大きくなります。

　1年間に獲得した売上高（事業に付随するその他の収入を含む）ですべての経費をまかなうことができる場合をイメージしましょう。「売上ですべての経費をまかなうなんてあたりまえ」と思われた人、その通りです。あたりまえです。でも、そのあたりまえの状態にならないケースが多いのです。

　個人事業主として独立開業するみなさんは、絶対に赤字になってはいけません。というより、「赤字にならない経営」をしなくてはならないのです（以下、この項ではすべて現金でお金が入ってきて、すべて現金でお金が出ていくものと仮定します）。

2. なぜ赤字を出してはいけないのか？

　たとえば、1年間に1,000のお金が入ってきて、1,200のお金が出ていったとすると、200の赤字となります。

$$1,000 － 1,200 ＝ ▲200$$

　開業したときに300の現金を持っていたとすると、第1期が200の赤字ならば第1期終了時の現金は100です。

$$300 － 200 ＝ 100$$

さて、第2期に入りました。第2期も第1期と同様200の赤字だったと仮定しましょう。このとき、第2期終了時の現金はいくらになりますか。

$$100 - 200 = ▲100$$

現金がマイナスになるということは、支払うお金が足りず破綻してしまったことを表わします。

1年間事業を行なって、入ってくるお金より出ていくお金の方が多ければ、持っていたお金が減っていくのは当たり前。そして赤字を繰り返して持っているお金が底をついたとき、破綻を迎えることになります。

「2期連続赤字」という言葉をニュースで聞くこともあるかと思いますが、連続赤字でも会社が生きながらえているのは、元々持っていた財産が多かったか、金融機関からの融資であわてて調達し、一時的にお金がある状態にしたかのどちらかです。このように、赤字が続くということは、お金がますますなくなっていくことですから、絶対に避けなければならないのです。

さて、それでは青色申告に話を戻します。まず売上高から、事業上の必要経費をマイナスします。さらにここから青色申告特別控除額をマイナスしたものを事業所得の金額といいます。

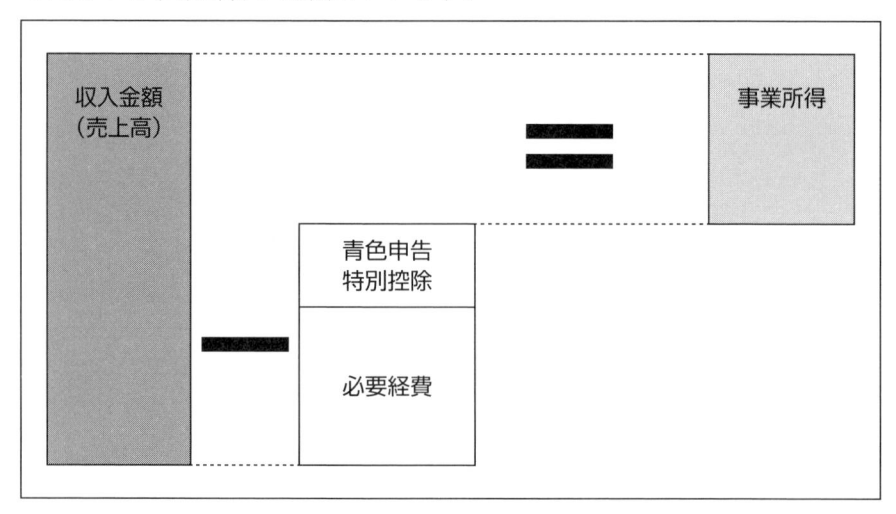

事業所得の金額が事業上の儲けにあたりますが、事業所得の金額が多ければ多いほど、所得税の金額も高くなりますから、青色申告特別控除額が10万円よりも65万円の方が節税になるのは明らかですね。

3. ちょっとフシギな収入金額の考え方

　ここからは、事業所得の金額を計算するための方法を紹介していきましょう。事業所得の金額の計算方法は、次の算式により求められます。

事業所得の金額＝収入金額（売上高等）－必要経費－青色申告特別控除額

　さて、収入金額にはどのようなものが含まれるのでしょうか。

「収入金額に入るのは、どのような種類の代金ですか？」

　収入金額になるのは、商品を販売した場合の売上金額です。フリーランスが提供するサービスのように、目に見えないモノを販売する場合には、そのサービスに対する報酬の金額が収入金額となります。
　そのほかにも、事業に付随する収入として、空き箱や作業くずなどの売却収入、販売する商品に関して受け取る保険金・損害賠償金、リベート、店舗・事務所内の広告掲示収入などが収入金額に入ってきます。

「どういう形で受け取ったものが収入になるのですか？」

　受け取った現金を収入とすべきなのは感覚として理解できると思いますが、預金通帳に振り込まれた場合や小切手、約束手形で受け取った場合も収入金額に入ります。商品券や旅行券などの金券などで受け取った場合も収入に含めないといけないので注意しましょう。

「どの時点で収入とすべきですか？」

　「どの時点で収入となるか」は、税務調査の際にも争点にされるポイン

トの1つです。「どの時点って、代金を受け取ったときに収入にすればいいんじゃないの？」と思いがちですが、これは間違いです。

　もちろん、受け取った代金は収入にすべきですが、代金を受取っていなくても、商品の引き渡しやサービスの提供がすでに終わっていて、代金を受け取る権利があれば、**たとえお金をもらっていない未収の状態でも収入金額に入れなくてはいけないのです。**

　税務調査では、まだお金をもらっていない未収の状態の売上があるかないかが必ず調べられます。商品やサービスの提供が済んでいて、請求書も発送してあるのに収入金額に計上していない売上があれば、ほぼ間違いなく「売上計上漏れ」として追徴課税の対象となります。

4．必要経費になるものならないもの

　次は必要経費になるものについてです。税金を計算する上では、必要経費の金額が多ければ多いほど税金が安くなります。

　必要経費になるものは次のようなものに限定されます。

【必要経費に算入できるもの】

- 売上原価、収入金額を得るために直接要した費用
- 減価償却費
- 従業員の給与、専従者の給与
- その年に生じた販売費
- その年に生じた一般管理費
- 銀行からの融資に関する利息や割引料

　これらの必要経費となるものについてのポイントは2つ。1つ目は、すでに支払ったものだけでなく、まだ支払っていなくても、支払うことが確定していれば必要経費に含めることができること。

　2つ目は事業遂行上の経費であるということ。事業に無関係の支払いについては、必要経費として処理することができません。

　具体的には、次のような支払いは必要経費に算入できません。

【必要経費に算入することができないもの】

- 自分や家族の生活費、医療費、遊興費
- 自分が趣味で行なっているものに投資した費用
  （ゴルフ、スポーツ、魚、釣り、料理など）
- 自分の住んでいる住宅に関する地代や家賃
- 自宅の電気代、ガス代、水道代、電話代、固定資産税
- 所得税、住民税、罰金、加算税、延滞税
- 国民健康保険、国民年金、国民年金基金
  （必要経費には入らないが、所得控除の対象となる）

なお住宅兼店舗や住宅兼事務所に住んでいる場合には、その店舗・事務所部分についてかかった費用を必要経費に算入することができます。

「1つの建物で一緒に請求されるから、店舗・事務所部分の金額なんて把握できない」という場合には、何らかの方法で事業用部分と生活費部分に分けてください。その区分にしたがって1つの金額を分けることになります。たとえば面積で按分する、使用頻度で按分する、従事している時間で按分するなど、説明がつきやすい合理的な方法で按分するようにしてください。

今から住宅兼店舗・住宅兼事務所を建築する場合には、公共料金などのメーターを別に取り付けて、区別して金額がわかるようにすることをおすすめします。区分することができなければ、合理的な方法で按分することになります。たとえば固定資産税や家賃などについては、面積で按分することにより事業用部分のみを必要経費に算入する。電気代、ガス代、水道代などは、その使用頻度を考えて、○％を事業用部分として計算して必要経費に算入するなど、計算の根拠を明示できるようにしておきましょう。

なお、この按分割合を税務署に説明しに行ったり、許可をもらいに行く必要はありません。**自分の中でルールを決めて、毎年その割合で按分して計算していけばそれで十分です。**

3 簿記・仕訳のきほん

1．日本中の人が簿記を使っている

　事業所得の金額を計算するための収入金額や必要経費を把握するために避けては通れないものが「簿記」です。「簿記などやったことない」と言われる方が多いですが、それは当然のこと。商業高校出身でもない限り簿記など未知の世界のお話でしょう。

　簿記は、毎日のお金に関する活動を記録し、計算し、整理することにより、経営成績や財政状態を明らかにするための技法です。日本で事業を営んでいる法人や個人事業主はみんな簿記を使っています。**つまり、慣れれば誰でもできるものなのですから、むずかしく考えることはありません。**

　帳簿に記入していく際に発生した取引を複数の勘定科目に振り分けたものを「**仕訳**」（**しわけ**）といいます。以前話題になった「事業仕分け」の「仕分け」とは読みは同じですが、漢字が異なります。間違って使う人が多いので頭に入れておきましょう。

　さて、複数の勘定科目に振り分けるとは、お金に関する１つの取引を２つの面から見て表現するということです。

　具体例を挙げてみましょう。

> 現金を200円、通帳（普通預金）に入れた。

この取引を現金の立場から見れば次のようになります。

> 現金が200円減少した。

一方、通帳の立場からすればこうなるでしょう。

> 通帳（普通預金）の残高が200円増加した。

　このようにお金に関するすべての取引は２つの面から見ることができま

す。両面から見てそれぞれに金額を分類したものを仕訳と呼ぶのです。

たとえばこの取引を仕訳すると次の通りです。

> （普通預金）200円　　　（現金）200円

この中の「普通預金」と「現金」のように、同一の種類を同一の科目でまとめるための名前を「**勘定科目**」といいます。

仕訳を行なうことによって同じ種類の取引を同じ勘定科目でまとめ、個々の勘定科目ごとに集計していくのが簿記ということになります。

【よく使われる経理に関する用語】

用語	意味
簿記	所有する財産などを帳簿に記入する技法。「帳簿記入」の略
仕訳	複式簿記で、発生した取引を貸方と借方の勘定科目に分類すること
記帳	帳簿に記入すること
入金	お金が、その財布や通帳に入ってくること
出金	お金が、その財布や通帳から出ていくこと
試算表	ある一定時点の勘定科目ごとの金額を一覧表にしたもの
総勘定元帳	勘定科目ごとに、取引の内容をすべて記載した帳簿のこと。元帳とも呼ぶ
掛取引（かけとりひき）	ものと引き換えに代金をもらう（払う）のでなく、ある一定の締日で締めて、その後その締日までの分の代金をもらう（払う）取引のこと
小切手	金融機関の当座預金から引き落として支払うために振り出したもの。一般的には、期間を空けずに、当座預金から引き落として支払うことを目的とする
手形	小切手と同じく、金融機関の当座預金からの引き落しを目的として振り出すものだが、期日を指定できるのが違い。何か月か後の指定日に当座預金から引き落として支払うことを約束して渡すことを目的とする
手形の取立	手形を受け取った人が、金融機関に頼んで振出人からお金を取り立ててもらうこと
手形の裏書	手形を受け取った人が、第三者に対する支払の手段として、現金でなく受け取った手形で支払うこと。裏書手形、あるいは回し手形などと表現する
手形の割引	受け取った手形は支払期日まで換金することができないので、その期日前に金融機関にお願いして早めに現金化してもらうこと。現金化すると言ってもお金をもらえるのではなく、あくまでお金を借りているため割引料という一種の利息がかかる

2. 勘定科目は5つの要素に分解できる

勘定科目は、簿記で使用される、同一の取引の内容を同一の科目に集計していくための名称のことです。この勘定科目は、大きく分けて収益、費用、資産、負債、純資産（資本）の5つの要素に区分することができます。

収益	売上。事業活動によって得た資産の増加分のこと	損益計算書へ。P/L (Profit and Loss Statement) とも言う
費用	収益を獲得するために使ったお金	
資産	事業上もっている財産	貸借対照表へ。B/S (Balance Sheet) とも言う
負債	支払わなければならない債務	
純資産（資本）	資産から負債を引いたもの	

これら5つの要素のうち、収益と費用は損益計算書へ、資産、負債、純資産（資本）は貸借対照表へ集約されます。

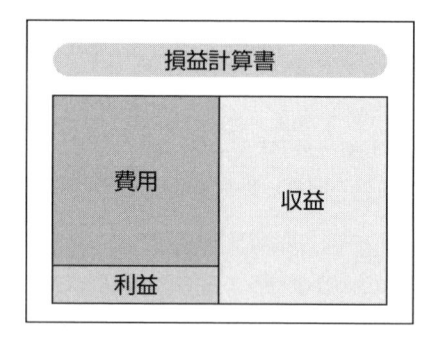

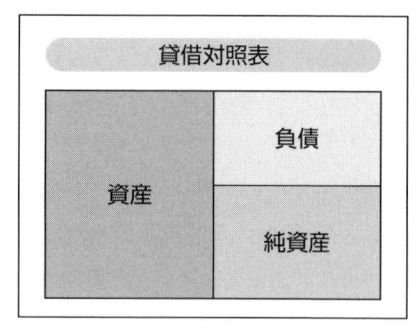

損益計算書とは、ある一定期間の経営成績を表したものです。**1年間でいくら売上があって、いくら費用がかかって、いくらの儲け（利益）があったのかを示すのが損益計算書です。**

貸借対照表は、ある一定時点の財政状態を表わします。**その時点でもっている事業上の財産（資産）、支払わなければならない債務（負債）がいくらあって、その差額として自分が事業に投資してきたお金と事業から得てきた累積利益の合計である純資産がいくらかを表わしたものです。**

これらの損益計算書と貸借対照表に入る具体的な勘定科目を次から見ていきましょう。

3．損益計算書に含まれる勘定科目

　損益計算書に入る収益と費用に属する勘定科目を示したのが次ページの表です。ここに記載されている勘定科目ごとに取引を集計していきます。

　これらの科目の選択にあたって、「この取引はこの科目でよいのか？」と疑問に思うことも出てくると思いますが、ある程度似たような科目に振り分ければそれで十分です。

　また、この一覧表に載っていない科目を自由につくっても構いません。たとえば来店型のショップを経営している場合に、お客様のためにウォーターサーバーを置いて飲料水を提供したり、お客様が待合室で使うための紙や文具などを用意したりする費用は、広告宣伝費か、消耗品費か、接待交際費か、などと迷うこともよくあります。

　このような場合に、自分で「サービス費」などといった名前をつけて勘定科目として使っても構わないのです。**つまり該当するものがなければ自分でふさわしい勘定科目名を付ければいいし、もしそれも嫌なら雑費という科目を使えばよいでしょう。**

損益計算書		
区分	勘定科目名	説　　明
売上	売上高	商品・サービスの売上代
雑収入	雑収入	売上以外に、手元に入ってくる副収入
売上原価	期首商品棚卸高	販売する商品や原材料がある場合の期首の在庫
	仕入高	商品の仕入代
	期末商品棚卸高	販売する商品や原材料がある場合の期末の在庫
経費	租税公課	印紙税、自動車税、固定資産税、税込経理の場合の消費税。（ただし、所得税、相続税、住民税、国民健康保険料、国民年金保険料などは含まない。）
	荷造運賃	荷造りのための費用、運賃
	水道光熱費	水道代、電気代、ガス代、灯油代
	旅費交通費	電車代、バス代、タクシー代、宿泊代
	通信費	電話代、切手代、携帯電話代、インターネット関連費用
	広告宣伝費	新聞・雑誌などの広告費用、チラシ・折込広告の費用、名入りカレンダーなどの費用、カッティングシートなどの装飾費用
	接待交際費	得意先・仕入先などとの飲食費、手土産代、餞別、見舞金、祝い金、お中元・お歳暮代金、ゴルフコンペ費用
	損害保険料	自動車保険料、火災保険料
	修繕費	店舗、自動車、器具備品などの修理代、保守契約の保守料
	消耗品費	文具、用紙、包装紙などの消耗品代、10万円未満の備品
	減価償却費	建物、車両、器具備品、機械装置などの減価償却費
	福利厚生費	従業員の医療、慰安、保険などのために事業主が支出した費用
	給料賃金	給料、賃金、食事や被服などの現物給与
	外注工賃	修理加工など外部に注文して支払った場合の加工費
	利子割引料	金融機関への借入利息、手形割引料
	地代家賃	店舗、事務所、倉庫などの家賃や、駐車場などの地代
	貸倒金	売掛金、受取手形、貸付金などの貸倒損失
	雑費	事業上の経費で、他の経費に当てはまらない項目
繰戻額	貸倒引当金	前年に繰り入れた貸倒引当金の戻し分
繰入額	専従者給与	同一生計の家族に支給する給与
	貸倒引当金	当年に繰り入れる貸倒引当金の繰入額

4．貸借対照表に含まれる勘定科目

次に、貸借対照表に含まれる科目を列挙します。貸借対照表に入ってくるのは資産と負債、そして純資産です。それぞれに属する勘定科目を示したのが、次の表です。

貸借対照表		
区分	勘定科目名	説　　明
資産の部	現金	現金・小切手
	当座預金	金融機関につくる、手形・小切手の支払を決済するための口座
	定期預金	満期日や据置期間を予め設定して、その期日まで払戻をしない条件で預ける預金
	その他の預金	その他の預金、普通預金など
	受取手形	約束手形で回収した売上債権
	売掛金	掛取引によって販売した場合に、まだ回収していない売上債権
	有価証券	売買目的で所有する株式
	棚卸資産	商品、製品、半製品、仕掛品、原材料
	前払金	商品を受け取る前に、販売代金の一部または全部を前渡ししたお金
	貸付金	第三者に貸しているお金
	建物	店舗、事務所、倉庫など
	建物附属設備	建物に附属されている、電気・給排水・衛生・ガス・ボイラー設備など
	機械装置	建設や工作、運搬などで使用する動力設備
	車両運搬具	自動車、軽自動車、トラック
	工具器具備品	加工作業の道具、家具、電気機器、事務機器や看板など
	土地	土地
	事業主貸	個人事業主が資産にも費用にもならない個人的に行った支出のこと
負債の部	支払手形	約束手形を振り出した金額
	買掛金	仕入代金のうちまだ支払っていない残額
	借入金	自分以外の第三者から借りているお金
	未払金	仕入代金以外の経費のうち、まだ支払いが済んでいないお金
	前受金	商品を売り上げる前に、販売代金の一部または全部を予め受け取ったお金
	預り金	従業員の源泉所得税や住民税などの、いったん預かったお金
	貸倒引当金	売掛金や受取手形などの売掛債権の貸し倒れに備えるために引き当てた貸倒引当金の金額
	事業主借	個人事業主が、販売代金以外の収入を、自分の生活費用の口座などから事業用の現金・預金に受け入れたお金のこと
純資産の部	元入金	個人事業主がこれまでに自分の事業につぎ込んだお金のこと。一年が終わると事業主貸と事業主借が元入金に集約されるので毎年金額が変動する

貸借対照表項目についても、該当する科目がなければ、新規に科目をつくって記載しても差し支えありません。
　貸借対照表項目については、1つ頭に入れておいてほしい知識があります。それは、「税金の計算は損益計算書から」ということです。
　損益計算書で求めた利益から税金の課税対象となる課税所得へとつながっており、貸借対照表項目は課税所得に影響を及ぼしません。
　ですから、次のようなケースでは課税所得の金額がおかしくなり、ひいては納税額まで変わってしまうことになります。

- 売上として認識すべきものを、負債の部に含まれている「預り金」として「単に預かっただけ」と解釈して処理した場合
- 経費として落とすことができるものを、資産の部に含まれている「前払金」などの科目で処理した場合

　そういったことにならないよう、損益計算書に入る項目と貸借対照表に入る項目との区別をきちんとつけることにしましょう。

4 事業費と生活費の上手な分け方

1. 現金の分け方

　独立した個人事業主がまず行なうべきことは、現金・預金を2つに分けることです。1つは事業用、もう1つは事業には無関係の生活費用です。

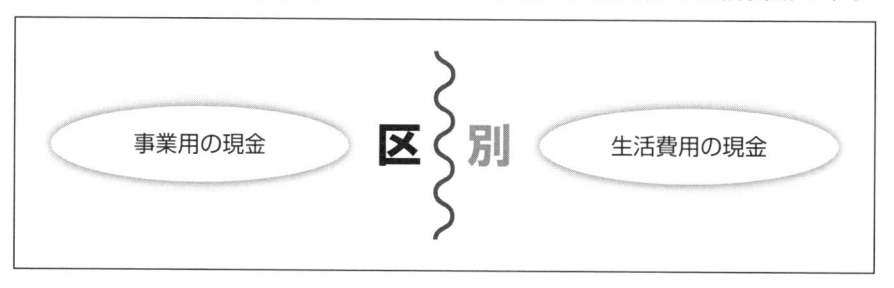

```
┌─────────────────────────────────────────────────┐
│                                                 │
│    事業用の現金    区 別    生活費用の現金       │
│                                                 │
└─────────────────────────────────────────────────┘
```

　どう分けるかと言えば、財布か金庫を事業用のものと生活費用のものに区別します。

　現金の管理の仕方は、次の2つのどちらかを選ぶとよいでしょう。

【現金の管理方法】

1. 事業用の財布と生活費用の財布の2つを用意して、常に2つの財布を持ち歩く
2. 常時持ち歩く財布は1つだが、店舗や事務所の中に事業用の金庫・財布を保管して、外で自分の財布から出したお金についてはすぐに店舗や事務所の事業用金庫・財布の現金から精算する

　どちらの方法を選択した場合でも、事業用の現金の実際有高と、帳簿上の現金の残高とを常に一致させていくことになりますから、管理のしやすい方を採用してください。

　2の場合に、「面倒だから」とまとめて精算する人が見受けられますが、

第4章 ▶ 個人事業&フリーランスの経理とは　161

それでは現金の実際残高と帳簿残高は、簡単にズレていってしまいます。何日か経てば、何に使ったのかなどすぐに忘れてしまい、きちんとした帳簿をつくることはできません。精算は、貯めずにこまめに行なうことを心がけましょう。

2．預金の分け方

次に預金の分け方ですが、今まで持っていた生活費用の預金とは別に銀行に普通預金の口座をつくり、これを事業用の預金とします。このように説明すると、よく次のような質問を受けます。

「銀行に2つの口座をつくることなんてできるの？」

もちろん可能です。「もう1つ通帳をつくりたい」と、銀行の窓口に相談してみてください。

「預金の名義はどうしたらよいの？」

第3章でも触れましたが、「屋号○○　個人名」という名義で銀行預金をつくることが一般的ですが、個人名だけの口座でも構いません。この場合、自分で「この口座は事業用だ」と決めて使用する必要があります。

通常、銀行で最初に普通預金をつくる場合、「総合口座」と書かれた通帳になることが多いです。総合口座とは、普通預金に加えて定期預金がセットになった通帳を意味します。

しかし、同じ名義で2つ目の普通預金をつくると、総合口座をつくることはできません。その場合の通帳は、表紙に「普通預金」と書かれていて、最後の方に定期預金のページがありません。ですが普通預金だけを使用する分には違いはないので、「普通預金」の通帳で十分です。

「2つの通帳をどうやって使うの？」

まず売上代金は、必ず事業用の口座に振り込んでもらうことです。間違っても、生活費用の口座に振り込んでもらってはいけません。よく「開業当時、通帳をつくりに行くのが面倒で、生活費用の通帳に振り込んでもらっている」という人がいます。生活費用の口座は、基本的には帳簿には記入していきませんので、その金額を別の形で売上に計上しなければいけません。

税務調査が入った場合にも、生活費用の口座に1回でも振り込まれた記録があると、「帳簿上の売上に計上していない振込が他にもあるかもしれない」と疑われることにもなりかねません。開業当時から、事業用の取引はすべて事業用の口座で行なってください。

3. 支払の分け方

今度は支払の話です。事業用の支払は事業用の現金・預金から支払うのは当然ですが、クレジットカードで支払うこともあるでしょう。特にフリーランスの場合には、インターネットで商品や備品を購入することが多いでしょうから、代金決済用に事業用のクレジットカードがあるととても便利です。

もし1枚のクレジットカードで事業用と生活用の両方のものを購入すると、両者をすべて帳簿に記載しないといけなくなります。事業専用のクレジットカードをつくり、そのカードのみを事業用に使うようにすれば、生活費用の取引を帳簿に記載する面倒がなくなります。

4. 費用にならない科目「事業主貸」と「事業主借」

勘定科目に当てはめていくときに、費用として処理することはできないが、資産の中にも該当するものがなさそうといったケースがあります。たとえば事業のために使ったのでなく、自分の生活用のためにお金を使った場合などです。

経費にならない科目は、貸借対照表項目の中に入ってきますが、その中でも、「資産」とは呼べないものが、「事業主貸」という科目に入ります。この「事業主貸」とは本来「事業主に対して事業用の財布から貸したお金」

という意味です。会計ソフトなどによっては「店主貸」やそのものズバリ「生活費」という名前がついていることがありますが、意味は同じです。

　この項の冒頭で述べたように、事業用の現金と生活費用の現金をきちんと区別するべきだからといって、これら2つの間で現金のやり取りをまったくしてはいけないということはありません。「○月○日、○円を、どこからどこへ移した」ということをきちんと帳簿に付けておけばまったく問題ありません。

　このように区別した2つの現金の間において、事業用の現金から生活費用の現金へ移したものを、「事業主貸」といいます。

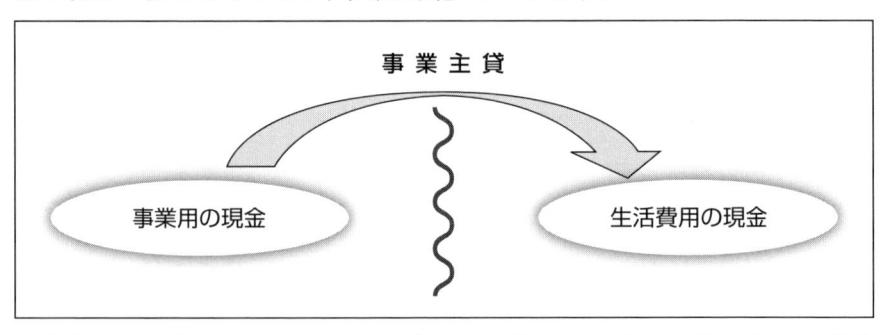

事業主貸

事業用の現金　→　生活費用の現金

　事業用の財布から、個人の生活費として使ってしまったものとか、事業用の現金を個人の遊興のために使ってしまったものなどを、この「事業主貸」という科目で処理します。

　解釈としては、いったん事業用の現金から生活費用の現金に移した後で、生活費や遊興費などに使ったということになります。

　また、個人事業主自身の取り分についてもこの事業主貸で処理します。自分の給料は経費にならず、「貸した」訳ではないのに「貸した」という形になるのです。

　事業主貸は、損益計算書に入ってくるような経費（○○費）にはなりませんから、貸借対照表の下の方に事業主貸として記載することになります。

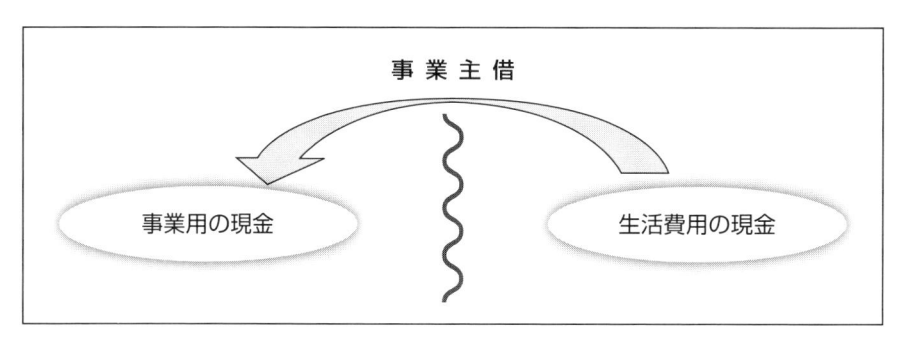

```
                    事 業 主 借
         ┌─────────────────────────────┐
         │    ←─────       ─────→      │
         │ 事業用の現金        生活費用の現金 │
         └─────────────────────────────┘
```

　逆に、生活費用の現金から「事業用の現金」にお金を移すと、これは、「事業主借」という科目で処理されます。

　事業として使うお金が足りないために、生活費用として蓄えていた預金口座からお金を移した場合などは事業主借になります。

　なお、「事業主貸」と「事業主借」という科目の残高はずっとそのままの科目で残るのではなく、1年が経つと翌年初めには「元入金」に吸収されていきます。つまり翌年の最初にはリセットされて、「事業主貸」も「事業主借」も0円からのスタートとなるのです。

5．消費税の記帳のしかた

　消費税の記帳の仕方には、2通りの方法があります。

【消費税の記帳の方法】
1．税込経理方式
2．税抜経理方式

　税込経理方式とは、1つの取引を経理処理する際に、消費税を含めた金額ですべての帳簿に記入する方法です。

　したがって、税込経理方式では本体価格と消費税を区別しません。払った金額そのままを記入したり、売上としてもらう金額をそのまま帳簿に記入したりするのですから、簡単です。

　たとえば、本体価格1,000円の消耗品を買ったとします。このとき、消費税は税率8％とすると、1,000円×8％＝80円かかるので、総額1,000円

＋80円＝1,080円を支払います。税込経理方式の場合には、本体価格と消費税を区別せずに総額で記入しますので、次のようになります。

消耗品費　　1,080円

これに対して、税抜経理方式とは本体価格と消費税を区別して帳簿に記入する方法です。さきほどの例を税抜経理方式で考えてみると、1,080円について、下記のように帳簿に記入することになります。

消耗品費　　1,000円
仮払消費税　　80円

税込経理方式と税抜経理方式については、どちらで記帳しないといけないということはなく、自由に選択できます。ただ、一部だけ税抜でほかは税込で処理するということは基本的にはできません。税込経理を選んだら、売上も仕入も経費も税込で記入し、税抜経理を選んだら、すべて税抜で経理処理します。

独立開業当時は、課税事業者（☞101ページ）にならない限り、税込経理のほうが手間もかからないのでよいのではないでしょうか。

課税事業者になった後は、預かった消費税と支払った消費税との差を納める必要が出てきますので、その差を認識するために、税抜経理にするとよいでしょう。

5 青色申告特別控除と必要な帳簿

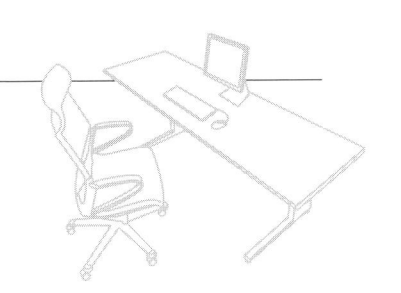

　ここからは、青色申告特別控除を受けるためには具体的にどのような帳簿をつくればよいのかを見ていきましょう。下図は、青色申告特別控除の受けることができる金額と、そのために必要な帳簿をまとめたものです。

　なお、**会計ソフトを利用することによって、帳簿のいくつもを自動的に作成することができます。**ここでは青色申告に必要な帳簿の基本的なしくみを理解するために、あえて帳簿を使って説明します。194ページ以降に、会計ソフトを使った説明を付記していますので、ご参照ください。

【青色申告特別控除と必要帳簿一覧】

	10万円	65万円		
	簡易帳簿	仕訳帳＋総勘定元帳	伝票会計	簡易帳簿＋債権債務等記入帳
仕訳帳		○		
3種類の伝票			○	
総勘定元帳		○	○	
現金出納帳	○	○	○	○
売掛帳	○	○	○	○
買掛帳	○	○	○	○
経費帳	○			
固定資産台帳	○	○	○	○
預金出納帳		○	○	○
売上帳		○	○	
仕入帳		○	○	
受取手形記入帳		○	○	○
支払手形記入帳		○	○	○
商品有高帳		○	○	
特定取引仕訳帳				○
特定勘定元帳				○

　上表のように、10万円の青色申告特別控除を受けるために必要な5つの

帳簿を合わせて「簡易帳簿」と呼びます。

まずは、10万円控除を受けるための方法を見ていきましょう。

1. 青色申告特別控除10万円の適用を受ける場合の流れ

10万円の適用を受けるために必要な手続きと帳簿は次の通りです。

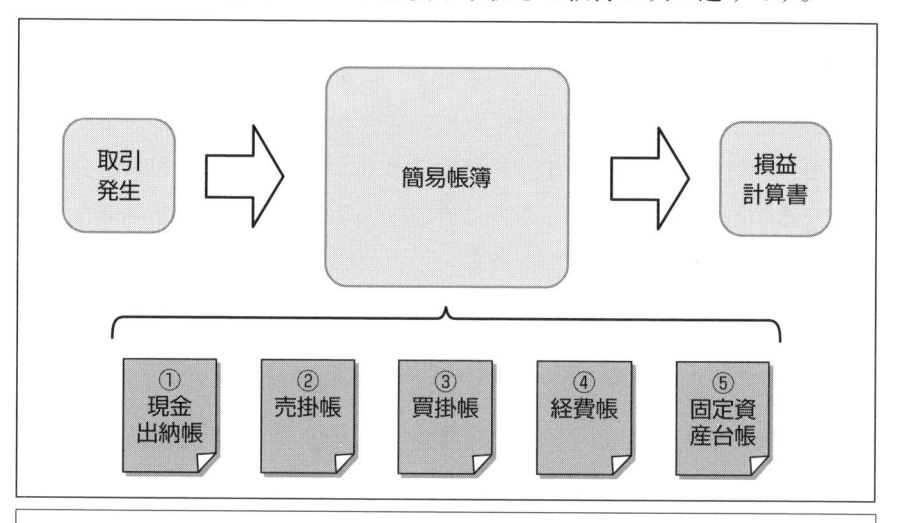

```
取引発生 → 簡易帳簿 → 損益計算書
             │
   ┌─────┬─────┼─────┬─────┐
   ①     ②    ③    ④    ⑤
  現金   売掛帳 買掛帳 経費帳 固定資産
  出納帳                    台帳
```

①．現金出納帳…現金の出入りを取引順に記入する帳簿（174ページ）

②．売掛帳…得意先ごとにページをつくって、得意先別に売上と代金回収の状況を記入する帳簿（178ページ）

③．買掛帳…仕入先ごとにページをつくって、仕入先別に仕入と代金支払の状況を記入する帳簿（180ページ）

④．経費帳…各種の費用を、その費用科目ごとにページをつくって記入する帳簿（182ページ）

⑤．固定資産台帳…減価償却の対象資産について、個々の資産ごとにページをつくり、その資産の取得と以後の減価償却の状況を毎年記入していく帳簿（183ページ）

これらの帳簿が具体的にどのような帳簿なのかは、この後のページで紹介していきます。

2. 青色申告特別控除65万円の適用を受けるための3つの要件

65万円の適用を受けるための要件は、次の3つです。

1．正規の簿記の原則に基づいて、複式簿記により帳簿に記帳すること
2．損益計算書に加えて、貸借対照表を提出すること
3．確定申告書を期限内に提出すること

　2の「損益計算書」とは、確定申告書を提出する際に誰もが必ず提出する書類です。「貸借対照表」は、青色申告特別控除10万円の場合には提出しなくてもよいものですが、1の要件である複式簿記による帳簿を作成すれば、それを自動的に転記していけばよいだけのものですので、作成はむずかしくありません。3の確定申告書の期限内提出は基本中の基本ですので、必ず守るべきものです。
　つまり、手間がかかるのは1の要件だけなのです。
　青色申告を行なうためには、正規の簿記の原則に基づいた複式簿記にのっとって記帳し、資産や負債、資本に影響を及ぼす一切の取引を整然とかつ明瞭に記録して、それに基づいて貸借対照表と損益計算書を作成することが求められます。

3. 65万円の適用を受けるための3つの方法

青色申告特別控除65万円を受けるための流れは3通りあります。

①仕訳帳＋総勘定元帳を作成する方法
②伝票会計を使う方法
③簡易帳簿＋債権債務等記入帳を使う方法

次のページからそれぞれの必要帳簿を図示してみましょう。

①仕訳帳＋総勘定元帳を作成する方法

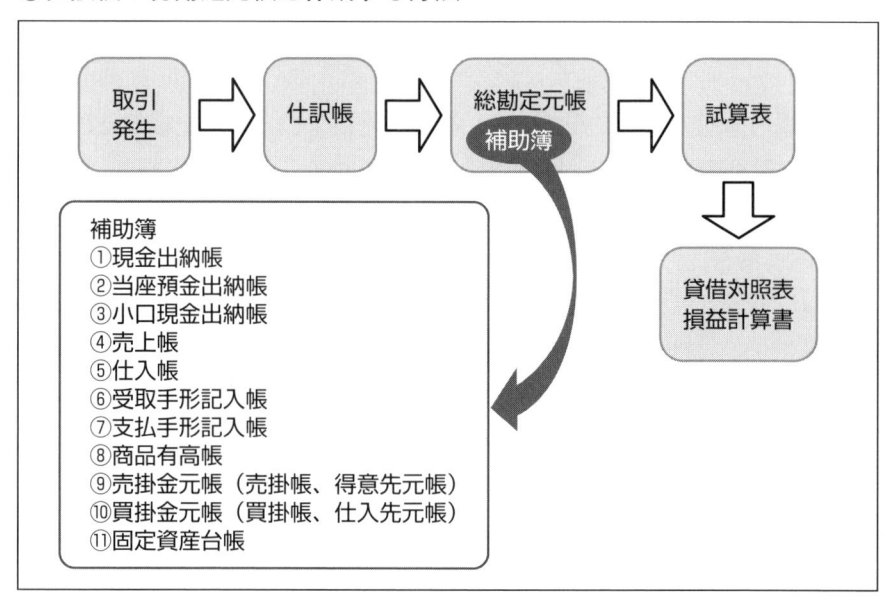

```
取引発生 → 仕訳帳 → 総勘定元帳
                    補助簿      → 試算表
                                  ↓
                                貸借対照表
                                損益計算書

補助簿
①現金出納帳
②当座預金出納帳
③小口現金出納帳
④売上帳
⑤仕入帳
⑥受取手形記入帳
⑦支払手形記入帳
⑧商品有高帳
⑨売掛金元帳（売掛帳、得意先元帳）
⑩買掛金元帳（買掛帳、仕入先元帳）
⑪固定資産台帳
```

　この方法は、まず仕訳帳に取引を記載することから始まります。仕訳帳というのは、日付順にすべての取引を仕訳で記述した帳簿のことです。次に、この仕訳帳に記載した取引を総勘定元帳に転記します。

　総勘定元帳とは、勘定科目ごとにページをつくってそのページごとにすべての取引を記入した会計帳簿のことです。そして、総勘定元帳に記載すると同時に、必要なものがあれば、補助簿にも記入していきます。

　これらを集計して試算表をつくってから、損益計算書だけでなく、貸借対照表にもまとめるのが１番目の方法です。

②伝票会計を使う方法

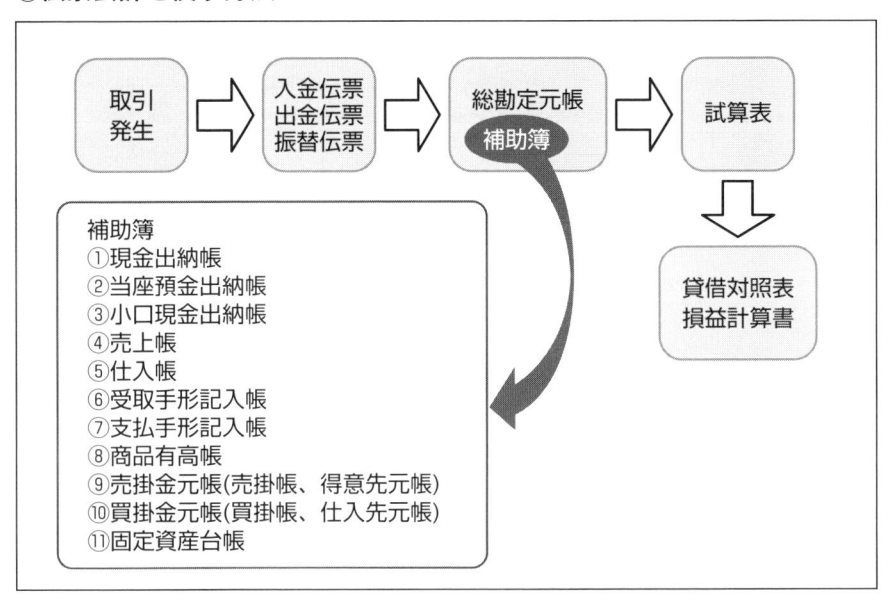

```
取引発生 → 入金伝票/出金伝票/振替伝票 → 総勘定元帳（補助簿） → 試算表 → 貸借対照表・損益計算書

補助簿
①現金出納帳
②当座預金出納帳
③小口現金出納帳
④売上帳
⑤仕入帳
⑥受取手形記入帳
⑦支払手形記入帳
⑧商品有高帳
⑨売掛金元帳(売掛帳、得意先元帳)
⑩買掛金元帳(買掛帳、仕入先元帳)
⑪固定資産台帳
```

　伝票会計を使う方法は、仕訳帳に仕訳していく代わりに、3種類の伝票（入金伝票、出金伝票、振替伝票）に記載していく方法です。

　そして、この3伝票に記載した内容をそのまま、総勘定元帳に記入し、必要があれば各種の補助簿に転記していきます。

③簡易帳簿＋債権債務等記入帳を使う方法

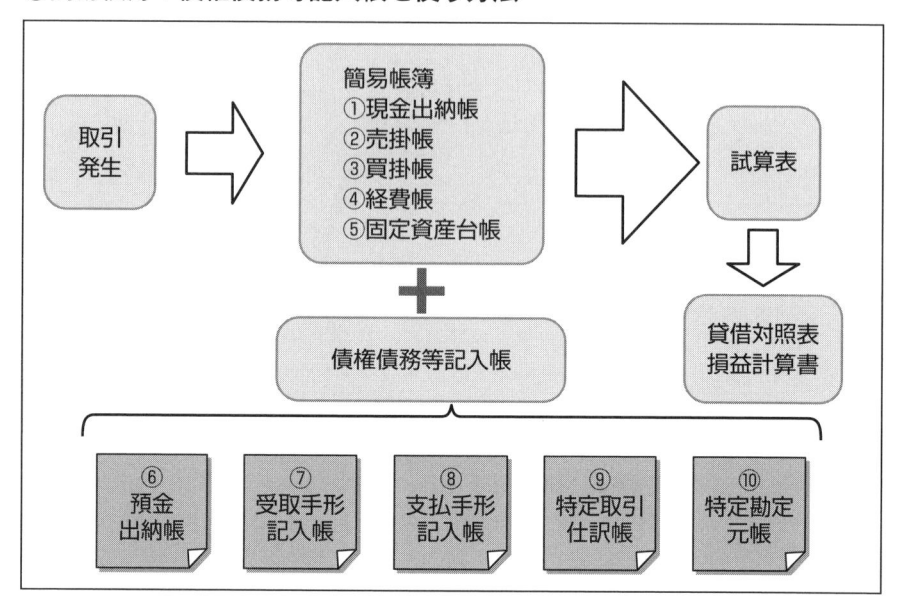

```
取引発生 → 簡易帳簿
              ①現金出納帳
              ②売掛帳
              ③買掛帳
              ④経費帳
              ⑤固定資産台帳
            ＋
            債権債務等記入帳
              ⑥預金出納帳
              ⑦受取手形記入帳
              ⑧支払手形記入帳
              ⑨特定取引仕訳帳
              ⑩特定勘定元帳
         → 試算表
         → 貸借対照表・損益計算書
```

　この方法は青色申告特別控除10万円を受けるために必要な簡易帳簿をつくるのを前提に、それに加えて債権債務等記入帳をつくれば複式簿記としての要件を満たすから、65万円控除を受けられるという方法です。

　債権債務等記入帳は、図に示した⑥～⑩の帳簿になります。この中の⑨「特定取引仕訳帳」とは、上記①現金出納帳、②売掛帳、③買掛帳、⑥預金出納帳、⑦受取手形記入帳、⑧支払手形記入帳、において仕訳することができない取引を仕訳形式で記載した帳簿です。

【特定取引の具体例】

- 期首・期末の商品棚卸高の処理
- 事業上の経費を生活用の現金などで支払った場合の処理
- 固定資産の購入代金が未払となる場合の処理
- 商品を自家消費、事業用で使用した場合の処理
- 減価償却の処理
- 債権の貸倒れの処理
- 事業用固定資産の損失の処理

- 引当金・準備金の処理
- 家事関連費の金額を記帳した場合における生活費分の金額を除外する処理

　この特定取引仕訳帳を元に、現金、売掛金、買掛金、預金、受取手形、支払手形、経費、固定資産以外の勘定科目（売上・仕入を含む）について元帳形式で記載したのが、⑩特定勘定元帳です。

4. 65万円控除が絶対おトク

　ここまで説明してきたように、青色申告特別控除を受けるためには、10万円を受ける簡易帳簿を使用する方法と、65万円を受けるための3つの方法との合わせて4つの方法があります。

　もっとも簡単なものは10万円の簡易帳簿ですが、最低5つの帳簿はつける必要があり、それなりの手間は必ずかかるわけです。だとしたら、少しでも節税につながる65万円控除に取り組んだほうがよいでしょう。

　青色申告特別控除10万円の場合には貸借対照表を付ける必要はありませんが、貸借対照表がないと困る場面があります。

　たとえば、今まで現金で販売代金を支払ってくれていた得意先が、期日まで何か月もある手形での支払に変わったとしましょう。金融機関に駆け込んで割引あるいは融資を申し込むと、決算書の提示を求められます。**その決算日時点の資産・負債を見ておかないと銀行は融資を決定できませんから、損益計算書だけでなく貸借対照表の提示を求められるのです。**

　このような将来的なリスクを排除する意味でも、65万円控除に必要な3つのうちのいずれかのパターンで帳簿をつくっておきましょう。

　3つのパターンの中で一番わかりやすいのは、②の伝票会計を使う方法です。①の仕訳帳と②の伝票会計の違いは、最初の取引発生を何に記録するかの媒体が異なるだけですが、目で見て違いのわかりやすい伝票会計を使うケースが多いです。

　次項からは、これらの中で、簡易帳簿に該当する5つの帳簿の作成方法、そして3種類の伝票を使う伝票会計の流れを説明してきます。

6 「現金出納帳」「預金出納帳」に実際に記帳してみよう

1. 現金出納帳はおこづかい帳のようなもの

ここからは実際に帳簿への記入方法を見ていきます。まずは現金出納帳です。「金銭出納帳」と表示されているものも同じものと考えてください。

大まかな形式は、下記のようになっています。

現金出納帳

年		摘要	収入金額	支出金額	差引残高
月	日				
		前月より繰越			A
2	28	売掛金 ㈱○○ ○月分	B		A+B
		…			

収入金額の欄 → 現金の入金額を記入

差引残高の欄 → 前日残高に入金額をプラス

日付、摘要、収入金額（入金）、支出金額（出金）、差引残高について、現金の出入りがあるごとに記入していくのが現金出納帳です。現金の入ってきた取引の場合には、収入金額の欄に金額を記入します（B）。

収入金額の欄に金額が入ったら、前日の差引残高（A）に、収入金額（B）を足して、合計金額を差引残高の欄に記入します。

つまり現金出納帳はおこづかい帳と同じで、むずかしいことはありませんが、日々記入していくこまめさが必要です。

摘要欄には、勘定科目、そして相手先と取引の内容を記入します。現金取引があれば、フリーランスの人も同様に記帳して下さい。

次は、逆に現金が出ていった場合の書き方です。

現金出納帳

年		摘要	収入金額	支出金額	差引残高
月	日				
		…			E
2	28	消耗品費　○○商店　文具代		F	G=(E−F)
		…			

(現金の支出額を記入 → F)
(前日残高から支出額をマイナス → G)

現金が出ていった取引の場合には、支出金額の欄に記入します（F）。そして、前日の差引残高（E）から、この金額をマイナスします（G）。

ここで計算した差引残高の金額は、事業用現金の実際の有高と必ず一致します。もし一致しない場合には、どこかにミスかモレがありますので、確認しておきましょう。

現金出納帳には、上記以外にも次のような形式のものが存在します。

現金出納帳

年		摘要	収入金額		支出金額		差引残高
月	日		現金売上	その他	現金仕入	その他	
		前月より繰越					

第4章 ▶ 個人事業＆フリーランスの経理とは

これは、収入金額、支出金額の欄がそれぞれ2つに分けられ、収入金額の中が現金売上とその他に区分されています。支出金額の欄は現金仕入とその他に区分されます。この現金売上に記載された金額を縦に足し算していくことによって、現金売上の累計を把握することができます。

どちらの現金出納帳の方がよいか、前出の現金出納帳は現金売上や現金仕入の金額を集計することができません。ただ近くの書店や文具店で一般的に購入することができる現金出納帳は前出のものが多いようです。

この現金出納帳とは別の帳簿として、売掛帳や売上帳、買掛帳や仕入帳をつくることにより代用できます。**帳簿を別建てしたほうが売上の把握、仕入の把握をしやすいので、おすすめです。**

2. 預金出納帳は銀行別・預金別につくる

事業用の現金と同様に、事業用に使っている預金についてはすべて預金出納帳をつくって個々に記入していきます。預金出納帳は、銀行別に、かつ預金の種類ごとに作成します。

預金出納帳　　　　　　　　　　　　　　　　　　　○○銀行▲▲支店××預金

年		摘要	収入金額	支出金額	差引残高
月	日				
		前月より繰越			A
1	31	売掛金 ㈱○○ ○月分	B		C=A+B
		…			…
					E
2	28	買掛金 ㈱○○ ○月分		F	G=E−F

たとえば○○銀行▲▲支店の××預金について入金があれば、それを収入金額に記入し、出金があれば支出金額の欄に記入します。収入金額に金額があれば、前日の残高（A）に収入金額（B）をプラスして、その結果を差引残高（C）の欄に記入します。

支出金額があった場合には、前日の残高（E）から支出金額（F）をマイナスして、その結果を差引残高（G）の欄に記入します。これを、取引

が生じるごとに記入していきます。

　預金出納帳は、当座預金であれば銀行からの当座勘定照合表の残高と、それ以外の普通預金や定期預金などの場合には預金通帳と常に残高が一致することを確認しましょう。

　また、預金出納帳についても次のような別の形式も存在します。

預金出納帳　　　　　　　　　　　　　　　　　　　　○○銀行▲▲支店××預金

年		摘要	収入金額		支出金額		差引残高
月	日		売上	その他	仕入	その他	
		前月より繰越					

　「簡易帳簿」と表示されているものは、この形式になっているはずです。この形式での、収入金額の中の売上は、預金口座に振り込まれた売上を意味します。支出金額の中の仕入は、預金口座から支払った仕入代金を表します。

　ですが、現金出納帳と同じように、この形式を使わずに**売掛帳や売上帳、買掛帳や仕入帳を使用することにより代用できます**し、そちらに記入する方が売上や仕入の金額の管理がしやすいと思います。

7 売掛金の管理のしかた「売掛帳」 簡易帳簿①

1．請求・代金回収の事務処理

　売掛帳の説明をする前に、商品やサービスを販売する際の流れについて簡単に説明します。

　まず売買という行為は、商品を販売する、あるいはサービスを提供することにより成立します。売買が成立すると、売上を計上することができます。その結果、代金を回収する権利が生まれます。

　ここで売上を計上するのは、販売代金を受け取った時点とは限りません。現金商売の場合には商品と現金をその場で交換しますが、個人事業主やフリーランスが提供する商品やサービスの場合には、その場で現金交換ということは通常ありません。

　売買が成立して請求書を発送し、ある一定期間の後に振込みや現金や約束手形や小切手で受け取ることになるでしょう。**売掛金とは、商品やサービスを販売したけれども、まだ代金を受け取っていない販売代金のことをいいます。**

　売掛帳は、売掛金元帳や得意先元帳とも呼ばれますが、この売掛金を得意先ごとに管理した帳簿のことです。得意先（販売先）ごとにページをつくって、それぞれの得意先に対して、次の点を明らかにすることを目的としています。

- いつ、何の代金を、いくら販売したのか
- いつ、何の代金を、いくら回収したのか
- まだ回収していない販売代金がいくら残っているのか

2．売掛帳の記入方法

売掛帳は次のような形になっています。

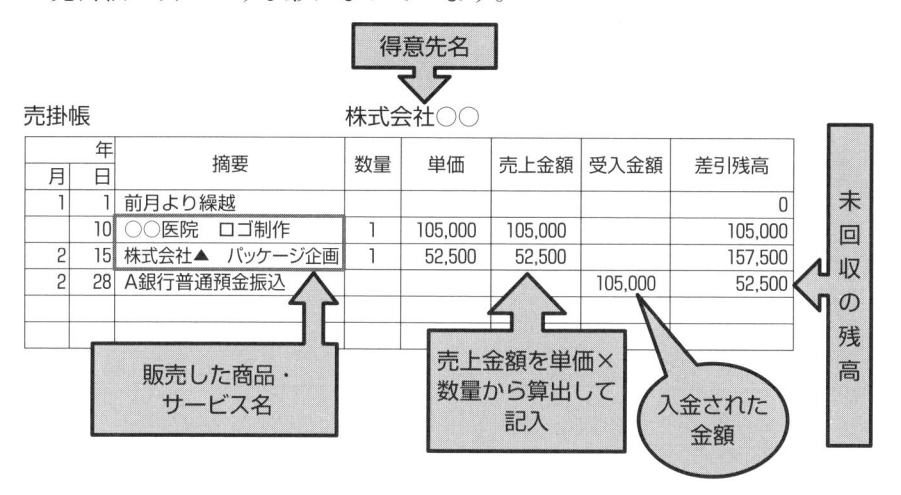

売掛帳　　　　　　　　　得意先名 → 株式会社〇〇

年		摘要	数量	単価	売上金額	受入金額	差引残高
月	日						
1	1	前月より繰越					0
	10	〇〇医院　ロゴ制作	1	105,000	105,000		105,000
2	15	株式会社▲　パッケージ企画	1	52,500	52,500		157,500
2	28	A銀行普通預金振込				105,000	52,500

- 販売した商品・サービス名
- 売上金額を単価×数量から算出して記入
- 入金された金額
- 未回収の残高

　まず、日付を記入します。次に摘要欄に売上を計上した商品・サービス名を後からわかるように記入します。続いて数量および単価を記入し、「単価×数量」の算式から売上金額を記入します。

　その次の列は受入金額の欄で、ここには回収した売掛金の金額を記入します。次の列には、回収した売掛金の分を除いて、売掛金の残金がいくら残っているのかを記入します。これを記入していくことにより、売掛金の管理をすることができます。

　商売を行なっていく上で売掛金の管理がもっとも大事だといっても過言ではありません。商品・サービスを販売しても代金を回収しなければ販売した意味はまったくないからです。代金を回収するまでが1つの仕事であることを肝に銘じて、この売掛帳を記入してください。

8 買掛金の管理のしかた「買掛帳」 簡易帳簿②

1．支払請求・代金支払の事務処理

　買掛金とは、商品や材料などを購入した際、代金を現金で払わずに、一定期間後に支払う場合の、その未払い分のことを言います。

　物理的なモノの流れは次のようになります。

1. 商品や材料を購入する
　　　↓
2. モノ自体が届く。通常、納品書が一緒に届く
　　　↓
3. 支払請求書が届く
　(ア)　支払請求書はその都度発行される場合と、一定期間を区切って発行される場合がある
　(イ)　毎月20日や月末を基準として、その締日までの1か月分を合計して、支払請求書が送られてくることが多い
　　　↓
4. 代金を現金や振込みで支払う

　買掛帳は、買掛金を支払先ごとに区別したもので、次のものを明らかにするための帳簿です。「仕入先元帳」「買掛金元帳」とも呼ばれます。

- いつ、何の代金を、いくらで仕入れたのか
- いつ、何の代金について、いくら支払ったのか
- まだ支払っていない仕入代金がいくら残っているのか

2. 買掛帳の記入のしかた

買掛帳の簡単な形式を示します。

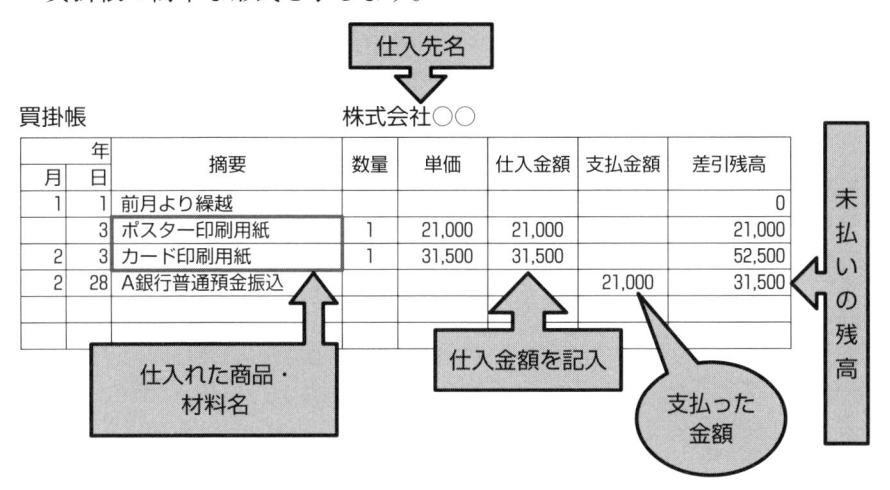

買掛帳　　　　　　　　　　株式会社○○　　　　← 仕入先名

年		摘要	数量	単価	仕入金額	支払金額	差引残高
月	日						
1	1	前月より繰越					0
	3	ポスター印刷用紙	1	21,000	21,000		21,000
2	3	カード印刷用紙	1	31,500	31,500		52,500
2	28	A銀行普通預金振込				21,000	31,500

- 仕入れた商品・材料名
- 仕入金額を記入
- 支払った金額
- 未払いの残高

　まず、商品・材料を仕入れた日と商品・材料の名前を記入します。個々の単価の設定されているものは、数量及び単価を記入して、「単価×数量」から仕入金額を計算して記入します。このときに仕入先から届いた支払請求書の請求額と一致しているかどうかを確認しましょう。

　次に、支払金額の欄に実際に振り込んだ、あるいは直接現金などで支払った金額を記入します。振込手数料が仕入先負担である場合には、その分も支払金額の欄に記入します。

　一番右端の欄は、仕入代金の未払分の残高となっています。最終的にこの欄の金額が、支払請求書の差引残高と一致することになります。

　取引の件数が増えて買掛帳の記入が徐々に複雑になってきたり、商品の返品があったりということが続くと、仕入先からの支払請求書の金額とズレが生じる恐れがありますので、その都度確認しておきましょう。

3．経費帳の書き方

次は経費帳です。経費帳というのは、損益計算書の科目（158ページ）に示した必要経費について、個々の経費ごとにページをつくって取引を記載したものです。おもに下のような形式をしています。

経費帳　　　　租税公課

年		摘要		金額	合計
月	日				
1	5	現金	収入印紙	1,000	1,000
5	20	現金	自動車税	34,500	35,500
					35,500

経費帳　　　　水道光熱費

年		摘要		金額	合計
月	日				
1	20	普通預金	電気代	12,400	12,400
1	25	普通預金	水道代	4,500	16,900
					16,900

経費帳　　　　旅費交通費

年		摘要		金額	合計
月	日				
1	5	現金	駐車料	500	500
1	10	現金	タクシー代	1,150	1,650
					1,650

このような形で、経費についてそれぞれ個別にページをつくって、経費ごとに金額を集計していく表が経費帳です。174ページに示した現金出納帳に記入する都度、経費が発生したら、この経費帳の該当ページに同時に記入していきます。

⑨ 「固定資産台帳」のつけ方と減価償却の考え方

1．時間をかけて費用化していく減価償却という考え方

　ここまで、記入方法を説明してきた各種の帳簿は、年ごとに作成して保存しておくものです。一方、固定資産台帳は、1つのページにX年を記入した後、そのまま続けて（X＋1）年を記入していきます。

　固定資産台帳を説明する前に、減価償却という考え方について触れておきましょう。

　1個あたりの金額が10万円以上となる固定資産（車両や器具備品など）を購入した場合、その年に全額一気に必要経費として処理することができるわけではありません。いったん貸借対照表の固定資産の科目に計上された後で、減価償却という方法によって、一定の期間にわたって、順次費用として処理されるのです。

　このような固定資産は、1年で使うことができなくなるものは少なく、何年間かを掛けて売上獲得に貢献する性格のものです。

　何年間かの売上獲得に資するものなのに、一度に費用として処理するのはおかしいということから、何年間かの売上に対応するような形で費用処理することを目的として、減価償却という制度が設けられています。

　たとえば、軽自動車をX年1月に、80万円で購入した場合を想定してみます（次ページ上図参照）。購入に要した金額80万円を全額、購入した年に経費として落とすことはできません。一定の期間をかけて、減価償却費として費用化していくことになります。軽自動車の場合、耐用年数は4年で、年の最初の月に使い始めたと仮定すると、20万円ずつ4年をかけて費用化します。

【軽自動車　80万円を減価償却費として費用化していく過程】

	減価償却費	まだ償却されていない金額（未償却残高）
● X 年	20万円	60万円
●（X＋1）年	20万円	40万円
●（X＋2）年	20万円	20万円
●（X＋3）年	199,999円	1円

2．固定資産台帳の記入方法

固定資産台帳は、それぞれの固定資産ごとにページをつくり、固定資産を減価償却費として費用化していく流れを記入する台帳です。1年で1枚の台帳をつくるのではなく、1つの台帳に毎年記入していくタイプです。

軽自動車

番号	×××	取得年月日	X.1.5	償却方法	定額法
資産の種類	車両運搬具	所在	○○市▲町	償却率	0.250
		耐用年数	4年		

年月日	摘要	取得価額	償却費等	未償却残高
X.1.5	取得	800,000		800,000
X.12.31	減価償却費		200,000	600,000
(X＋1).12.31	減価償却費		200,000	400,000
(X＋2).12.31	減価償却費		200,000	200,000
(X＋3).12.31	減価償却費		199,999	1

　この固定資産台帳の表は、80万円で購入した軽自動車が、耐用年数である4年間を掛けて減価償却費として費用化されるまでの流れです。購入したX年は20万円、（X＋1）および（X＋2）年も同様に20万円、そして償却最終年については、備忘価額（1円）を残して、それ以外の金額を減価償却費として費用化します。これにより、耐用年数である4年間をかけて、取得価額のうち1円以外の金額が費用化されたことになりますよね。備忘価額の1円は、最終的にこの固定資産を廃棄したときに、必要経費の中に算入して、未償却残高を0円にする処理を行ないます。

⑩ 伝票会計から65万円控除を受けるための方法

1．伝票には3種類ある

　ここからは青色申告特別控除65万円を受けるために伝票会計を利用する方法について考えてみたいと思います。

　まず、伝票には入金伝票、出金伝票、振替伝票の3種類があります。まず前提として、「入金」「出金」という言葉は、「現金が入ってくる」「現金が出ていく」ことを表わします。普通預金への出入りは含みません。あくまで現金の出入りを表わします。

【3つの伝票の意味】
- 入金伝票…現金が入ってきた取引を記入。伝票の色は赤
- 出金伝票…現金が出ていった取引を記入。伝票の色は青
- 振替伝票…現金の出入りにかかわらず、すべての科目の取引を記入

　入金伝票と出金伝票は、振替伝票よりも横幅が小さく、科目名を書く欄と、金額を記入する欄が各行1列ずつしかありません。

　これに対して振替伝票は、各行に科目名と金額を書く欄がそれぞれ2列ずつあります。これは、入金伝票と出金伝票が常に現金の取引を記載していることに起因しています。つまり、「現金　××円」という部分が、すべての行において省略されているのです。振替伝票の場合には、現金の出入りだけでなくすべての科目を記入することができるので、借方にも貸方にも科目名や金額を記入することになります。

第4章 ▶ 個人事業＆フリーランスの経理とは

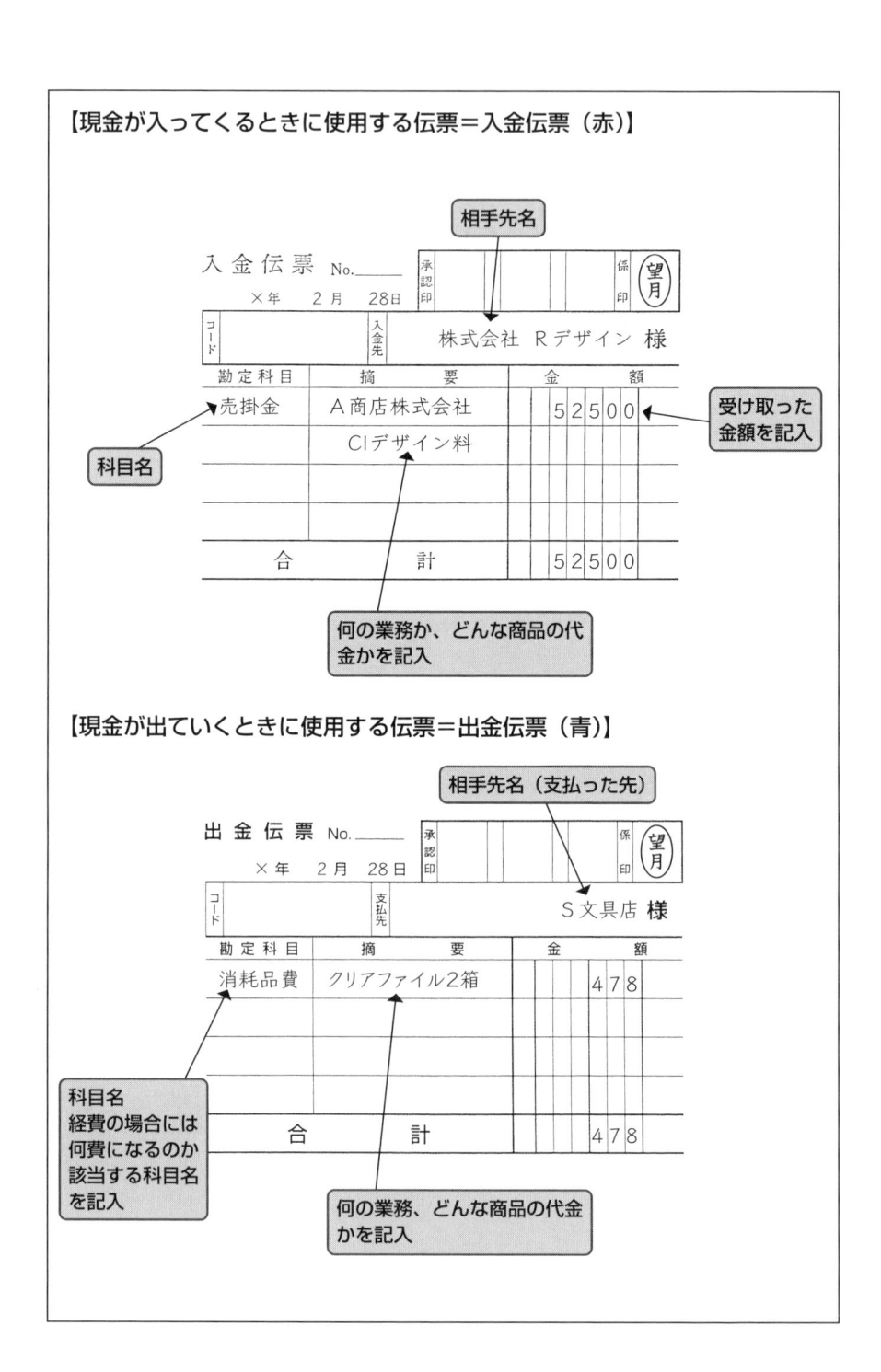

【現金が入ってくるときに使用する伝票＝入金伝票（赤）】

- 相手先名 → 株式会社 Rデザイン 様
- 科目名 → 売掛金
- 摘要（何の業務か、どんな商品の代金かを記入）→ A商店株式会社／CIデザイン料
- 受け取った金額を記入 → 52,500
- 合計 52,500
- ×年 2月 28日

【現金が出ていくときに使用する伝票＝出金伝票（青）】

- 相手先名（支払った先）→ S文具店 様
- 科目名（経費の場合には何費になるのか該当する科目名を記入）→ 消耗品費
- 摘要（何の業務、どんな商品の代金かを記入）→ クリアファイル2箱
- 金額 478
- 合計 478
- ×年 2月 28日

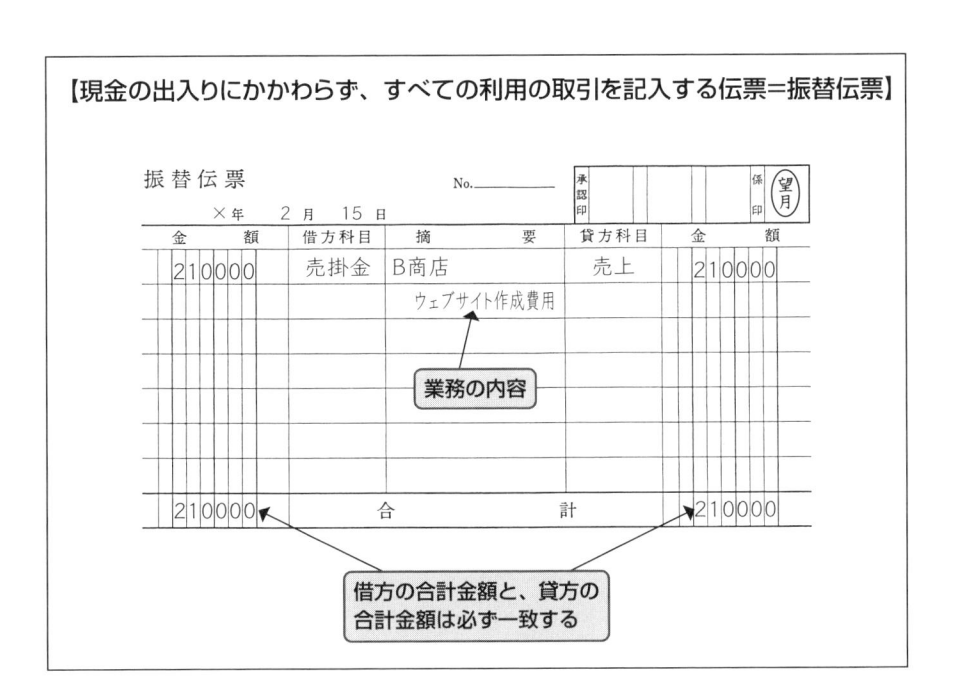

【現金の出入りにかかわらず、すべての利用の取引を記入する伝票＝振替伝票】

金額	借方科目	摘要	貸方科目	金額
210000	売掛金	B商店 ウェブサイト作成費用	売上	210000
210000		合計		210000

振替伝票　×年 2月 15日　No._____　承認印　係印 望月

摘要欄の「ウェブサイト作成費用」→ 業務の内容

借方の合計金額と、貸方の合計金額は必ず一致する

第4章 ▶ 個人事業＆フリーランスの経理とは

2. 総勘定元帳のつくり方

次に、この3伝票に記載した内容をそのまま総勘定元帳に記入していきます。

これらの3つの伝票から総勘定元帳をつくっていく方法の代わりに、複式簿記による仕訳帳を作成して、その仕訳帳から総勘定元帳を作成していく方法もあります。いずれの方法でも、青色申告特別控除65万円の対象となります。ここでは、3伝票から総勘定元帳を作成する方法を説明します。

まずは、完成させたい総勘定元帳とはどのようなものかを見てみましょう。総勘定元帳とは、たとえば「売上高」、「現金」、「売掛金」、「買掛金」などそれぞれの科目についての増加減少を、日々記載していった帳簿のことです。通常、A4サイズのファイルに綴じられる程度の分量があります。

総勘定元帳を見れば、それぞれの科目について、①いくら発生して、②いくら減少して、③いくら残っているのかを把握することができます。

【総勘定元帳　　売上高】

年		摘要	借方	貸方	差引残高
月	日				
		前月末より繰越			0
1	30	売掛金　A商店　CIデザイン料		52,500	52,500
2	15	売掛金　B商店　ウェブサイト作成		210,000	262,500

これは、「売上高」という科目についての総勘定元帳です。左側から、日付、相手の勘定科目、内容、金額を記入していきます。金額については欄が3つあり、「借方」「貸方」「差引残高」となっています。

「借方」に入る内容は、次の4つのいずれかです。

　　　資産の増加、費用の増加、収益の減少、負債の減少

一方、貸方に入る内容は、次の4つです。

　　　資産の減少、費用の減少、収益の増加、負債の増加

たとえば、売上高は収益の区分に入ります。この借方に入るのは、収益が減少するとき、つまり売上高が減ることを表します。
　貸方に入るのは、収益が増加するときです。このケースでいうと、1月30日の取引は、売上高が52,500円増加するはずです。これは収益が増加する取引ですので、貸方に入れます。2月15日の取引も同様です。
　続いて差引残高欄には、前月末の差引残高に借方・貸方欄の金額を加減した金額を記入します。
　このような総勘定元帳は、先ほど示した3つの伝票から作成します。

①振替伝票から総勘定元帳を作成する方法
　振替伝票は、187ページで示した通り、借方・貸方に勘定科目が記入されます。そして、それぞれの勘定科目に対して対応する金額が記入されます。これを、そのまま各勘定科目に準備された総勘定元帳に記入していけばよいことになります。1つの取引について2つの事象が発生すること、これこそが複式簿記の原点です。これらの2つの事象を総勘定元帳の勘定科目に記入することにより、正規の簿記の原則にしたがった会計帳簿を作成することができるのです。
　次ページ図一番上のような振替伝票があったとします。この振替伝票に記載されている2つの科目（売掛金、売上高）について、それぞれの総勘定元帳に記載していきます。記載するのは日付とその科目にとっての相手科目です。次に、金額の欄が3つありますから、借方にその金額が発生していたら「借方」欄に、貸方にその金額が発生していたら「貸方」欄に記入します。

| 振替伝票 | | | No._____ | 承認印 | | 係印 | 望月 |

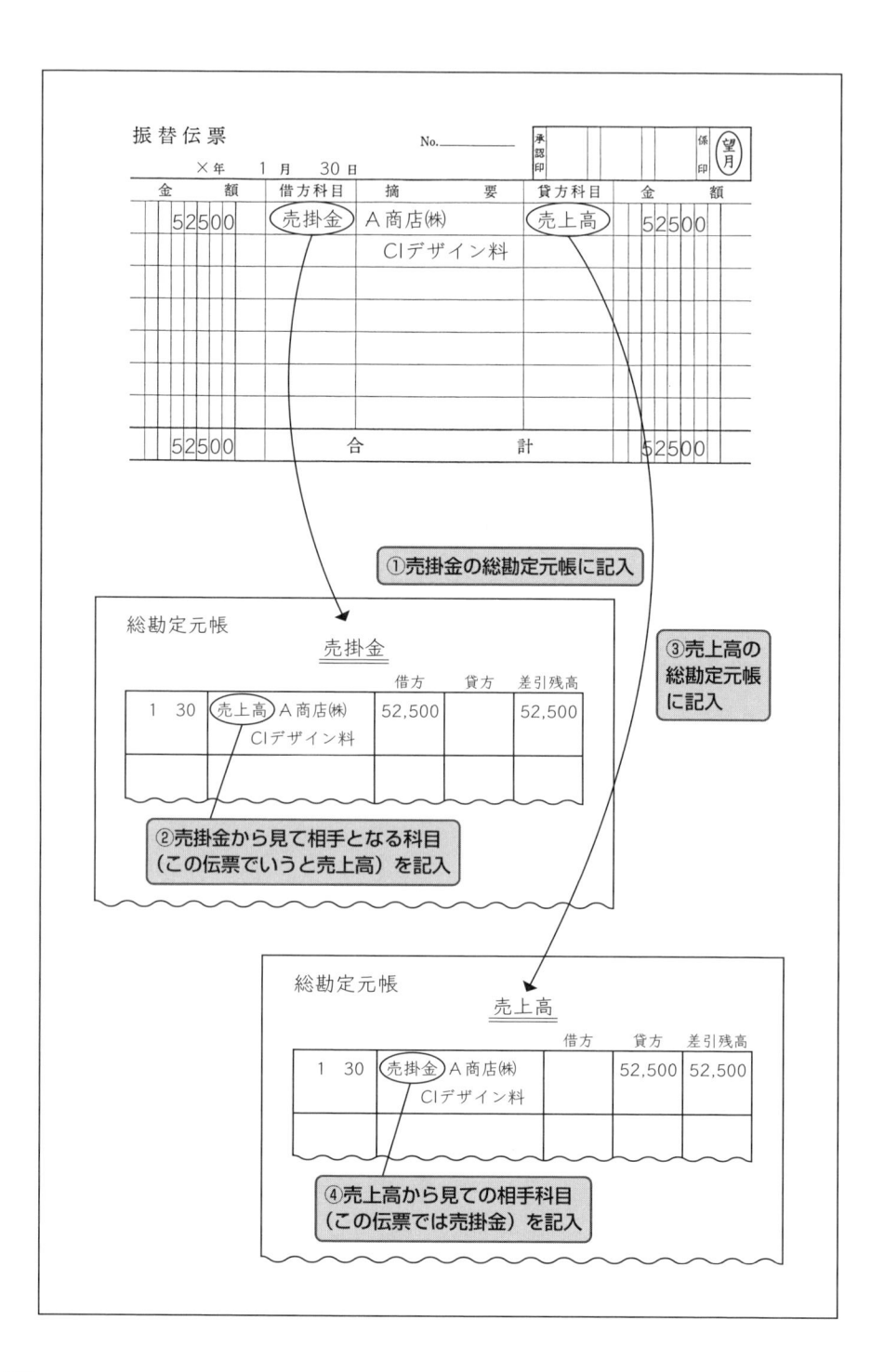

金額	借方科目	摘要	貸方科目	金額
52500	売掛金	A商店㈱	売上高	52500
		CIデザイン料		
52500		合計		52500

①売掛金の総勘定元帳に記入

③売上高の総勘定元帳に記入

総勘定元帳

売掛金

				借方	貸方	差引残高
1	30	売上高	A商店㈱	52,500		52,500
			CIデザイン料			

②売掛金から見て相手となる科目（この伝票でいうと売上高）を記入

総勘定元帳

売上高

				借方	貸方	差引残高
1	30	売掛金	A商店㈱		52,500	52,500
			CIデザイン料			

④売上高から見ての相手科目（この伝票では売掛金）を記入

②入金伝票・出金伝票から総勘定元帳を作成する方法

　入金伝票・出金伝票は、振替伝票の一部だということもできます。相手科目が必ず「現金」で固定されているために省略され、用紙の大きさも振替伝票の大きさに比して半分ぐらいで済むのです。

　総勘定元帳の作成方法についても同様です。振替伝票からの作成方法と同じことで、ただ相手科目が「現金」であるにすぎません。入金伝票・出金伝票を記入したら、総勘定元帳の「現金」の帳簿について記入して、その相手科目の総勘定元帳に記入しましょう。

出金伝票 No._____ ×年 2月 28日

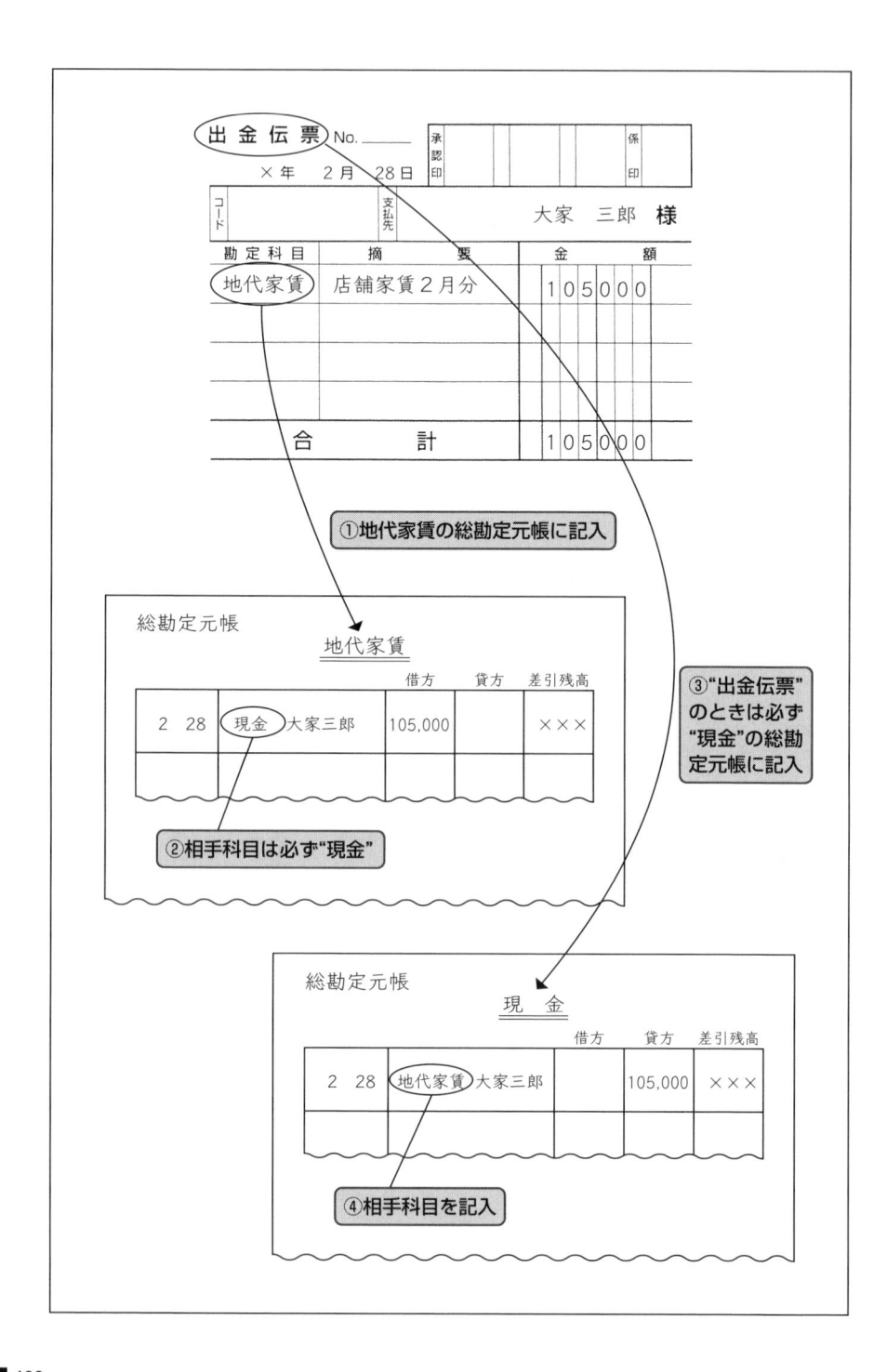

承認印　係印

コード　支払先　　　　　　大家　三郎　様

勘定科目	摘要	金額
地代家賃	店舗家賃2月分	105,000
合計		105,000

①地代家賃の総勘定元帳に記入

総勘定元帳
　　　地代家賃

			借方	貸方	差引残高
2	28	現金　大家三郎	105,000		×××

②相手科目は必ず"現金"

③"出金伝票"のときは必ず"現金"の総勘定元帳に記入

総勘定元帳
　　　現　金

			借方	貸方	差引残高
2	28	地代家賃　大家三郎		105,000	×××

④相手科目を記入

入金伝票 No.____	承認印				係印	

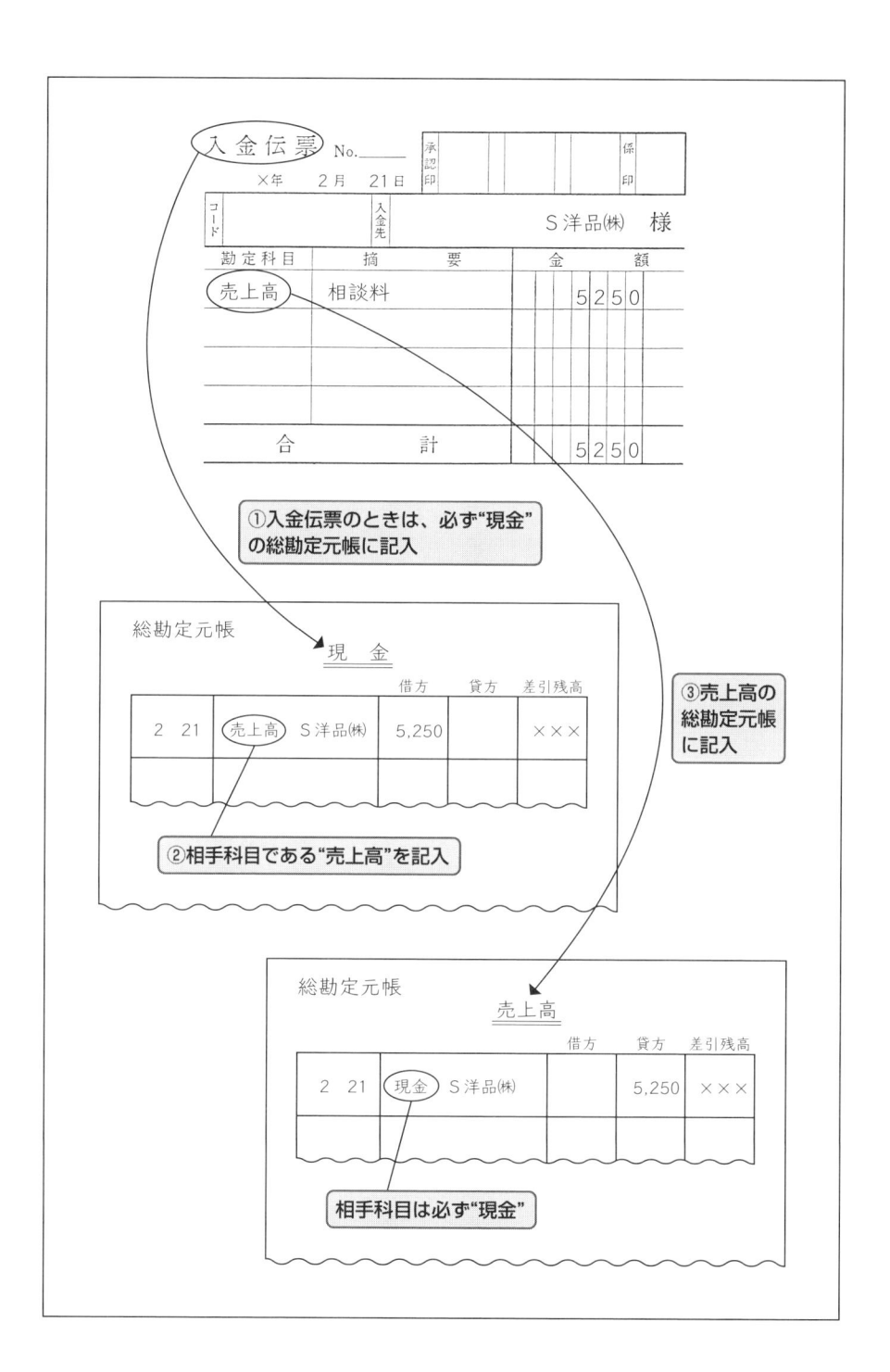

×年 2月 21日

コード	入金先	S洋品㈱ 様				
勘定科目	摘要	金額				
売上高	相談料		5	2	5	0
合計			5	2	5	0

①入金伝票のときは、必ず"現金"の総勘定元帳に記入

総勘定元帳

<u>現　金</u>

				借方	貸方	差引残高
2	21	売上高	S洋品㈱	5,250		×××

②相手科目である"売上高"を記入

③売上高の総勘定元帳に記入

総勘定元帳

<u>売上高</u>

				借方	貸方	差引残高
2	21	現金	S洋品㈱		5,250	×××

相手科目は必ず"現金"

第4章 ▶ 個人事業＆フリーランスの経理とは

11 会計ソフトのメリットと導入手続き

1. 会計ソフトはどこが便利なのか

ここまで、次の2つの流れを説明してきました。

- 3伝票(入金伝票、出金伝票、振替伝票)に記入する
- 記入した3伝票を元に総勘定元帳を作成する

かつては、誰もが手書きでこの流れをまとめ、帳簿作成を行なっていました。手書きで行なうということは、次のような作業を手計算で行ない、書き留めていたということです。

① 取引の発生する都度、3伝票を書く
② 手書きした伝票を元に、2つの総勘定元帳に記入する
③ 2つの総勘定元帳のそれぞれについて、記入前の差引残高の金額に、今回記入した金額を足したり引いたりすることにより、差引残高を計算する
④ 1年や1か月といった一定期間が終了したら、試算表に金額を書き写す

もちろん、今だって手計算で行なっても構いません。
しかし、手計算で行なった場合に起こりうるデメリットも確実に存在します。そこで登場するのが会計ソフトです。会計ソフトを使うメリットと合わせて右ページの表を参照してください。

【手書きで帳簿を作成するデメリット】

- 1つの取引を表わすのに、①伝票に記入する、②2つの総勘定元帳にする、という3つの作業が必要になる
- 途中の金額の誤りに気づいて、訂正すると、以後の金額をすべて計算し直さないといけない
- 一定期間後の集計を、自分で試算表に書き写さないと、業績などの把握ができない

【会計ソフトを導入するメリット】

- 1つの伝票に入力することにより、2つの総勘定元帳に自動的に転記される
- 途中の金額の誤りを訂正すると、それ以後の金額を自動的に訂正してくれる
- 1つの取引を入力すると、その入力した状態までの業績が自動集計されて、その場で試算表に反映される
- 会計ソフトによっては、青色申告決算書まで自動的に作成してくれるものもある

　会計ソフトは手書きに比べて本当に便利です。手間が何分の1にもなることは間違いありません。しかも会計ソフトは年々進化を遂げていて、さらにわかりやすく、使いやすくなっています。特にパソコンでの作業が当たり前になっている人の場合は、会計ソフトを使わない手はありません。

　ときどき私が会計ソフトの導入をすすめると、「パソコンは苦手で、全然わからない」という人がいます。

　パソコンが苦手、というのは、ただパソコンを使い慣れていないだけ。使い慣れたら何ともありません。慣れれば、「なぜ、今まで手書きなんかでやっていたのだろう」と思うことでしょう。

2．今までの流れを会計ソフトでやってみた場合

では、具体的に会計ソフト（JDL IBEX出納帳〔日本デジタル研究所〕）で帳簿作成を行なった例を紹介してみます。

このような形の振替伝票に入力します。すると、売掛金の総勘定元帳（下図）に、自動的に取引が転記されます。

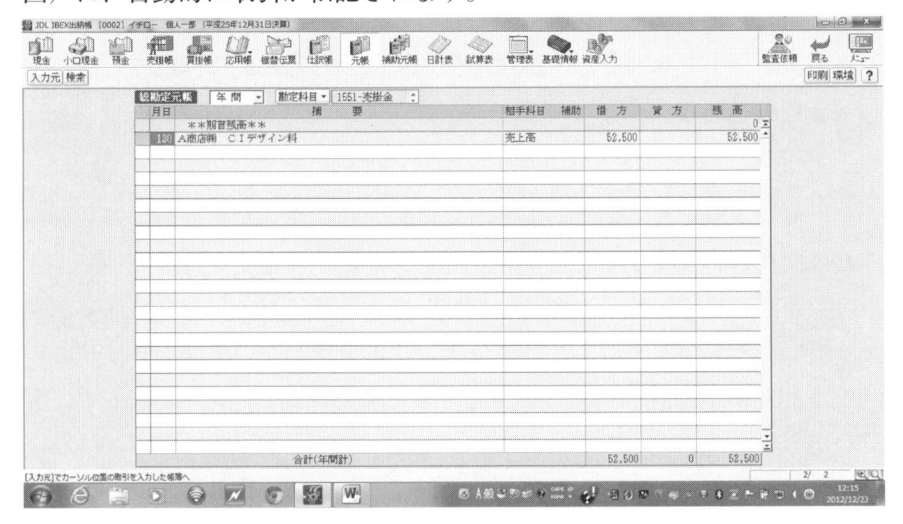

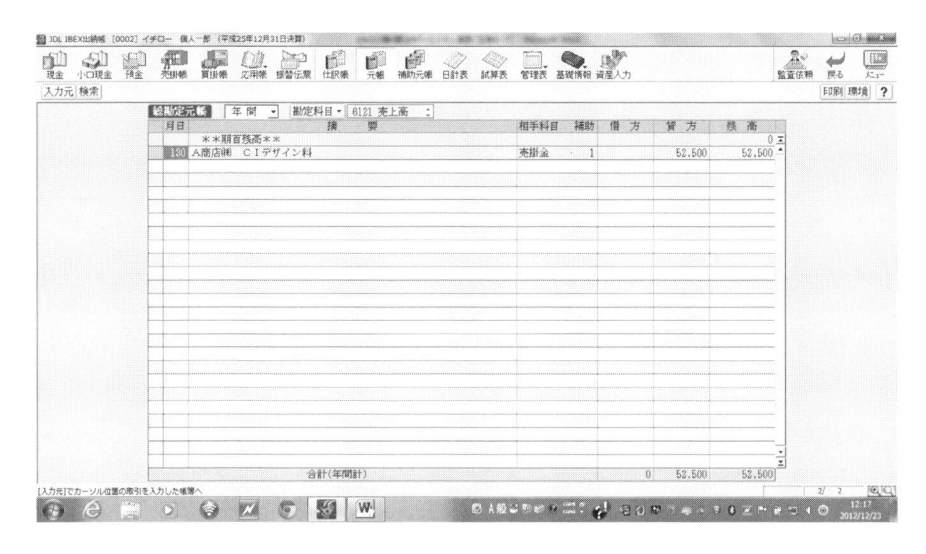

さらに、売上高の総勘定元帳（上図）にも、同様に取引が転記されます。もちろん、こちらも、あえて入力はしていません。最初に振替伝票に入力しただけで表示されます。

では試算表を見てみましょう。振替伝票の登録をしたことによって、この試算表にその金額が反映されています。

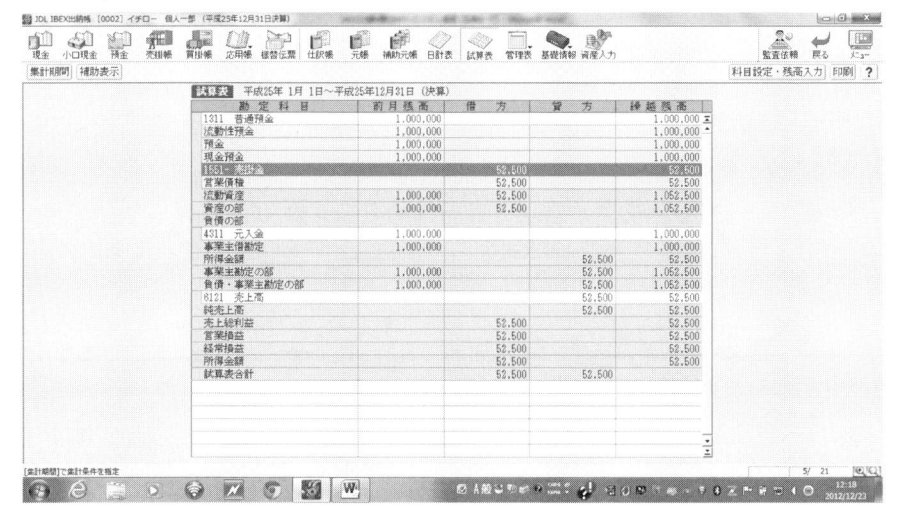

これはあくまで一例です。会計ソフトによって、入力形態や表示の仕方、集計の仕方などが異なります。ですが、どの会計ソフトを用いても、上記で説明してきたメリットは満たしています。ですので、ぜひ会計ソフトを利用して、帳簿作成を行なうことをおすすめします。

column ▶ 会計ソフトに慣れるための期間

　筆者のクライアントでも独立開業して飲食業をオープンさせた方がいました。その方はそれまでパソコンにほとんど触れたことがありませんでした。

　当然、帳簿も手書きでつくりたいということで、私の方も「この伝票を買ってください」「この帳簿をつくってください」「売掛帳と買掛帳だけでなく、売掛金と買掛金、売上高、仕入高の総勘定元帳をつくってください」と指導してきました。

　しかしすべての帳簿作成がなかなか軌道に乗りません。そこで当初拒否したパソコンの会計ソフトでの入力を提案しました。ここまでたくさんの帳簿を記入してつくるのに苦労してきたので、「楽になるなら」と今度は承諾。

　パソコンの入力に慣れるためにかかった期間は1か月ぐらいでした。1つの入力をすると他の部分に次々と反映していく便利さに気づき、「初めから会計ソフトにするんだった」と後悔していました。今では、青色申告65万円控除を堂々と適用できる帳簿をつくっています。

第5章

開業1年目の税務

1 所得税の計算方法

1．確定申告と簡単な所得税の計算方法

　第5章では、開業1年目にスポットを当てて、税金の計算方法やしくみについて触れていきます。

　個人事業主が毎年行なわなければならないものと言えば、確定申告です。**確定申告とは、通常は「所得税」の確定申告を指します**。所得税の確定申告は、1月1日から12月31日までの1年間に獲得した10種類の所得を合算して所得税を計算するものです。21ページでも書きましたが、10種類の所得というのは、次の10個です。

利子所得、配当所得、不動産所得、事業所得、給与所得、退職所得、山林所得、譲渡所得、一時所得、雑所得

　これら10種類の所得について、所得の区分によって、次の3種類の課税方法があります。

【所得税の3つの課税方式】

課税方法	所得区分	課税方式
総合課税	配当所得、不動産所得、事業所得、給与所得、譲渡所得（土地・建物・株式等以外）、一時所得、雑所得	左記の所得を合算して、総所得金額を求め、これに基づいて税額を計算する。なお、譲渡所得と一時所得は2分の1で計算。
分離課税	退職所得、山林所得、譲渡所得（土地・建物、株式等）、配当所得	他の所得とは合算せず、それぞれ独自の計算方法で課税される。
源泉分離課税	利子所得	天引きされた税金のみで課税が終了するため、申告には含めない。

　税金の計算方法は、3つの課税方法ごとに異なります。事業上の儲けである事業所得の金額は他の所得と合算されて総所得金額を構成し、総合課税されます（本書では、説明の都合上、事業所得のみで他の所得＝0であると仮定して話を進めます）。

　事業所得の金額が求められたら、次に課税所得の金額を求めます。この

事業所得からさらにマイナスできるものがあります。それが、**所得控除**と呼ばれるものです。

【所得控除の種類一覧】

> 雑損控除、医療費控除、社会保険料控除、小規模企業共済等掛金控除、生命保険料控除、地震保険料控除、寄付金控除、障害者控除、寡婦（寡夫）控除、勤労学生控除、配偶者控除、配偶者特別控除、扶養控除、基礎控除

　会社勤めの経験があれば、年末調整があって、会社の経理総務に家族の名前を書いた紙を渡したり、生命保険料控除証明書を提出したことを覚えているでしょう。あれは、この所得控除を算出するためのものです。

【課税所得の求め方】

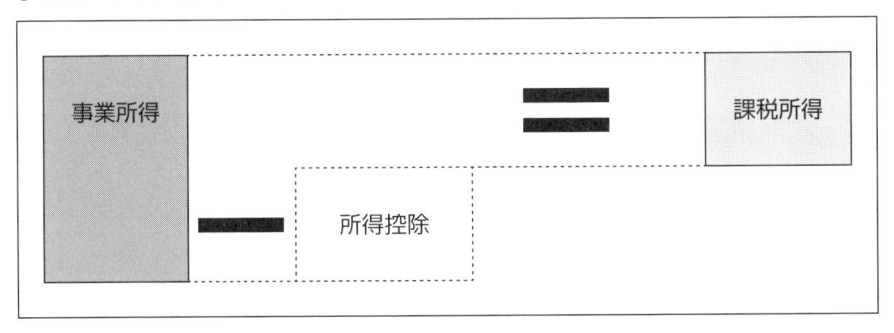

事業所得 − 所得控除 ＝ 課税所得

【所得税額の計算方法】

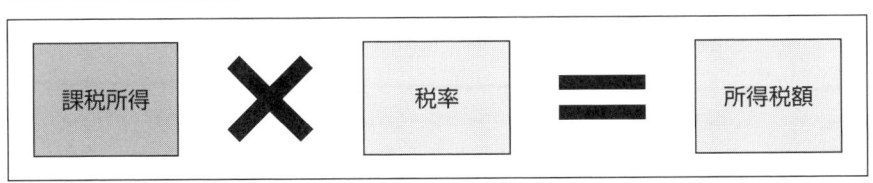

課税所得 × 税率 ＝ 所得税額

　事業所得の金額から所得控除を引いた課税所得の金額に税率を掛けることにより所得税の金額を算出します。

　なお日本は、累進課税と呼ばれる課税方式になっていて、課税所得が多

ければ多いほど、税金の対象となる金額が増えるだけでなく、同時に税率も高くなっていきます。だから、課税所得が多い人ほど納税額は増えることになります。

2．所得控除は「税額」から控除するものではない

　所得控除とは、その名の通り「所得から控除」するもののことであって、「税額から控除」するものではありません。

　たとえば医療費控除と聞いて、「医療費控除が２万円受けられるから、税金が２万円トクになる」と考えるのは間違いで２万円税金が少なくなるのではなく、所得が２万円少なくなるにすぎません。

　所得が２万円少なくなるということは、税額は基本的に「２万円×税率」分が安くなるというわけです。

　これに対して、税額控除というものがあります。これは「税額から控除」するもので、控除額分の税金がそのまま減額されます。聞きなれたものでは住宅ローン控除（住宅借入金等特別税額控除）があり、住宅ローン残高に対して一定の割合を掛けた金額が減税となります（234ページ参照）。

2 源泉徴収のしくみ

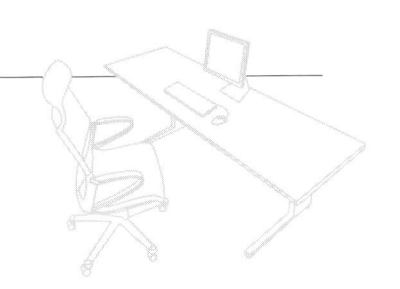

1．源泉徴収と確定申告の関係

　個人事業主は、「課税所得×税率」の金額がそのまま所得税の納付額になるとは限らず、業種によって「源泉徴収」という制度が適用されます。

【源泉徴収の概念図】

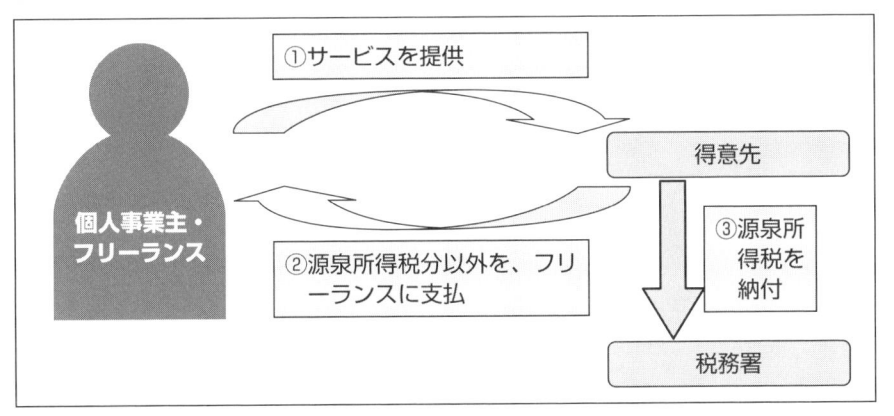

```
個人事業主・フリーランス  ①サービスを提供 →  得意先
                        ←②源泉所得税分以外を、フリーランスに支払
                                              ↓③源泉所得税を納付
                                              税務署
```

　代金を支払う得意先の側から見ると、支払いの際に一定の方法で計算した税金の金額を計算し、税金の金額をあらかじめ差し引いて個人事業主に支払うことになります。この差し引いた税金を「**源泉所得税**」と呼びます。得意先は個人事業主に支払う代わりに、この源泉所得税を税務署に納めます。

　サービスを提供した個人事業主の立場から見れば、報酬のうちの源泉所得税分については、そのタイミングではもらえないことになります。なんだか損をしている気になりますが、所得税の確定申告の際に精算されるので安心してください。

　源泉所得税の分については先に天引きされて納付してあることになるので、確定申告の際にその分を納付する必要がありません。

　天引きされた源泉所得税が多ければ、その分所得税を前払いしてあるこ

とになるので、確定申告の際に納付する所得税が減ります。

逆に、天引きされた源泉所得税が少なければ、所得税の前払いが少ないことになるので、確定申告の際に納付する所得税は増えます。

2．どのような職種が源泉徴収されるのか

この源泉徴収はすべての個人事業主についてなされるわけではありません。たとえば、飲食業を経営している場合、お客様から源泉所得税分を差し引いて飲食代金をもらうなんて話は聞いたことありませんよね。

源泉徴収されるのは、下表の業務内容に該当する場合です。

また、上記の区分に該当するならば、相手先に渡す請求書の中に①報酬額と②源泉所得税の金額③請求額を明記しましょう。報酬を支払った側は、これらの源泉所得税について、15ページで紹介した「支払調書」で、報酬と源泉所得税の金額がいくらだったのかを示すことになります。

	区分	源泉徴収する所得税＋復興特別所得税の額
所得税法第204条第1項第1号	※次ページの表がすべて、ここに入ります。	報酬・料金の額×10.21%（ただし、1回の金額が100万円を超える場合は、超えた部分は20.42%）
第2号	弁護士、公認会計士、税理士、社会保険労務士、弁理士、建築士、不動産鑑定士の報酬	
	司法書士、土地家屋調査士の報酬	（報酬・料金の額－1回につき1万円）×10.21%
第5号	映画、演劇、音楽、音曲、舞踊、講談、落語、浪曲、漫談、漫才、腹話術、歌唱、奇術、曲芸、物まね、ラジオ、テレビへの出演、演出、企画の報酬	報酬・料金の額×10.21%（ただし、1回の金額が100万円を超える場合は、超えた部分は20.42%）
	俳優、映画監督、舞台監督、プロデューサー、演出家、放送演技者、音楽指揮者、楽士、舞踊家、講談師、落語家、浪曲師、漫画家、漫才家、腹話術師、歌手、奇術師、曲芸師、物まね師の報酬	

※平成25年1月より、源泉所得税にあわせて復興特別所得税も源泉徴収されることになりました。そのため、従来10%で良かったところが10.21%、20%のところが20.42%という税率で源泉徴収するという改正がなされています。

所得税法第204条第1項　第1号

報酬または料金の区分

原稿の報酬	原稿料
	演劇・演芸の台本の報酬、口述の報酬
	映画のシノプス（筋書）料
	文・詩・歌・標語等の懸賞の入賞金
	書籍等の編さん料・監修料
挿絵の報酬	書籍・新聞・雑誌等の挿絵の料金
作曲の報酬	作曲・編曲の報酬
レコード、テープ、ワイヤーの吹き込みの報酬	レコード・テープ・ワイヤーの吹き込み報酬
	映画フィルムのナレーションの吹き込み報酬
放送謝金	ラジオ・テレビ等の謝金
著作権の使用料	書籍の印税、映画、演劇、演芸の原作料・上演料等
	著作物の複製、上演、演奏、放送、展示、上映、翻訳、編曲、脚色、映画化のほか著作物の利用・出版権設定の対価
著作隣接権の使用	レコードの吹き込みによる印税等
工業所有権の使用料	工業所有権、技術に関する権利、特別の技術による生産方式などの使用料
講演料	―
脚本の報酬	映画、演劇、演芸等の脚本料
脚色	潤色料（脚本の修正、補正）
	プロット料（粗筋、構想料）
翻訳	―
通訳	―
書籍の装丁	―
速記	―
版下	写真製版用写真原板の修正を含み、写真植字を除く
写真	雑誌・広告その他の印刷物に掲載するための写真の報酬
技芸・スポーツ・知識等の教授・指導料	生け花、茶の湯、舞踊、囲碁、将棋等の遊芸師匠に対し実技指導の対価として支払う謝金
	編物、ペン習字、着付、料理、ダンス、カラオケ、民謡、語学、短歌、俳句等の教授・指導料
	各種資格取得講座の講師謝金
デザインの報酬	工業デザイン（自動車、オートバイ、テレビジョン受像機、工作機械、カメラ、家具等、織物）
	クラフトデザイン（茶わん、灰皿、テーブルマットなどの雑貨）
	グラフィックデザイン（広告、ポスター、包装紙等）
	パッケージデザイン（化粧品、薬品、食料品等の容器）
	広告デザイン（ネオンサイン、イルミネーション、広告塔等）
	インテリアデザイン（航空機、列車、船舶の客室等の内部装飾などの室内装飾）
	ディスプレイ（ショーウィンドー、陳列棚、商品展示会場等展示装飾）
	服飾デザイン（衣服、装身具等）
	ゴルフ場、庭園、遊園地等
	映画関係の原画料、線画料、タイトル料
	テレビのパターン製作料
	標章の懸賞の入賞金

3 決算に関する処理方法①
（商品などの棚卸）

1．必要経費になる売上原価の算出方法

ここでは、必要経費に算入される売上原価について説明します。

売上原価とは、売上高に対応する商品の仕入原価のことです。1年間など一定期間内に、商品をいくら仕入れたかではなく、販売した商品に対する仕入原価がいくらだったのかを示すのが売上原価です。

ごく簡単な例で説明しましょう。

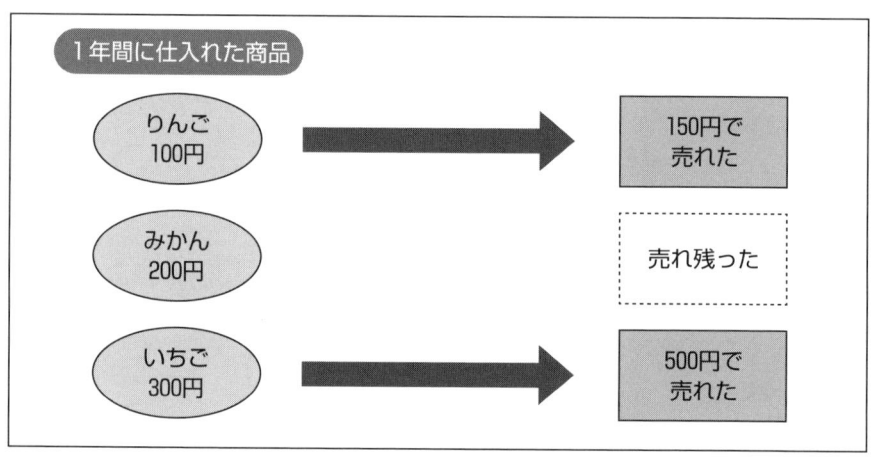

```
1年間に仕入れた商品
 りんご100円   →   150円で売れた
 みかん200円       売れ残った
 いちご300円   →   500円で売れた
```

この図の場合、1年間に仕入れた商品は、次の3つです。

| りんご100円 | みかん200円 | いちご300円 | 図A |

りんごといちごが売れたわけですから、売上は次のようになります。

| りんご150円 | | いちご500円 | 図B |

売上原価は、販売した商品に対する仕入原価のことですから、次の通りです。

> りんご100円　　　いちご300円　図C

売上原価となるのは、図Cの方です。
　売上原価は、図Cのように販売した商品の仕入原価を1つずつ足していっても求められますが、通常このような方法は用いません。売上原価を求める算式は、次のようになります。

【売上原価の求め方】

> 期首商品棚卸高　＋　当期商品仕入高　－　期末商品棚卸高

　まず期首にあった商品在庫に、1年間に仕入れた商品を足します。ここから期末に残った商品在庫を引くことによって、当期に販売した商品の仕入原価である売上原価を求める、というのがこの算式の意味です。図にすると次のようになります。

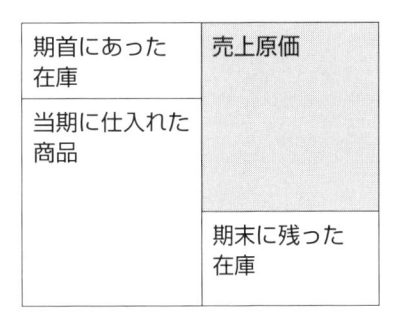

期首にあった在庫	売上原価
当期に仕入れた商品	
	期末に残った在庫

　さきほどの例でいえば、当期に仕入れた「りんご・みかん・いちご」から、期末に売れ残った「みかん」を引くことにより、当期に販売した商品の売上原価である「りんご・いちご」の額を導き出します。

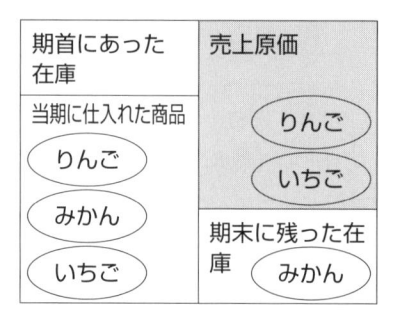

期首にあった在庫	売上原価
当期に仕入れた商品 りんご みかん いちご	りんご いちご 期末に残った在庫 みかん

　ここでは、便宜上商品が3種類で、1種類について1つの単価という前提で説明しましたので、販売した商品から売上原価の「りんご+いちご」を求めるのは簡単ですが、普通はこのようなわけにはいきません。

　商品の種類や数は業種によってさまざまですし、同種類の仕入の単価がずっと同じ金額とは限りません。材料の値上がりや値下がりによって、単価は日々変動します。

　このほかにも期末の商品在庫を評価する方法というのがいくつか存在して、その中からいずれかの方法を選択して、期末の商品在庫がいくらだったのかを決定します。

　この評価方法をいくつか示していきます。

2．期末棚卸資産の評価方法

　期末の商品在庫の金額を算出する棚卸資産の評価方法には次のような方法があります（☞98ページ）。

【棚卸資産の評価方法】

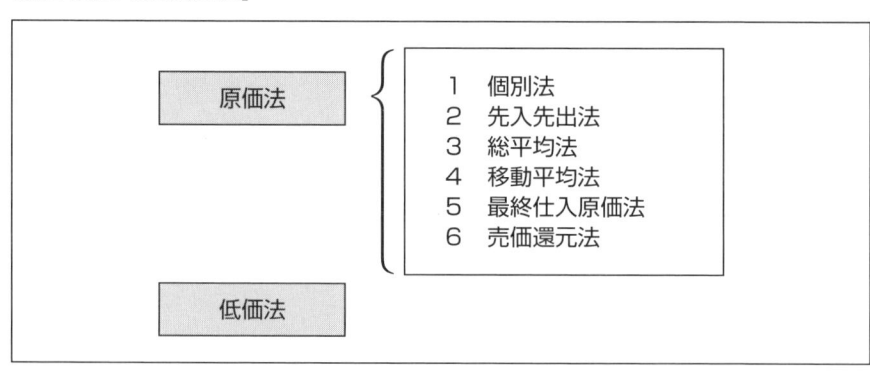

原価法 {
1　個別法
2　先入先出法
3　総平均法
4　移動平均法
5　最終仕入原価法
6　売価還元法
}

低価法

評価方法は大きく分けて原価法と低価法の2種類があります。

原価法というのは、1～6のいずれかの方法で算出した金額を期末棚卸資産の評価額とする方法です。

これに対して低価法は、原価法で求めた金額と年末時点での時価とを比べて、いずれか低い金額を評価額とする方法です。

低価法は、その年の年末時点での商品価値をもって評価額とする方法で、年末までの価値の下落分をその年の必要経費に算入したい場合に採用します。これは青色申告者のみが採用できる方法です。

この中で、「最終仕入原価法による原価法」以外の方法を採用しようとする場合には、評価方法を選んで税務署に届け出る必要があります。この届出が第2章100ページ掲出の用紙となります。

6種類ある原価法のそれぞれの特徴を下表にまとめました。

【6種類の原価法の説明】

評価方法	説明
個別法	個々の仕入原価を期末評価額とする方法。商品数が少なく個別に仕入単価を把握することができる商品向き。
先入先出法	先に仕入れた商品から払い出しが行なわれ、期末近くに仕入れたものが期末に残っているものとして計算する方法。
総平均法	期首の商品と、当期に仕入れた商品の総額を、総数量で割って単価を計算し、これに期末の商品数を掛けて評価額とする方法。
移動平均法	仕入の都度、その取得価額にその時に持っていた取得価額との合計額を計算して数量で割ることにより、平均単価を計算し、これを期末まで繰り返すことにより、期末の評価額とする方法
最終仕入原価法	その年の最後に仕入れた単価に期末に持っている商品の個数を掛けることにより期末の評価額とする方法。計算が簡単であるというのが特徴。評価方法の届出をしない場合には自動的にこの方法となる。
売価還元法	期末に持っている商品の販売価額の総額に原価率を掛けることにより期末の評価額を算出する方法

4 決算に関する処理方法②
（減価償却費の計上のしかた-その1）

1. 減価償却の対象となる資産ならない資産

　建物や機械装置、器具備品など金額の大きな資産を取得した場合、その取得した年に全額を必要経費として処理することは通常できません。そのかわり、売上獲得に貢献していく期間に合わせるように、一定の期間をかけて費用化していきます。この費用配分の手続きのことを減価償却と呼びます（☞91ページ）。

【減価償却の対象となる資産】	【減価償却の対象とならない資産】
●建物 ●建物附属設備 ●構築物 ●機械装置 ●車両運搬具 ●工具、器具備品 ●ソフトウェア	●土地、借地権 ●電話加入権 ●書画、骨董品 ●貴金属

　これら減価償却資産に該当するものを取得した場合には、減価償却の対象になることを確認してください。

　減価償却資産になるかどうかは、どのような業態で商売を行なっているかによって異なります。たとえば、ライターやデザイナーなどがパソコンを購入した場合は減価償却の対象となりますが、パソコンの卸売を行なっている個人事業主の場合には、パソコンは棚卸資産にあたるので、パソコン購入は単なる仕入にすぎず、減価償却資産とはなりません。

　また、時が経過しても価値の減少しないものに関しても、減価償却の対

象とはならないのです。

2．減価償却の手順

①「消耗品費」に該当するかどうかの判断

　減価償却の対象となる資産を取得した場合、次のような判定法を経て、減価償却の方法を決定していきます。

　まずはじめに、その減価償却資産が次のいずれかに該当するかを確かめましょう。

●使用可能期間が1年未満
●取得価額が1円～99,999円

　この要件を満たす場合には、減価償却の対象とせずに、「消耗品費」として一度に必要経費に算入することができます。

　なお、「使用可能期間」とは、営む業種において一般的に消耗していくものであって、通常の使用方法であれば1年未満しか使用することができないものをいいます。

　使用可能期間が1年以上でも、金額が10万円未満であれば、消耗品費として一度に必要経費に算入することができます。

②「一括償却」および「少額減価償却資産」の取扱い

　①の要件に該当しない場合、次の段階の判定に移ります。

1．取得価額が100,000円～199,999円
　→通常の減価償却、一括償却、少額減価償却資産の取扱い、のいずれか
2．取得価額が200,000円～299,999円
　→通常の減価償却　or 少額減価償却資産の取扱い
3．取得価額が300,000円～
　→通常の減価償却

これらの３つの区分に共通する「通常の減価償却」の方法については次の項でまとめて説明します。ここでは、「一括償却」および「少額減価償却資産の取扱い」について説明します。

　まず１.の一括償却です。これは、20万円未満の減価償却資産を取得した場合、取得価額の合計額の３分の１を減価償却費として必要経費に算入するという方法です。

　たとえば、金額18万円の備品を10月に取得したと仮定します。このとき一括償却として必要経費に算入することができる金額は、下記のようになります。

$$18万円 \times \frac{1}{3} = 6万円$$

　通常の減価償却と異なり、何月から使い始めたのかは関係ありません。３月に使い始めても、10月に使い始めても、必要経費算入額は同額となります。

　一括償却の特徴は２つです。１つは計算が容易であること、もう１つは固定資産税・償却資産税の対象とならないことです。耐用年数を調べて、その年数に応じた償却率を掛けて、月数按分して……という手間は必要ありません。ただ、単純に３で割れば良いという非常に簡便な方法です。

　また通常減価償却資産を取得すると、これに対して固定資産税・償却資産税が1.4％かかります。しかし、一括償却の場合にはこの固定資産税・償却資産税はかかりません。

　次に、１.と２.の少額減価償却資産の取扱いです。これは、時限立法である租税特別措置法によって定められている償却方法ですから、いつまで使うことができるかは未定です。ただ、廃止にされない限りは利用できる非常に有効な節税対策です。

　少額減価償却資産の特例の概要は、次の通りです。

【少額減価償却資産の取扱い】

- 取得価額100,000円〜299,999円の減価償却資産について
- 取得価額を合計して一年間に300万円に達するまで
- 全額を、使い始めた年に必要経費に算入

つまり、後述する通常の減価償却のように何年もかけて経費化していくのではなく、買った年に全額を経費化することができるというものです。

ただし、この特例はすべての事業主が使うことができるというわけではなく、次のような要件を満たす必要があります。

・青色申告者であること
・一定の中小企業者（従業員数が1,000人以下）であること

なお、少額減価償却資産の取扱いを受けた資産については、通常の減価償却と同様、固定資産税・償却資産税が掛かります。

5 決算に関する処理方法③
（減価償却費の計上のしかた-その2）

1．減価償却費の計算方法

ここからは、通常の減価償却について説明します。

通常の減価償却では、資産の種類によって取り得る減価償却方法が定められています。これをまとめたものが次の表です。

【資産別に減価償却方法が定められている】

資産の種類	選定することができる償却方法	何の届出もしなかった場合の法定償却方法
建物	定額法	定額法
建物附属設備、構築物、機械装置、船舶、航空機、車両運搬具、工具器具備品	定額法、定率法	定額法
鉱業用減価償却資産	定額法、定率法、生産高比例法	生産高比例法
無形減価償却資産（ソフトウェアなど）、生物	定額法	定額法
鉱業権	定額法、生産高比例法	生産高比例法

表の「選定することができる償却方法」というのは、第2章93ページで紹介した、償却方法の届出をすることにより取り得る償却方法のことです。

たとえば工具器具備品については、定額法と定率法のいずれかにより償却することができるということになります。

しかし、償却方法の届出をしなかった場合には、その右側の法定償却方法である定額法しか採用することができません。

通常の減価償却の場合、それぞれの減価償却資産の種類に応じて費用化していく期間が決められています。この期間を「耐用年数」と呼びます。

耐用年数には「償却率」というものがそれぞれ定められ、それぞれの耐用年数ごとに定められている小数点以下3位までの数字をいいます。

2. 定額法の計算方法

では、一般的に用いられる定額法と定率法の計算方法を見てみましょう。まずは定額法です。

【定額法の計算方法】

> 減価償却費＝取得価額×定額法の償却率×
> 　　　　　事業の用に供した日から年末までの月数÷12月

取得価額とは、購入した時の金額に、その資産を事業の用に供するために要した費用を加算した金額です。「事業の用に供する」とは、簡単に言えば「本来の目的のために使い始める」という意味です。たとえば器具備品を購入した場合、器具備品が届いたというだけでなく、実際にその器具備品を使い始めることを表わします。

この取得価額に定額法の償却率を掛けます。耐用年数が5年の資産であれば0.200を、耐用年数7年であれば0.143を掛けます。

これに、「事業の用に供した日から年末までの月数÷12月」を掛けます。たとえば、3月に取得して事業の用に供した資産の場合には、「10月÷12月」を掛けます。10月に「事業の用に供した」資産なら、「3月÷12月」を掛けます。ここでの月数は、1月未満ならば1月としてカウントします。ですから、それぞれの月の何日に使い始めたとしても変わりません。3日に使い始めても、28日に使い始めても償却額は変わらないのです。

この定額法の特徴は、初年度は月数で按分しますので、償却額は違いますが、2年目以降は毎年一定になる点です。

3. 定率法の計算方法

定率法の減価償却費は次の算式で求めます。

【定率法の基本的な計算方法】

> ● 1年目　　　減価償却費＝取得価額× 定率法の償却率×
> 　　　　　　　事業の用に供した日から年末までの月数÷12月
> ● 2年目以降　減価償却費＝期首帳簿価額× 定率法の償却率

期首帳簿価額は、「取得価額―前年までの減価償却費の累積額」から求めます。この計算式によって減価償却費を計算していきます。
　この定率法の特徴は、償却率を掛けられる金額が毎年毎年減っていくため、結果として、減価償却費の金額が徐々に減っていくことです。
　ですから導入初期の段階では多額の償却費を計上することができて、何年か経過して修繕費などを要することになる時期には償却費は減ることになります。個人事業主がこの定率法を採用しようとする場合には、あらかじめ償却方法の選定をしなければならないため、96ページの届出書を提出してください。

6 決算に関する処理方法④
（貸倒損失・貸倒引当金の処理）

1．貸倒れの意味するもの

　貸倒れとは、商品やサービスの販売代金である売掛金や受取手形などの債権について、販売した企業の倒産などの理由で回収不能となることです。

　一生懸命仕事をして商品やサービスを提供した後で、その代金をもらえなくなる恐れはどんな事業であれつきまといます。だからこそ、「貸倒れ」ということについて考える必要が生じてくるのです。

　まず商品やサービスを販売した場合、代金が未回収であろうとも、販売の事実があれば、売上に計上します。言い換えれば、**売上に計上することと代金が回収されたかどうかはまったく別問題ということ**です。

　この売上代金が未回収の状態について、3つの段階に分けてその全部または一部の金額の必要経費算入が認められています。それは、次の3つの対応策です。

> ①貸倒損失(貸倒金)の計上
> ②貸倒引当金「個別評価」の繰入
> ③貸倒引当金「一括評価」の繰入

　これらの3つの対応策について、それぞれの区分ごとに必要経費に算入される金額を見ていきましょう。

2．貸倒損失と貸倒引当金

①貸倒損失（貸倒金）の計上

　事業遂行上生じた売掛金や貸付金、前渡金といった未回収の債権が貸倒れとなった場合には、「貸倒損失」として必要経費に算入することができます。ただし、この「貸倒れ」というのは、どのような状態を指すのかが厳密に区分されている上、**その事実が起こった年に貸倒れ処理をして必要**

経費に入れないといけないので注意が必要です。

区分	発生した事実	貸倒処理する金額
法律上の貸倒れ	会社更生法などの更生計画認可決定による切捨て	切捨てた金額
	民事再生法の再生計画認可決定による切捨て	
	会社法の特別清算に係る協定の認可決定による切捨て	
	債権者集会などの協議決定による切捨て	
	債務者に対する書面による債務免除	債務免除を通知した金額
事実上の貸倒れ	債務者の資産状況、支払能力等から見て、全額が回収できないことが明らかとなったこと	貸金等の全額
形式上の貸倒れ	債務者との取引を停止してから1年以上経過したこと	売掛債権の額−1円
	同一地域の売掛債権の総額が取立費用に満たない場合に、督促しても弁済がないこと	

「法律上の貸倒れ」区分の上4つは、法律に基づいて最終的に切捨てが決定したものです。

よくテレビの報道などで、「○○株式会社が会社更生法の適用を申請した」とか、「破産手続開始の申立てがされた」といったニュースを聞くことがあります。この状態は、最終的に会社をどうするかといったことまでは決定していません。会社の処理の仕方が決定し、売掛金などが切捨てとなって初めて、貸倒損失を計上することができるのです。そのほか、書面で債務を免除することを債務者に対して通知した場合、それは法律上の貸倒れに該当します。

「事実上の貸倒れ」は、貸金などの全額を明らかに回収することができないと認められる場合に適用され、**一部でも回収できる場合や担保物がある場合には適用されません。**

最後の「形式上の貸倒れ」は、売掛金・受取手形などの売掛債権に限定されていて、貸付金については対象とはなりません。また、1年以内に一度でも取引があった場合には対象とはならず、売掛債権の金額から1円を残して、それ以外の金額を貸倒損失として計上することができます。もし売掛金10万円を払ってもらえないまま**最後の取引から1年以上経過した場合には**、99,999円を貸倒損失として計上することができることになります。

②貸倒引当金「個別評価」の繰入

これは、販売代金をもらえないが、貸倒損失を計上することができる状態とまではいかないケースのことをいいます。

発生した事実	貸倒引当金「個別評価」の繰入限度額
会社更生法や民事再生法などの認可の決定が行われ、実際に切捨てられる金額と、分割で弁済がなされる金額が決まった場合	認可の決定が行われた年の、翌年1月1日から5年より先に弁済されることとなっている金額
債務者の債務超過の状態が相当期間継続し、その営む業務に好転の見通しがない場合、または、災害・経済事情の急変などにより多大な損害が生じた場合など	債権の一部の金額について、取立られる見込みがないと認められる場合に、その一部の金額
会社更生法や民事再生法などの規定によって、更生手続き開始の申し立てがなされた場合	（貸金等の金額－実質的に債権と認められない金額－担保）×50÷100
外国の政府や中央銀行などに対する貸金等のうち、長期にわたる債務の履行遅滞によって、経済的な価値が著しく減少して、その弁済を受けることが著しく困難であると認められる場合	（貸金等の金額－実質的に債権と認められない金額－保証）×50÷100

会社更生法や民事再生法などの計画認可の決定が済んだ場合に、切捨てになる部分は貸倒損失となります。さらに、残りの部分のうち切捨てとはならないが何年あるいは何十年を掛けて弁済されることが決められたとき、その決定の翌年から5年を過ぎて弁済されることになる金額は、回収が非常に不確かですので、貸倒引当金に繰り入れておくことができます。

まだ会社更生法や民事再生法などの計画認可の決定がなされず、申立てが行なわれた段階では、貸倒れになるかどうかも不確かです。このときは、貸金などの金額から債権とはみられない金額や、担保権を実行することにより回収が可能となるかもしれない金額を除き、**その残った金額の50/100を貸倒引当金に繰り入れることができます。**

なお、貸倒引当金は繰り入れた金額を翌年戻入れすることになります。翌年は戻入れをした上で、再度繰入を行ないます。

③貸倒引当金「一括評価」の繰入

売掛金などの債権について、①、②に該当しないものすべてを対象とす

る貸倒引当金がこの一括評価です。大雑把に言うと、年末時点の債権の金額に何パーセントかを掛けて、その分を貸倒引当金に繰り入れるものです。

具体的には、次の算式となります。

【貸倒引当金「一括評価」繰入額の算出方法】

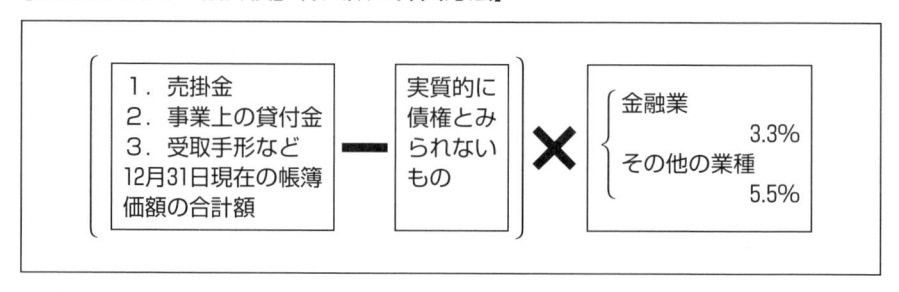

$$\left\{\begin{array}{l}\text{1．売掛金}\\\text{2．事業上の貸付金}\\\text{3．受取手形など}\\\text{12月31日現在の帳簿}\\\text{価額の合計額}\end{array}\right\} - \left\{\begin{array}{l}\text{実質的に}\\\text{債権とみ}\\\text{られない}\\\text{もの}\end{array}\right\} \times \left\{\begin{array}{l}\text{金融業} \quad 3.3\%\\\text{その他の業種} \quad 5.5\%\end{array}\right.$$

金融業を除いたすべての業種で、**売掛金などの年末残高に、5.5％を掛けた金額を貸倒引当金に繰り入れる**ことができます。

第6章

決算書の作成と確定申告

決算書の作成準備

1. 取引発生から決算書作成までの流れ

第4章167ページから説明したとおり、青色申告特別控除65万円の適用を受けようとする場合、まず取引の仕訳を仕訳帳か、3つの伝票（入金伝票、出金伝票、振替伝票）に記入します。そして、これらから総勘定元帳に転記していきます。

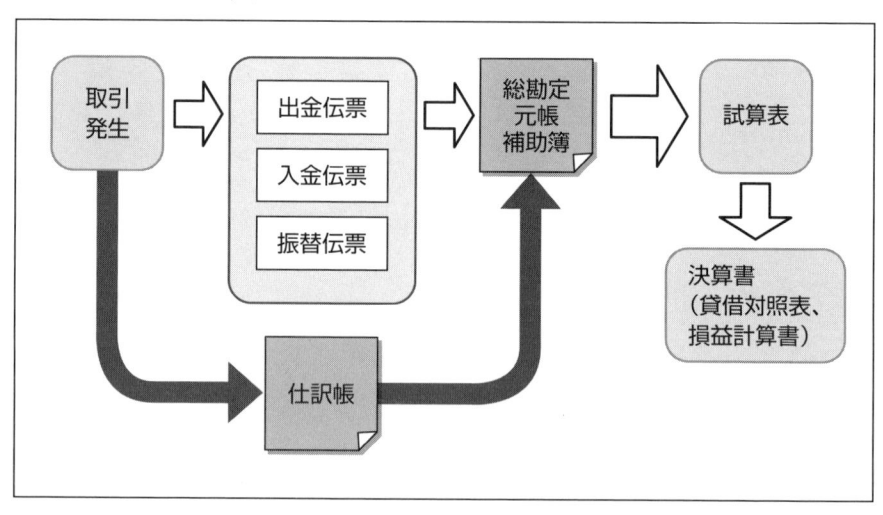

```
取引発生 → 出金伝票 → 総勘定元帳 → 試算表
           入金伝票    補助簿        ↓
           振替伝票               決算書
              ↑                  （貸借対照表、
           仕訳帳                  損益計算書）
```

総勘定元帳ができたら、次のステップに進みます。最終的な目標は決算書（貸借対照表と損益計算書）を作成することですが、総勘定元帳からいきなり決算書を作成する前に、まず**試算表**を作成します。

試算表とは、総勘定元帳の各勘定の残高を転記して、貸借（左右）合計額が一致することを確認するためのものです。

2. 試算表を作成してみよう

試算表は次のような表のことです。

【試算表のサンプル】

勘定科目	金額	勘定科目	金額
現金	12,350	支払手形	
その他預金	1,200,000	買掛金	120,000
受取手形	0	借入金	0
売掛金	500,000	未払金	75,000
棚卸資産	0	預り金	0
前払金	0	貸倒引当金	27,500
車両運搬具	0	事業主借	1,200,000
工具器具備品	210,000	元入金	0
事業主貸	600,000		
仕入	600,000	売上	3,500,000
租税公課	40,000	貸倒引当金戻入	0
荷造運賃	1,980		
水道光熱費	55,000		
旅費交通費	27,500		
通信費	85,200		
広告宣伝費	40,000		
接待交際費	46,000		
損害保険料	14,400		
修繕費	67,220		
消耗品費	125,350		
減価償却費	70,000		
福利厚生費	0		
給料賃金	0		
地代家賃	1,200,000		
雑費	0		
貸倒引当金繰入	27,500		
合　計	4,922,500	合　計	4,922,500

借方の合計額と、貸方の合計額は必ず一致する！
一致しないときには、どこかに金額のズレが必ずあるので、修正する！

この試算表は、総勘定元帳に記されたそれぞれの勘定科目の残高をそのまま記入したもので、資産、負債、純資産（資本）、収益、費用にあたるすべての勘定科目を1つの表に集めたものです。そして、この表を作成した後で、貸借対照表に入る勘定科目と、損益計算書に入る勘定科目の2つに分けることになります。

　具体的に言うと、第4章159ページに示した貸借対照表に含まれる資産の部と負債の部については、貸借対照表へ金額をそのままうつします。158ページに示した損益計算書に含まれる科目の金額は損益計算書にうつすことになります。

勘定科目	金額	勘定科目	金額	
現金	12,350	支払手形	0	
⋮		⋮		貸借対照表へ
事業主貸	600,000	元入金	0	
仕入	600,000	売上	3,500,000	
租税公課	40,000	貸倒引当金戻入	0	損益計算書へ
⋮		⋮		
貸倒引当金繰入	27,500			
合　計	4,922,500	合　計	4,922,500	

2 青色申告決算書（一般用）の作成

1. 青色申告決算書とは何か

貸借対照表および損益計算書を個人事業主が税務署に提出する際には、記入するための用紙が決められています。申告書の用紙は以下のとおりです。

【個人事業主の決算書の用紙】

- ●青色申告　…　所得税青色申告決算書（一般用）
- ●白色申告　…　収支内訳書（一般用）

確定申告書の提出期間は毎年2月16日から3月15日です。確定申告書の用紙は通常1月の下旬に管轄の税務署から送られてきます。

ただし、年を越しても「税務署にまだ開業の届を提出していなかった」としてあわてて開業届を提出したという個人事業主には、郵送が2月以降にズレ込むこともあります。

なお、2年目以降の話ですが、前年の確定申告書提出の際に、申告書の右上にある「翌年以降送付不要」を選択した場合には、申告書の用紙は送られてきませんのでご注意ください。

日本は申告納税制度を採用していますので、申告書を自分で手に入れて申告しなければいけません。

申告書は各税務署に行けばもらうことができますし、国税庁のサイトには申告書の用紙がアップされていますので、自分でダウンロードして印刷することもできます。

国税庁のサイトを見ると、決算書には（一般用）以外に、（農業所得用）、（不動産所得用）の決算書フォーマットがあります。

（不動産所得用）というのは、土地建物を貸して賃貸料をもらっている場合の不動産所得について申告するための用紙です。（農業所得用）とい

うのは、事業所得の中でも農業を行う方向けの用紙です。農業以外の事業を行なっている個人事業主は（一般用）の用紙を使います。

2. 青色申告決算書1ページ〈損益計算書〉の書き方

ではここからは、青色申告であることを前提として、**青色申告決算書**を用いながら書き方を紹介していきましょう。

まず、税務署から手に入れた青色申告決算書の用紙は、A3の紙を2つ折りにしてあり、表面と裏面に印刷されています。

間のミシン目を破ることによって、A4紙2枚（表裏合わせて4ページ）のセットになります。内容は下の4ページから構成されています。

【青色申告決算書の用紙】

1. 損益計算書
2. 月別売上金額、月別仕入金額、給料賃金・専従者給与の内訳、貸倒引当金繰入額の計算、青色申告特別控除額の計算
3. 減価償却費の計算、利子割引料・地代家賃、税理士・弁護士等の報酬・料金の内訳、本年中における特殊事情
4. 貸借対照表、製造原価の計算

まず、青色申告決算書の1ページ目です。一番上に『××年分所得税青色申告決算書（一般用）』と書かれたものです。その下の欄に、住所、氏名、押印、事業所所在地、電話番号、業種名、屋号、加入団体名を記入します。もし該当するものがなければ空白で構いません。

右側に「依頼税理士等」の欄がありますが、決算書や申告書を税理士に依頼しない場合には、ここも空白で構いません。

税理士の目を通さなくても一向に構いませんので、自分で作成し、自信を持って提出しましょう。

その下に、青色申告決算書1ページ目のメインテーマである「損益計算書」があります。**前項224ページで「損益計算書へ」と書いた部分の金額を、そのままここに書きうつします**。該当する科目がない場合には、空白の欄が6行あるのでここに科目名を記入し、金額も合わせて入れましょう。

3. 青色申告決算書2ページ〈月別売上金額等〉の書き方

次は2ページ目です。ここには損益計算書の作成の根拠を記入していきます。具体的には次の5つの内容です。

【青色申告決算書2ページに書く内容】

① 月別売上金額と、月別仕入金額
② 給料賃金の内訳
③ 専従者給与の内訳
④ 貸倒引当金繰入額の計算
⑤ 青色申告特別控除額の計算

①月別売上（収入）金額及び仕入金額の欄

売上の計上額を月ごとに記載していきます。そして、縦の合計が損益計算書の左上の売上金額に一致することを確認しましょう。仕入金額についても同様です。

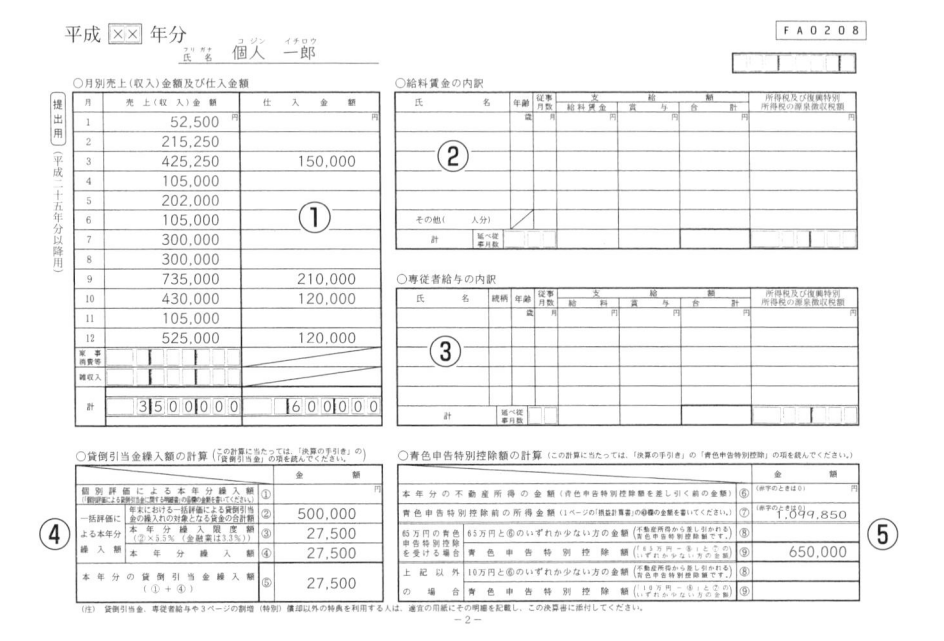

②給料賃金の内訳の欄

　専従者以外の従業員がいる場合には、この欄に給料賃金を記載します。中心となる従業員を5人ピックアップして、氏名、12月末時点の年齢、この1年間の中の勤務月数をまず記入します。給与の支給額の欄には、給料賃金の12か月の合計額、それとは別に支給した賞与の金額、これらの合計額を記入します。

　所得税及び復興特別所得税の源泉徴収税額の欄は、各個人について1年間に源泉徴収した所得税の金額を記入します。ここでいう所得税の金額は、年末調整をして所得税の計算をした後の金額となるので、源泉徴収票の源泉徴収税額に記載した金額と同額になります。

　5人のそれぞれについて記入したのち、ほかにも従業員がいる場合には、「その他（○人分）」という行にまとめて記載して、全員の合計を一番下に記入します。

③専従者給与の内訳の欄

　ここに記載するのは、専従者給与として支給したもののみです。専従者

給与とは、生計を一にする配偶者やその他の親族で事業に従事している場合に、これらの人に支払う給与のことを言います。ここの書き方自体は、上の給料賃金の欄と同様です。

なお、専従者給与の適用を受ける場合にはあらかじめ届出書の提出が必要です（280ページ参照）。

④貸倒引当金繰入額の計算

219ページで説明した貸倒引当金について記入します。一番上には、個別評価の対象となって貸倒引当金に繰り入れた金額を記載します。たとえば売掛金30万円について、会社更生法の規定による更生手続き開始の申立てがなされた場合には、個別評価による繰入額は30万円×50％＝15万円と記載します（本事例では、対象がないと仮定して金額は０円と表示してあります）。

次に貸倒引当金の一括評価による繰入額の計算過程をここに記載します。**まず、引当金の対象となる貸金の合計額を記入します。続いて、これに対して5.5％（金融業は3.3％）を掛けた繰入限度額を記入します**。次の欄は、この繰入限度額に対して実際に今回繰り入れた金額を記載します。

なお、繰入限度額以内であれば自由にいくらでも繰り入れることができます。最後に個別評価の繰入額と一括評価の繰入額を足して、本年分の貸倒引当金繰入額を求めます。

この金額が、227ページの貸倒引当金㊴と一致することを確認しましょう。

⑤青色申告特別控除額の計算

この欄は、青色申告特別控除額の算出過程を表わします。青色申告特別控除額の10万円や65万円というのは、不動産所得と事業所得の両方から控除することができます。そこで、事業所得から控除する青色申告特別控除額を求めるために、まず不動産所得の金額を記入します。

次に、事業所得から青色申告特別控除をいくらマイナスすることが可能かを把握するために、損益計算書の中で青色申告特別控除を引く前の所得金額を記載します。

次の４行のうち、最初の２行は「青色申告特別控除65万円の適用を受ける場合」に、次の２行は「10万円の適用を受ける場合」に記載します。そして、それぞれ不動産所得の計算上控除する青色申告特別控除額を記入して、事業所得の計算上控除するその残りの青色申告特別控除額を記載します。

4．青色申告決算書３ページ〈減価償却費の計算等〉の書き方

３ページ目は、次の５つの内容を記載します。

【青色申告決算書３ページ目に書く内容】

① 減価償却費の計算
② 利子割引料の内訳
③ 地代家賃の内訳
④ 税理士・弁護士等の報酬・料金の内訳
⑤ 本年中における特殊事情

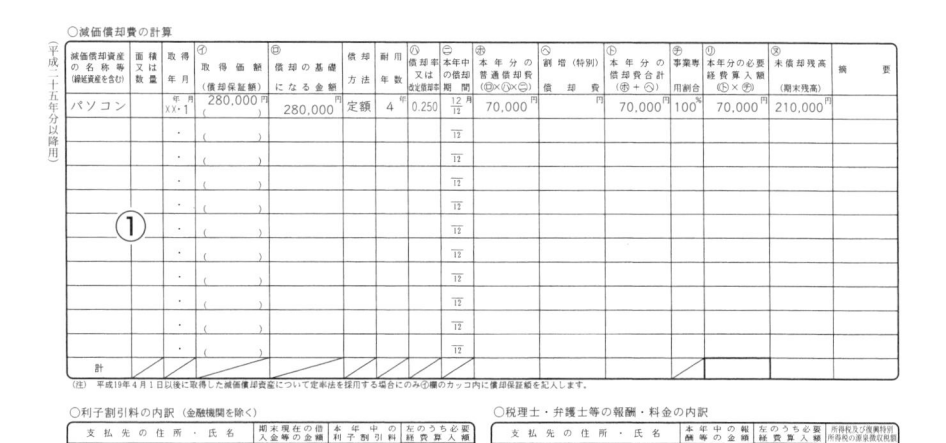

①減価償却費の計算

ここでは減価償却の対象となる資産すべてについて、減価償却費の計算過程を記載します。それぞれの列に記入する内容を定額法、定率法に区分して記載します。

	取得価額	取得価額の下段の カッコ内	償却の基礎になる金額	
定額法	取得価額	記入しない	取得価額（㋑と同じ）	
定率法	取得価額	償却保証額 (取得価額×保証率)	本年中に取得の場合	取得価額
			前年以前に取得の場合	前期末未償却残高 (前年の㋠の金額)
			調整前償却額＜償却保証額となる場合	改定取得価額

②利子割引料の内訳

1年間に支払うことが確定した利息を支払先ごとに記載します。ただし、金融機関については書く必要はありません。

③地代家賃の内訳

1年間に支払うことが確定した地代や家賃を記載するとともに、権利金や更新料があれば、これらも別に記載します。

④税理士・弁護士等の報酬・料金の内訳

1年間に支払うことが確定した税理士や弁護士などに対する報酬を記載します。なお、これらについては、源泉徴収された金額があれば、その源泉徴収税額も記載します。

⑤本年中における特殊事情

ここは、この1年間の決算が例年と異なるなど、何か新しい動きがあった場合に文章で記入します。

5．青色申告決算書4ページ〈貸借対照表〉の書き方

　青色申告決算書の最終ページには、貸借対照表を記載します。224ページに示した、「貸借対照表へ」の部分をそのまま書きうつしていきます。

　なお、元入金という科目の金額は1年間変わりません。期首の残高が期末の残高にそのままうつります。翌年分の青色申告決算書を作成する段階になって、前年の貸借対照表から次の算出方法にのっとって項目を加減することにより、期首の元入金残高を算出します。

【元入金（期首）の算出方法】

前年末の元入金－事業主貸＋事業主借＋青色申告特別控除前の所得金額

貸借対照表（資産負債調）（平成◯年12月31日現在）

資産の部			負債・資本の部		
科目	1月1日（期首）	12月31日（期末）	科目	1月1日（期首）	12月31日（期末）
現　　金		12,350	支払手形		
当座預金			買掛金		120,000
定期預金			借入金		
その他の預金		1,200,000	未払金		75,000
受取手形			前受金		
売掛金		500,000	預り金		
有価証券					
棚卸資産					
前払金					
貸付金					
建物					
建物附属設備					
機械装置					
車両運搬具			貸倒引当金		27,500
工具器具備品		210,000			
土地					
			事業主借		1,200,000
			元入金		
事業主貸		600,000	青色申告特別控除前の所得金額		1,099,850
合計		2,522,350	合計		2,522,350

（注）「元入金」は、「期首の資産の総額」から「期首の負債の総額」を差し引いて計算します。

製造原価の計算
（原価計算を行っていない人は、記入する必要はありません。）

科目	金額
期首原材料棚卸高 ①	円
原材料仕入高 ②	
小計（①＋②） ③	
期末原材料棚卸高 ④	
差引原材料費（③－④） ⑤	
労務費 ⑥	
外注工賃 ⑦	
電力費 ⑧	
水道光熱費 ⑨	
修繕費 ⑩	
減価償却費 ⑪	
⑫	
⑬	
⑭	
⑮	
⑯	
⑰	
⑱	
雑費 ⑲	
計 ⑳	
総製造費（⑤＋⑥＋⑳） ㉑	
期首半製品・仕掛品棚卸高 ㉒	
小計（㉑＋㉒） ㉓	
期末半製品・仕掛品棚卸高 ㉔	
製品製造原価（㉓－㉔） ㉕	

（注）㉕欄の金額は1ページの「損益計算書」の③欄に転記してください。

3 所得税の確定申告①
（確定申告書「第一表」の書き方）

1. 所得税の確定申告書の記載方法

青色申告決算書ができあがったら、所得税確定申告の作成に取りかかります。

まず申告書の用紙ですが、個人事業主の場合には、事業所得があるので、「申告書B」という用紙を使用します。「申告書A」は、給与所得、雑所得（年金）、配当所得、一時所得のみを有する人が使用する用紙で、事業所得のある人は使うことができません。

では、具体的に申告書の用紙を見ていきましょう。「第一表」というのが、所得税の税額の計算までの流れを表した表です。「第二表」は、第一表の記入の根拠や詳細を説明した表となります。

2. 第一表の書き方

235ページの記載例を見てみましょう。

第一表の左上の「収入金額等㋐」は青色申告決算書の一番初めにある「売上（収入）金額」を記載します。次の「所得金額」には、青色申告決算書の最後にある「所得金額㊸」を記載します。この金額は青色申告特別控除額を控除した後の金額となります。その下の欄には、「所得から差し引かれる金額（⑩～㉕）」が列挙されていますが、ここがいわゆる所得控除に当たります。所得控除は次項で説明しますので、今は流れを把握していただければ十分です。

今度は、第一表の右側に移ります。最初の行は「課税される所得金額㉖」を求める欄となっています。これは、課税対象となる金額を算出する欄です。「所得金額の合計⑨－所得控除の合計㉕」から金額を求めます。この課税所得金額に税率を掛けると、第一段階の所得税額㉗が出ます。ここから税額控除にあたるものがあれば、その控除額（㉘～㊲）を引きます。こ

れで差引所得税額㊳が求められます。

　次に、201ページで説明した、源泉徴収された源泉所得税があればそれも引いて、申告納税額を求めます。「申告納税額」から「予定納税額」を引いてプラスになるなら、納付すべき税額があるということで、税金を納めなければなりません。申告納税額から予定納税額を引いて、マイナスの金額が出れば、還付される税額があるということになります。その場合には、下の「還付される税金の受取場所」の欄に本人名義の金融機関の口座を記入してください。

3．税額から控除できるもの

　続いて、第1表（㉘〜㊲）にある税額控除を紹介しましょう。
- 配当控除
- 外国税額控除
- 住宅借入金等特別税額控除

　配当控除は、国内に本店を有する法人から配当金の支払いを受けた場合に、配当所得の金額×10％を税額から控除することができる制度です。ただし細かく要件があり、その要件によって控除額は変わります。

　外国税額控除は、国外の所得について外国所得税を納付した場合に、二重課税を防ぐ趣旨から、次の額を、外国税額控除として控除してくれます。

外国税額控除額＝その年分の所得税額×国外所得金額総額÷所得総額

　住宅借入金等特別税額控除とは、一定の新築住宅、中古住宅を取得した場合または増改築等をし、定められた期間内に居住して一定の要件を満たす住宅ローンを組んだ場合に、一定額を所得税額から控除する制度です。

　分譲住宅を取得したり、建売物件を購入したり、自分が所有する土地に家を建設したりした場合に、所得税から、その住宅ローンの残高について一定の計算を施した金額を差し引いてくれるというありがたい制度です。

　ただしこれは租税特別措置法の規定であり、政策的な意図からつくられた制度です。したがって、いつまでこの制度があるかはわからないので注意が必要です。

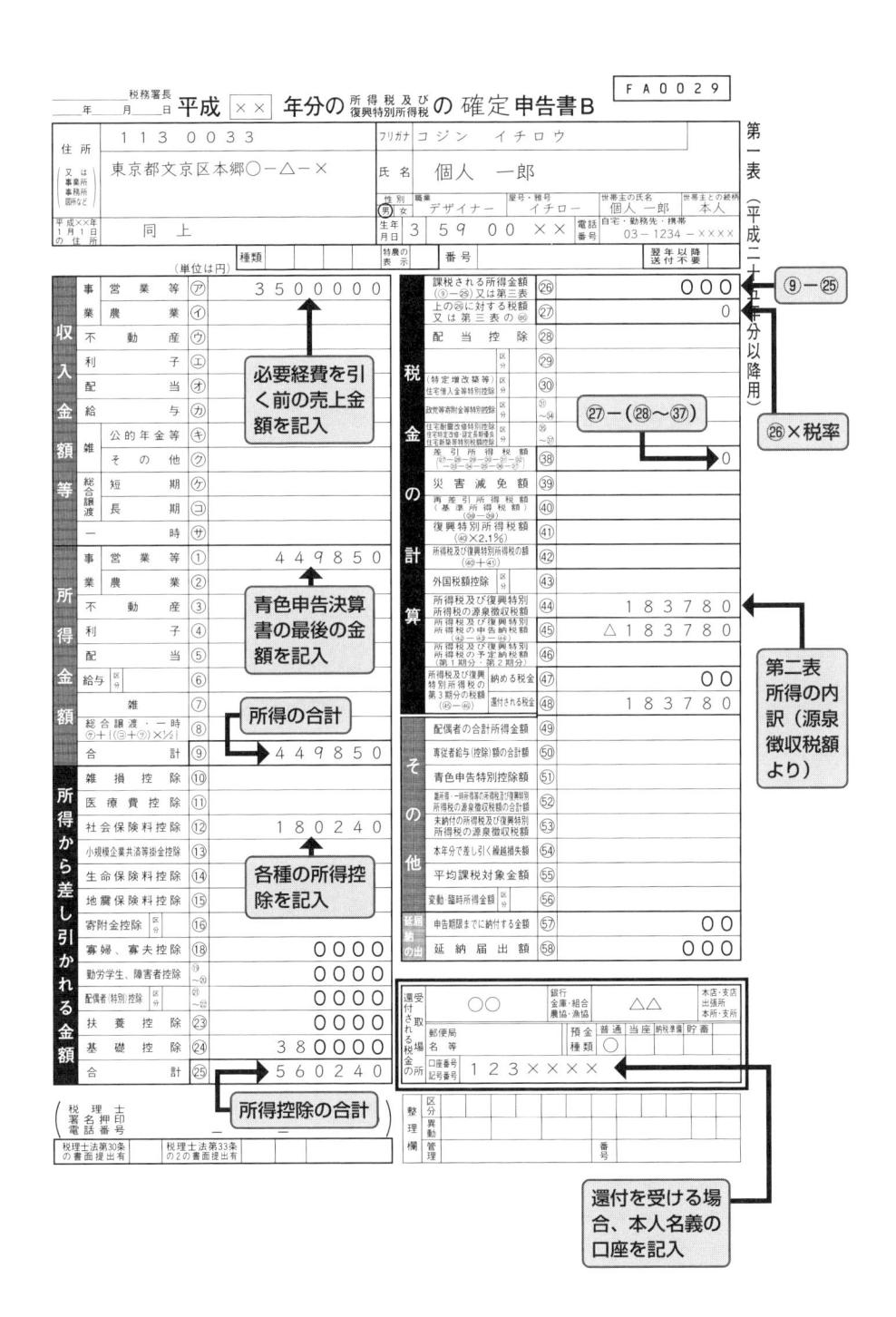

確定申告書B 記入例

税務署長			
＿＿年＿＿月＿＿日	平成 ×× 年分の 所得税及び復興特別所得税 の 確定申告書B		FA0029

住所 113 0033 東京都文京区本郷○-△-×
フリガナ コジン イチロウ
氏名 個人 一郎
性別 男
職業 デザイナー
屋号・雅号 イチロー
世帯主の氏名 個人 一郎
世帯主との続柄 本人
平成××年1月1日の住所 同上
生年月日 3 59 00 ××
電話番号 自宅 03-1234-××××
翌年以降送付不要

（単位は円）

収入金額等

事業 営業等	㋐	3500000 ← 必要経費を引く前の売上金額を記入
農業	㋑	
不動産	㋒	
利子	㋓	
配当	㋔	
給与	㋕	
雑 公的年金等	㋖	
その他	㋗	
総合譲渡 短期	㋘	
長期	㋙	
一時	㋚	

所得金額

事業 営業等	①	449850 ← 青色申告決算書の最後の金額を記入
農業	②	
不動産	③	
利子	④	
配当	⑤	
給与	⑥	
雑	⑦	
総合譲渡・一時 ㋘+(㋙+㋚)×½	⑧	
合計	⑨	449850 ← 所得の合計

所得から差し引かれる金額

雑損控除	⑩	
医療費控除	⑪	
社会保険料控除	⑫	180240
小規模企業共済等掛金控除	⑬	← 各種の所得控除を記入
生命保険料控除	⑭	
地震保険料控除	⑮	
寄附金控除	⑯	
寡婦、寡夫控除	⑱	0000
勤労学生、障害者控除	⑲〜⑳	0000
配偶者(特別)控除	㉑〜㉒	0000
扶養控除	㉓	0000
基礎控除	㉔	380000
合計	㉕	560240 ← 所得控除の合計

税金の計算

課税される所得金額 (⑨-㉕)又は第三表	㉖	000 ← ⑨-㉕
上の㉖に対する税額 又は第三表の㊷	㉗	0 ← ㉖×税率
配当控除	㉘	
(特定増改築等)住宅借入金等特別控除	㉙	
政党等寄附金等特別控除	㉚	
住宅耐震改修特別控除 住宅特定改修・認定住宅新築等特別税額控除	㉛〜㉝	
差引所得税額	㊳	0 ← ㉗-(㉘〜㊲)
災害減免額	㊴	
再差引所得税額(基準所得税額)	㊵	
復興特別所得税額 (㊵×2.1%)	㊶	
所得税及び復興特別所得税の額 (㊵+㊶)	㊷	
外国税額控除	㊸	
所得税及び復興特別所得税の源泉徴収税額	㊹	183780
所得税及び復興特別所得税の申告納税額 (㊷-㊸-㊹)	㊺	△183780
所得税及び復興特別所得税の予定納税額 (第1期分・第2期分)	㊻	
所得税及び復興特別所得税の第3期分の税額	㊼	00
還付される税金	㊽	183780

← 第二表 所得の内訳（源泉徴収税額より）

その他

配偶者の合計所得金額	㊾	
専従者給与(控除)額の合計額	㊿	
青色申告特別控除額	51	
雑所得・一時所得等の所得税及び復興特別所得税の源泉徴収税額の合計額	52	
未納付の所得税及び復興特別所得税の源泉徴収税額	53	
本年分で差し引く繰越損失額	54	
平均課税対象金額	55	
変動・臨時所得金額	56	
申告期限までに納付する金額	57	00
延納届出額	58	000

還付される税金の受取場所

銀行 金庫・組合 農協・漁協	○○	△△	本店・支店 出張所 本所・支所
郵便局 等			
預金種類	普通 ● 当座 納税準備 貯蓄		
口座番号 記号番号	123××××		

← 還付を受ける場合、本人名義の口座を記入

税理士署名押印 電話番号
税理士法第30条の書面提出有 / 税理士法第33条の2の書面提出有

整理欄 区分 異動 管理 番号

第6章 ▶ 決算書の作成と確定申告 235

4 所得税の確定申告②
（確定申告書「第二表」の書き方）

1．所得から控除できるもの

　第二表の左側は、「所得の内訳（所得税及び復興特別所得税の源泉徴収税額）」の欄に、源泉徴収された売上がある場合には、支払調書（☞15ページ）が発行されているはずです。その支払調書を参照しながら、名称、収入金額、源泉徴収税額を記入します。

　第二表の右側に記入するのが所得控除です。所得控除とは、条件を満たした場合に一定の金額を差し引いてくれる制度です。つまり、所得控除が多ければ多いほど所得が少なくなり、ひいては節税につながるというわけです。所得控除は大きく分けて2つに区別されます。

2．財産に損害を受けたり支出したことによる所得控除

　持っている財産に損害を受けた場合、あるいは、何かしらのお金を支出した場合に受けることのできる所得控除は次の7種類です。

名前	内容	所得控除の金額	
雑損控除	災害、盗難、横領によって資産に損害を受けた場合、または、災害関連支出をした場合	損失の金額のうち災害関連支出の金額≦5万円の場合	損失の金額－総所得金額等×1/10
		損失の金額のうち災害関連支出の金額＞5万円の場合	損失の金額－次のいずれか低い金額　①（災害関連支出－5万円）　②総所得金額等×1/10
		損失の金額がすべて災害関連支出の場合	損失の金額－次のいずれか低い金額　①5万円　②総所得金額等×1/10
医療費控除	医療費を支払った場合	その年に支払った医療費の総額－保険金－次のいずれか低い金額　①10万円　②総所得金額等の5％	
社会保険料控除	健康保険、介護保険、厚生年金、国民年金、雇用保険の保険料などを支払った場合	支払った金額、または、給与から控除された金額	
小規模企業共済等掛金控除	小規模企業共済、心身障害者扶養共済制度に基づく掛金を支払った場合	支払った金額	
生命保険料控除	生命保険契約等や個人年金保険契約等の保険料を支払った場合	一般生命保険料、介護医療保険料、個人年金保険料の3区分について、それぞれ4万円が限度（平成23年以前契約であれば5万円が限度）で、総額12万円が上限	
地震保険料控除	常時居住する家屋や生活用動産の地震等による損害保険契約の保険料を支払った場合	地震等損害保険契約、長期損害保険契約の2区分について、総額5万円が上限	
寄付金控除	2,000円を超える特定寄附金を支出した場合	次のいずれか低い金額　①特定寄附金の合計額－2,000円、②総所得金額等×40％－2,000円	

① 雑損控除が受けられるのは、**災害、盗難、横領**の３つの原因に限られます。ですから、これ以外の理由によって被った損害については対象となりません。

② 医療費控除は、**自分または自分と生計を一にする配偶者やその他の親族のための医療費**を支払った場合が対象となります。自分の医療費だけではなく、生計同一な家族の医療費も合算することができるので、医療費控除として申告するしないにかかわらず、家族全員の領収書はきちんと保管しておきましょう。

③ 個人事業主＆フリーランスが社会保険料控除の対象とすることができるのは、会社勤めを辞めるまでの間に給与から天引きされていた**社会保険料（健康保険料、厚生年金保険料、雇用保険料）**と、会社を退職後に自分で支払った**国民健康保険料、国民年金、国民年金基金**の保険料です。

　国民健康保険料は個人単位でなく世帯で合算して請求されるので、これを負担した場合には、その負担した全額が対象となります。一方、国民年金は個人単位なので、自分と配偶者は別々に請求が来ます。自分の分だけでなく生計を一にする配偶者や親族の分を負担した場合にも対象となります。節税につながりますので全部申告に含めましょう。

　また社会保険料控除は、その年中に支払った社会保険料の金額をそのまま所得から控除することができます。

④ 小規模企業共済等掛金控除というのは、第３章141ページで紹介したとおり、個人事業主＆フリーランスにとって節税につながるおすすめの所得控除です。

　小規模企業共済は、独立行政法人中小企業基盤整備機構が行っている共済制度で、将来個人事業を廃業あるいは退職したときに受け取ることのできる、個人事業における退職金のようなものです。掛金は月額1,000～70,000円で、この掛けた金額そのものが小規模企業共済等掛金控除として、所得から控除することができます。

節税しながら、将来的な廃業のための積立を行なうことができるというお得な制度ですので、開業から何年か経過して資金的な余力が出てきたら、いくらかずつでも掛けていくことをおすすめします。

⑤生命保険料控除、地震保険料控除については、控除の対象となる保険契約に保険料を払った場合に、払った保険料について一定の算式で計算した金額が控除の対象となります。

寄付金控除については、国や地方公共団体への寄付、特定公益増進法人や政治団体などへの寄付が対象となり、領収書や寄付金控除のための書類が必要となりますので、払込の際に受け取る書類をきちんと保管しておきましょう。

3. お金の支出を伴わない所得控除

ここからは、お金の支出を伴わない所得控除です。これらの所得控除の一覧は次の通りとなります。

名前	内容	所得控除の金額	
障害者控除	本人が障害者であるとき、または、控除対象配偶者や扶養親族が障害者であるとき	障害者	270,000
		特別障害者	400,000
寡婦(寡夫)控除	本人が寡婦または寡夫であるとき	扶養親族である子があって、合計所得金額≦500万円の寡婦	350,000
		上記以外の寡婦	270,000
		寡夫	270,000
勤労学生控除	本人が勤労学生のとき	──	270,000
配偶者控除	控除対象配偶者があるとき	70歳未満	380,000
		70歳以上	480,000
配偶者特別控除	配偶者の合計所得金額が38万円超76万円未満のとき	配偶者の合計所得金額によって、3万円～38万円のいずれかの金額	
扶養控除	扶養親族のうち、16歳以上の人がいるとき	16歳以上18歳以下、23歳以上69歳以下	380,000
		19歳以上22歳以下	630,000
		70歳以上で、同居老親(同居の、自分または配偶者の直系尊属)	580,000
		70歳以上だが、同居老親に該当しない場合	480,000
基礎控除	申告者全員が受けられる所得控除	一律	380,000

これらの所得控除については、通常の確定申告であれば、年末時点でこれらの要件に該当した場合に控除を受けることができます。
　もし年末までに障害者の認定を受けたとか、年末までに入籍したといった場合には、他の所得要件を満たせば控除の対象となるので、忘れずに申告に含めましょう。

平成 ×× 年分の所得税及び復興特別所得税の確定申告書 B

> 該当する所得控除があれば、記入する

住所　東京都文京区本郷○－△－×
氏名（フリガナ　コジン　イチロウ）　個人　一郎

○ 所得の内訳（所得税及び復興特別所得税の源泉徴収税額）

所得の種類	種目・所得の生ずる場所又は給与などの支払者の氏名・名称	収入金額	所得税及び復興特別所得税の源泉徴収税額
営業等	Hクリエイト㈱	900,000	91,890
〃	デザインⅠ㈱	600,000	61,260
〃	㈱Jグラフィック	300,000	36,630

> 事業の収入のうち、源泉徴収された売上と源泉徴収税額を記入

第一表㊹へ

㊹ 所得税及び復興特別所得税の源泉徴収税額の合計　183,780 円

○ 所得から差し引かれる金額に関する事項

⑩ 雑損控除（損害の原因／損害年月日／損害を受けた資産の種類など／損害金額／保険などで補塡される金額／差引損失額のうち災害関連支出の金額）

⑪ 医療費控除　支払医療費／保険などで補塡される金額

⑫⑬ 社会保険料控除・小規模企業共済等掛金控除
社会保険の種類	支払保険料	掛金の種類	支払掛金
国民年金	180,240		
合計	180,240	合計	

⑭⑮ 生命保険料控除　新生命保険料の計／旧生命保険料の計／新個人年金保険料の計／旧個人年金保険料の計／介護医療保険料の計

⑯ 地震保険料控除　地震保険料の計／旧長期損害保険料の計

⑰ 寄附金控除　寄附先の所在地・名称／震災関連寄附金／上記以外の寄附金

⑱・⑲ 寡婦（寡夫）控除／勤労学生控除
（死別／生死不明／離婚／未帰還）　学校名

⑳ 氏名

㉑ 配偶者の氏名／生年月日（明・大・昭・平）／□配偶者控除／□配偶者特別控除

㉒ 控除対象扶養親族の氏名／続柄／生年月日／控除額

㉓ 扶養控除額の合計

○ 特例適用条文等

○ 雑所得（公的年金等以外）、総合課税の配当所得・譲渡所得、一時所得に関する事項

所得の種類	種目・所得の生ずる場所	収入金額	必要経費等	差引金額

○ 事業専従者に関する事項

氏名／生年月日	続柄	従事月数・程度／仕事の内容	専従者給与（控除）額

㊿ 専従者給与（控除）額の合計額

○ 住民税・事業税に関する事項

住民税
16歳未満の扶養親族：氏名／続柄／生年月日／別居の場合の住所
配当に関する住民税の特例
非居住者の特例
配当割額控除額
株式等譲渡所得割額控除額
寄附金：都道府県、市区町村／住所地の共同募金会、日赤支部分／条例指定分（都道府県／市区町村）
給与・公的年金等に係る所得税（平成26年4月1日において65歳未満の方は給与所得以外）の所得に係る住民税の徴収方法の選択　□給与から差引き／□自分で納付

別居の控除対象配偶者・控除対象扶養親族・事業専従者の氏名・住所
所得税で控除対象配偶者などとした専従者

事業税
非課税所得など：番号／所得金額
損益通算の特例適用前の不動産所得
不動産所得から差し引いた青色申告特別控除額
事業用資産の譲渡損失など
前年中の開（廃）業：開始・廃止月日／他都道府県の事務所等

一連番号

⑤ 個人事業主にかかる「個人住民税」

1．個人住民税の分類と申告納付

　ここまで紹介してきた所得税の確定申告は、国に対して納める所得税を計算するものでしたが、国以外にも税金を納める先が2つあります。

【個人住民税の分類】

- 都道府県…道府県「道府県民税」、都「都民税」
- 市区町村…市町村「市町村民税」、東京都の特別区「特別区民税」

　個人事業主が、都道府県および市区町村に納めるこれらの税金を総称して「**個人住民税**」と呼びます。個人住民税についても、会社勤めのときは、所得税と同様、給料から天引きされていたはずです。独立開業すると、この個人住民税も自分で納めることになります。ということは、所得税の確定申告と同様、自分で確定申告書を提出して納付までするのかといえば、そうではありません。

　個人住民税の申告については、所得税の確定申告書を提出すれば、その提出した日に個人住民税の申告書が提出されたものとみなす、という取扱いとなっています。

　所得税の申告書に記載された情報から個人住民税の税金の計算をすることができるため、提出する必要がなくなるのです。

　納付の仕方は、次ページのような流れになっています。

　個人住民税の申告書または所得税の申告書を申告期限である3月15日までに提出すると、その年の4～6月に市区町村から納税通知書が送られてきます。

【個人住民税の納付の流れ】

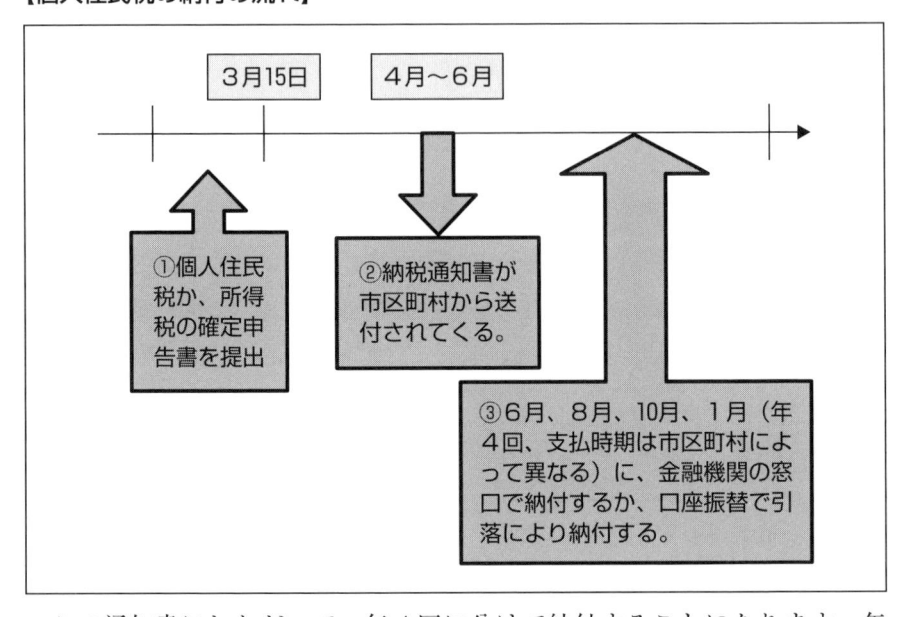

```
            3月15日        4月～6月
    ─────────┬───────────┬─────────────────────→
             ↑           ↓                  ↑
        ①個人住民税    ②納税通知書が
        か、所得税の   市区町村から送
        確定申告書を   付されてくる。
        提出
                      ③6月、8月、10月、1月（年
                      4回、支払時期は市区町村によ
                      って異なる）に、金融機関の窓
                      口で納付するか、口座振替で引
                      落により納付する。
```

　この通知書にしたがって、年4回に分けて納付することになります。年4回の納付期限は、6月、8月、10月、1月が目安となっていますが、市区町村によって異なるので、通知書に記載されている納付期限を確認しましょう。また納付の方法は、通知書を金融機関の窓口に持参して納付する方法と、金融機関で口座振替の手続きをすることにより口座からの引落しにする方法があります。いずれかの方法で期限までに納付してください。

2．個人住民税の計算方法

　個人住民税は、大きく分けて**均等割**と**所得割**の2種類があります。均等割は所得にかかわらず定額で課されるもので、下のように定められています。

均等割
- ●都道府県　…道府県民税・都民税　　　　1,000円
- ●市区町村　…市町村民税・特別区民税　　3,000円

　ただし、市区町村によってこの均等割の金額を定めることができるので、

この金額と異なる地方自治体も多いです。

次に所得割です。所得割は、所得に応じて税額が異なります。簡単な算式を示すと下記のようになります。

> 個人住民税所得割額＝
> （前年の所得金額－住民税の所得控除）×税率－税額控除

所得金額は、所得税の確定申告の際に計算したものと同じ金額になります。所得控除については、所得税の計算の際に38万円だった配偶者控除、扶養控除、基礎控除が33万円となるなど若干控除額が少なく設定されています。

また**税率は一律10％**とされています。内訳は都道府県が4％、市区町村が6％です。かつては、個人住民税についても超過累進税率が採用されていて、所得が増えるほど税率も高くなっていたのですが、現在では一律同じ率となっています。

column ▶所得税を算出する際の期間

所得税の計算をする際にはX年の1月1日～12月31日の1年間の所得について計算をします。これを「X年分の所得税」といいます。個人住民税についても、X年の1月1日～12月31日の1年間の所得について計算を行ないます。ところが、個人住民税の場合には、「X＋1年度」の個人住民税といいます。申告書の用紙を見ても、同じ時期に提出するにもかかわらず、所得税は「X年分」、個人住民税は「X＋1年度」と書かれています。違和感を覚える人も多いでしょうが、個人住民税については、前年の所得を基礎として課税するという考え方のため、表記が異なります。

6 個人事業税と申告のしくみ

1. 個人事業税のしくみとポイント

所得税・個人住民税とは別にかかってくる税金に「**個人事業税**」というものがあります。これは、個人事業主に対して事業所得の金額を基準として課される税金です。

所得税・個人住民税の申告をしてある場合には、個人事業税の申告書を提出する必要がありません。提出した所得税・個人住民税の申告書を元に、都道府県が税額を計算して、納税通知書を送付してきます。

個人事業税の納付は年2回となっています。通常は8月末と11月末ですが、これも都道府県が別に納期を定めることができますので、送られてきた通知書を確認してください。なお、個人事業税は前年の所得をベースに課税されますので、開業した年の8月、11月には、かかってきません。

【個人事業税のポイント】

- 所得税や個人住民税の申告書を提出してあれば、都道府県より納付の通知書が自動的に送られてくる
- 納付は、年2回（8月末、11月末）。都道府県によって異なるので通知書を確認する

2. 個人事業税の計算方法

個人事業税の計算方法は次の通りです。

> 個人事業税＝
> {事業所得の金額（青色申告特別控除前）－各種控除（事業主控除年290万円他）}×税率

事業所得の金額を算出する過程における青色申告特別控除を引く前の所得金額から、各種控除を差し引いた金額に税率を掛けて個人事業税の金額を算出します。各種控除の方が大きければ、個人事業税はかかりません。したがって、所得の少ない個人事業主は個人事業税はかからないことになります。

各種控除に該当するものは次の通りです。

【個人事業税の計算上控除する各種控除】

1. 損失の繰越控除、被災事業用資産の損失の繰越控除
2. 事業用資産の譲渡損失の控除
3. 事業用資産の譲渡損失の繰越控除
4. 事業主控除（年額290万円）

4番目に「事業主控除」というものがあります。これは、年額290万円で、事業を行なった期間が1年未満であれば、月数で按分した金額となります。**1年間事業を行なったと仮定して、1年間の事業所得の金額が290万円以下であれば、個人事業税はかからないということになります。**つまり、売上などの総収入金額から必要経費を引いた金額が290万円以下かどうかというのが1つのポイントです。

「昨年まで払っていなかったのに、ことしは納税通知書が送られてきた」とか「昨年は払ったけど、今年は納税通知書が送られてこないから払わなくてよいのか」といった声をよく聞きます。**個人事業税は各種控除の金額の方が大きければ課税されないので、毎年納めないといけないというわけではないのです。**

3．個人事業税の適用業種

個人事業税は前出の計算過程で課されるのですが、すべての業種に課されるのではありません。次に列挙する業種に該当する場合に、個人事業税が課されます。しかも、業種の区分によって税率が異なります。自分がどの業種に該当するかを探してみてください。

【第1種事業「税率5％」 37業種】

物品販売業　保険業　金銭貸付業　物品貸付業　不動産貸付業　製造業　電気供給業　土石採取業　電気通信事業　運送業　運送取扱業　船舶ていけい場業　倉庫業　駐車場業　請負業　印刷業　出版業　写真業　席貸業　旅館業　料理店業　飲食店業　周旋業　代理業　仲立業　問屋業　両替業　公衆浴場業（むし風呂等）　演劇興行業　遊技場業　遊覧所業　商品取引業　不動産売買業　広告業　興信所業　案内業　冠婚葬祭業

【第2種事業「税率4％」 3業種】

畜産業　水産業　薪炭製造業

【第3種事業－①「税率5％」 28業種】

医業　歯科医業　薬剤師業　獣医業　弁護士業　司法書士業　行政書士業　公証人業　弁理士業　税理士業　公認会計士業　経理士業　社会保険労務士業　コンサルタント業　設計監督者業　不動産鑑定業　デザイン業　諸芸師匠業　理容業　美容業　クリーニング業　公衆浴場業（銭湯）　歯科衛生士業　歯科技工士業　測量士業　土地家屋調査士業　海事代理士業　印刷製版業

【第3種事業－②「税率3％」 2業種】

あん摩・マッサージ又は指圧・はり・きゅう・柔道整復その他の医業に類する事業　装蹄師業

7 償却資産に対する固定資産税の申告と納付

1. 償却資産に対する固定資産税の意味

今まで述べてきた所得税、個人住民税、個人事業税は、基本的には所得に応じて課される税金でした。これとはまったく違う税金の掛かり方のするものに、**固定資産税**があります。

固定資産税は、固定資産を持っていることに対して課される税金です。毎年1月1日現在において持っている固定資産について、その所在する市区町村ごとに課せられます。

【固定資産税が課される固定資産】

1. 土地　　2. 家屋　　3. 償却資産

土地、家屋については、所有者である個人が自ら申告するものではなく、法務局の登記に基づいて、市区町村が課税を通知してきます（賦課課税）。

一方、償却資産の場合、個人事業主がどのような償却資産を持っているのかは、市区町村は知る由もありません。個人事業主は所有する償却資産について自ら申告することにより課税されます。**この償却資産の申告も、個人事業主が自ら行なわなければならない申告の1つです。**

対象となる償却資産とは下記の通りです。なお、事業用として使用していないものは、対象とはなりません。この償却資産に該当するものを記入して提出するのが**償却資産申告書**というものです。

【償却資産に該当するもの】	【償却資産に該当しないもの】
●構築物 ●機械及び装置 ●船舶、航空機 ●車両及び運搬具（自動車税、軽自動車税のかかるものは除く。） ●工具、器具及び備品 ●少額減価償却資産	●土地 ●家屋（建物） ●一括償却資産 ●無形減価償却資産（ソフトウェア、特許権他） ●自動車、軽自動車

2．納付期限

償却資産の申告は、1月1日時点で所有する償却資産について、1月31日までに市区町村に提出しなければなりません。

この提出した申告書に基づいて市区町村が納税額を決定し、4月頃通知書が送られてきます。この通知書に基づいて、年4回に分けて納付することになります。

税額の算出方法は、以下の通りです。

【償却資産に対する固定資産税の税額算出方法】

> 課税標準額（1,000円未満切り捨て）×税率（1.4%）
> （ただし、課税標準額の合計が150万円未満の場合課税されない）

課税標準の合計金額が150万円未満であれば課税されません。償却資産を所有していたとしても、償却資産に対する固定資産税がかかってこないケースも多々ありますので、通知書が送られてこなければ、自分は償却資産に対する固定資産税がかからないと思ってよいでしょう。

【償却資産に対する固定資産税のポイント】

- ●申告…個人事業主が1月1日現在所有する償却資産を記入して、申告書を1月31日までに提出する
- ●納付…4月頃通知書が送られてくるので、その通知書に基づいて、年4回で納付する。納付の時期は、市区町村によって異なる（東京都であれば6月、9月、12月、2月の年4回）

3．償却資産申告書の書き方

償却資産申告書の用紙は12月下旬～1月に市区町村から送付されてきます。この申告書の用紙は種類としては3種類あります。

【償却資産申告書の用紙の種類】

- 償却資産申告書
- 種類別明細書（増加資産・全資産用）
- 種類別明細書（減少資産用）

1つ目の償却資産申告書は個人事業主が必ず提出する書類で、次ページ上図がその一例です。住所、氏名、捺印をした上で、事業種目や事業開始年月を記入します。その右側はそれぞれの項目について有無のいずれかに○を付していきます。

表の左下には、資産の種類ごとに、前年開始時に所有していた償却資産の取得価額の合計（イ）、前年中の減少分（ロ）、前年中の増加分（ハ）、前年中の増減を加味した前年末の取得価額の合計（ニ）を記入します。このうち、前年中の減少分（ロ）と、前年中の増加分（ハ）は、別の用紙から転記する部分です。

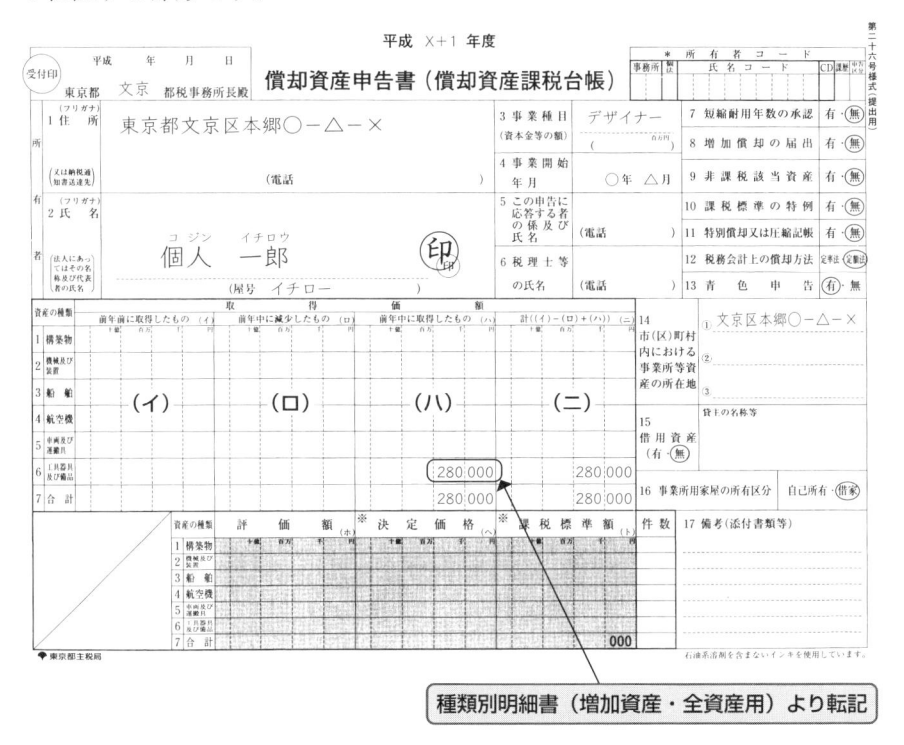

種類別明細書（増加資産・全資産用）より転記

種類別明細書（減少資産用）から求めた資産の種類ごとの合計金額を、前年中の減少分（ロ）に転記します。同様にして、種類別明細書（増加資産・全資産用）から求めた資産の種類ごとの合計金額を、前年中の増加分（ハ）に転記します。なお、「増加」は新たに取得した償却資産のことで、「減少」とは、償却資産を廃棄したり、あるいは売却したりすることを表わします。前年中に、増加も減少もなければ、これらの用紙は提出する必要はありません。償却資産申告書のみを提出すれば結構です。

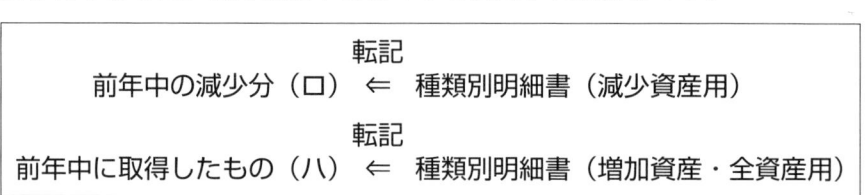

```
                         転記
       前年中の減少分（ロ）  ←  種類別明細書（減少資産用）
                         転記
   前年中に取得したもの（ハ）  ←  種類別明細書（増加資産・全資産用）
```

資産の種類
1. 構築物
2. 機械及び装置
3. 船舶
4. 航空機
5. 車両及び運搬具
6. 工具、器具及び備品

税抜経理なら税抜金額、税込経理なら税込金額

1. 新品取得
2. 中古品取得
3. 移動による受入れ
4. その他

資産の種類ごとに合計金額を計算
⇒償却資産申告書へ

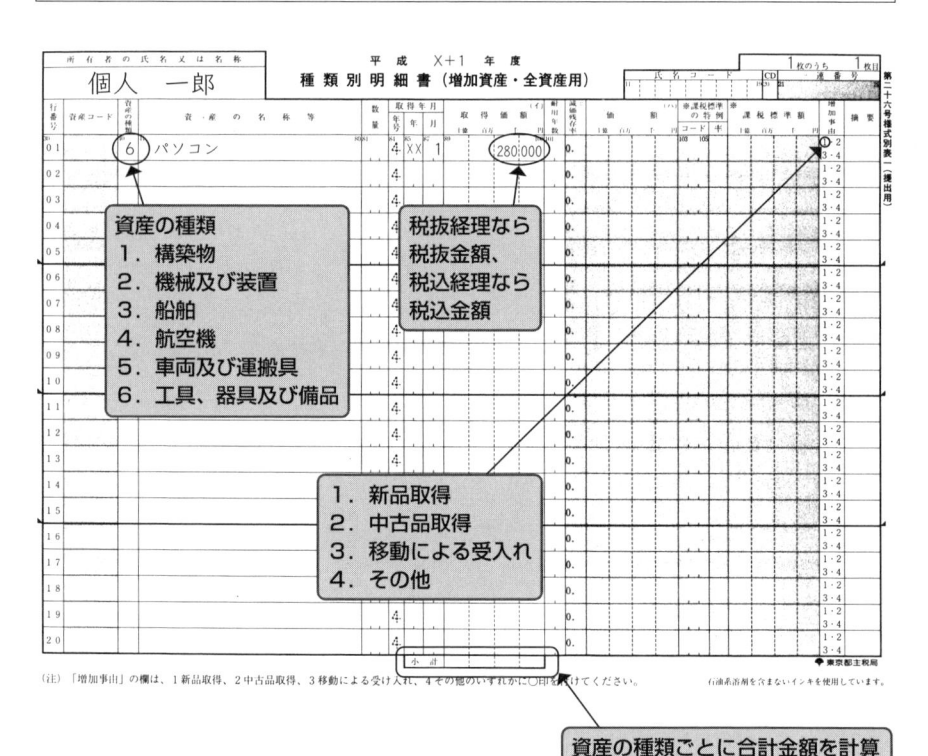

種類別明細書（増加資産・全資産用）は、新たに取得した資産を記入する用紙です。左から、資産の種類を1〜6の数字で記入します。それから、資産の名称等、数量、取得年月、取得価額、耐用年数を記入します。取得価額は、消費税の税抜経理をしている場合には税抜の金額で、税込経理をしている場合には税込の金額で記入します。この種類別明細書から求めた、資産の種類ごとの取得価額の合計金額を、償却資産申告書の方に転記することになります。

8 法定調書の作成と提出

1. 法定調書のしくみ

　法定調書とは、1月～12月の1年間に次に該当するような支払があった場合に、その支払先の住所、名前・名称、内容について、翌年1月末までに税務署に提出する書類です。

法定調書の名前	提出要件
給与所得の源泉徴収票（給与支払報告書）	給料を支払った場合に提出
退職所得の源泉徴収票・特別徴収票	退職金を支払った場合に提出
報酬、料金、契約金及び賞金の支払調書	202ページで紹介した源泉徴収の対象となる支払いをした場合に提出
不動産の使用料等の支払調書	地代、家賃、権利金、更新料、を支払った場合に提出
不動産等の譲受けの対価の支払調書	不動産を売買、交換、競売等で取得した場合に提出
不動産等の売買又は貸付けのあっせん手数料の支払調書	不動産の売買や貸付に関して、あっせん手数料・仲介料を支払った場合に提出

　「報酬、料金、契約金及び賞金の支払調書」について、15ページに示したサンプルは、自分が支払いを受けるという立場の話でした。この法定調書については、それとはまったく異なり、自分が誰かに、205ページに該当するような報酬を支払った場合に提出しなければならない書類のことです。

　たとえば、**「デザイナーである自分が、他のデザイナーに外注で仕事を依頼して、外注費を支払った」**といったケースです。この場合、他のデザイナーに対する報酬が205ページの要件に該当する場合には、自分側に源泉徴収をする義務が生じます。そして、所得税等を源泉徴収した上で残りの金額を他のデザイナーに支払うことになります。源泉徴収した所得税等は、翌月10日までに金融機関を通じて税務署に納付することになります。

　このような報酬を支払った場合には、1月～12月の1年分をまとめて、翌年1月末までに法定調書として提出することになるのです。

第7章

2年目以降に向けて用意しておくこと

1年目の結果をふまえて

1．現状を分析してみよう

　独立開業して1年目の決算書と確定申告書の作成が終わったら、2年目に向けて新たなスタートを切る前に、やらなくてはいけないことがいくつかあります。

【2年目に向けてやらないといけないこと】

> - 現状を分析すること
> - 申告書・決算書・領収書などを保存しておくこと
> - データのバックアップをとっておくこと
> - 1年目の決算残高を2年目に繰り越すこと

　開業して1年が経過して、「なんとなく売上が上がって、なんとなく生活できてるんだから、今のままでいいや」と思っている人が非常に多く見受けられますが、ちょっと待ってください。改めて今の立ち位置を見つめ直してみたほうがいいのではないでしょうか。

　決算書をつくるのには2つの目的があります。**1つは、確定申告のために必要だからです。**多くの人が口をそろえて、決算書をつくるのは確定申告のためだと言うでしょう。

　ですが、もう1つ重要な目的があります。このもう1つの目的のために決算書を利用するかどうかで、未来が間違いなく変わってくるのです。それは、「業績を評価して、経営に活かす」ことです。

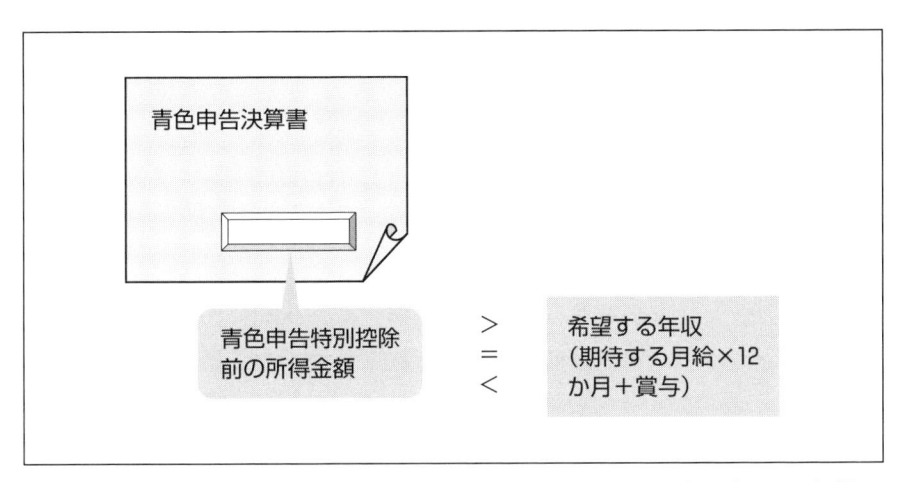

```
┌─────────────────────┐
│ 青色申告決算書      │
│                     │
│                     │
│          ┌──────┐   │
│          └──────┘   │
└──────────────┬──────┘
               │
       ┌───────┴───────┐      >      ┌──────────────┐
       │青色申告特別控除│      =      │希望する年収  │
       │前の所得金額   │      <      │(期待する月給×12│
       └───────────────┘             │か月＋賞与)   │
                                     └──────────────┘
```

青色申告決算書の右下に「青色申告特別控除前の所得金額」という欄があります。10万円か65万円の青色申告特別控除額を引く前の所得金額のことです。

この金額は、1年間に獲得した売上高から必要経費を引いたものです。生活費用の経費である所得控除はここから引かれますので、会社員の年収に相当すると言えます。

では、あなたの希望する年収を、下記の算式をもとに会社員勤めの収入形態で割り出してみましょう。

```
1か月分の給与（      万円）×12か月
  ＋賞与（夏     ＋冬     ）
      ＝（         ）万円
```

さて、青色申告特別控除前の所得金額は、この希望年収より多いでしょうか？ 多い方は合格です。今の希望年収はクリアーしたということになります。

少ない方は、希望年収に届いていないということになります。希望年収に届かないということは、大抵の場合、会社勤めのときの方が多かったということになるはずです。

2．利益を増やす方法は２つしかない

せっかく独立開業したのですから、会社勤めのときよりも多い給料にしたいものです。そのための方法は単純です。利益を増やせばよいのです。

利益を増やすためには、２つの手段しかありません。

①粗利益を増やす
②経費を減らす

月額20万円分利益を増やしたければ、粗利益を月額20万円分多く獲得することを考えるか、経費を月額20万円分減らすということをしなければいけません。

あるいは、粗利益を月額10万円増やして、経費を月額10万円減らすという方法もあります。経費を減らす場合、青色申告決算書の数字を見て、減らすことのできる経費を１つずつリストアップし、経費削減策を考えます。この経費削減策を１つでも多く実行することによって、利益はその分増えることになるでしょう。

粗利益を増やすためには、次の２つの方法があります。

【粗利益を増やす方法】

①売上を増やす　＝　販売単価を上げる、販売数量を増やす
②粗利率を上げる　＝　売上原価を下げる（仕入・外注を抑える）

「販売単価を上げる」、「販売数量を増やす」、「仕入や外注を抑える」といった方法の中で、いくらの上積みができるかを考えてみましょう。どれか１つの方法ではなく、いくつもの方法の組合せでよいのです。いろいろと組み合わせて目的とする粗利益アップ額分の上積みができれば、それでOKです。

利益の上積みができるかどうかを考える時間をつくり、１年に１回でも考えるかどうかが、今後伸びていけるかどうかの鍵となるでしょう。多くの人はここに時間を割きません。

また、私がこれまで見てきた経験から、利益を上げるためのチェックポイントを列挙してみます。

【利益を上げるためのチェックポイント】

- 1年に1度は前年の青色申告決算書を眺め、翌年の目標利益を決定すること
- 前年の青色申告決算書を見ながら、どの勘定科目をどうしたら目標利益に達するかの道筋を考えること
- 前月1か月間の試算表を作成して、その試算表をじっくり眺めて、自分なりに前月の実績を把握する作業を毎月行なうこと
- 前月の実績を把握したことを活かして、直ちに改善すること
- ただ何となく毎日事業を行なっていくのではなく、毎日、目標利益に到達するために"狙って"事業を行なうこと

3. 申告書や決算書の控えを保管しておこう

確定申告書を提出したら、「もういいだろう」と、申告書作成に使用した帳簿や見積書、注文書、納品書、請求書に領収書などを破棄してしまいたくなる方もいるでしょう。

しかし、これらの帳簿書類については、法律で「何年間保存しなさい」ということが義務付けられています。

青色申告者は、その年分の確定申告期限の翌日から7年間（一定のものは5年間）、次の書類を保存しなければなりません。

【保存することが義務づけられている書類】

帳簿書類	保存期間
帳簿（現金出納帳、預金出納帳、売掛帳、買掛帳、経費帳、固定資産台帳、仕訳帳、総勘定元帳など）	7年
決算関係書類（棚卸表、貸借対照表、損益計算書、確定申告書など）	7年
現金預金取引等関係書類（預金通帳、領収書、小切手帳、借用書など）	7年（前々年分の所得が300万円以下の場合は5年）
その他の書類（納品書、請求書、注文書、検収書、見積書、契約書など）	5年

白色申告者であっても、基本的には同様に7年間保存しなければならな

いので、終わったからといって書類をむやみに捨ててしまわないようにしましょう。

4．残高の繰越しを行なおう

　1年目の確定申告が終了して決算が確定したら、2年目に向けて個々の帳簿残高を繰り越していきます。確定申告が終了するのは2月～3月になるので、それまで帳簿残高の繰越しができないとすると、1月以降は当分の間帳簿の記入ができないことになってしまいます。

　でも、そんなことはありません。12月末までの仮の残高を元にして、1月以降の年分の帳簿記入を開始することができます。決算・確定申告において仕訳の追加や修正が入ったら、決算が確定した後で、その追加や修正した後の残高のみを翌年分の帳簿の期首に向けて再度繰り越すのです。

2 消費税の申告と納付

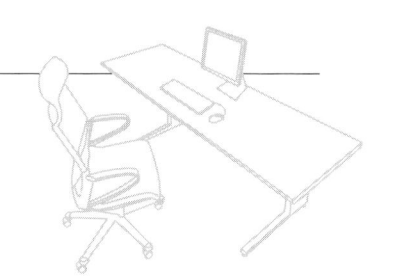

1. 消費税の課税される取引・課税されない取引

　ここからは消費税のお話です。日本の国家としての税収の中心となる税金が消費税です。3％からスタートした消費税が5％になり、平成26年4月には8％、平成27年10月には10％に税率が上がることになりました。

　個人事業主としてビジネスを行なう以上、消費税は避けて通れない大きな税金ですので、消費税の基礎について頭に入れておきましょう。

　まず、消費税が課税される取引とはどんな取引なのかを押さえましょう。

【消費税が課税される取引の要件】

- 国内において行なう取引（国内取引）であること
- 事業者が事業として行なう取引であること
- 対価を得て行なう取引であること
- 資産の譲渡（販売）、資産の貸付け、または、役務（サービス）の提供であること

　上記の4つの要件を満たすような商品や製品の販売代金、工事の請負工事代金、何かしらのサービスを提供したことによる代金、リース料、事業用の機械や備品などの販売代金について消費税が課税されます。

　国内で個人事業主が行なう事業としての取引は、ほとんどが課税取引になります。一方、国内からの輸出については輸出免税という取扱いとなり、消費税が免除されます。

　また、事業として行なったわけではない取引、たとえば、事業で使用していない自動車や家庭用テレビなどを売却したといった取引は、消費税の対象とはなりません。あくまで事業として行なっているものだけが対象となります。

第7章 ▶ 2年目以降に向けて用意しておくこと

消費税を課さない非課税取引は、次のような取引です。

【消費税が非課税となる取引】

- 土地の売却代金、土地の賃貸料
- 受取利息、支払利息
- 商品券、ビール券、図書カード等の販売、購入
- 医師の社会保険診療収入
- 住宅（居住用）の賃貸料

　土地の売却購入代金、地代、さらには居住用の建物を賃貸する場合の家賃も非課税となります。

　そのほか、保険金の収入や損害賠償金は課税対象外という取扱いになり、消費税は掛かりません。

　消費税が課税される取引の売上を「課税売上げ」と言います。逆に、個人事業主が事業として他の人から資産を購入したり、借りたり、サービスの提供を受けたりすれば、それは「課税仕入れ」となります。

　商品や製品の仕入や、事業用の機械や備品の購入、修繕費なども課税仕入れに該当します。

2．消費税を納める事業者となるかどうかの基準

　第2章101ページでも説明した通り、「過去のある一定期間中の課税売上げ（消費税の課税される売上等）が1,000万円を超える」場合、強制的に消費税を納める義務がある「課税事業者」になります。この「ある一定期間」のことを「基準期間」といい、これは、「その年の前々年」のことを指します。

　つまり、**X年分について消費税を納めるかどうかは、（X－2）年分の課税売上げが1,000万円を超えたかどうかで決まります**。2年前の課税売上げで決まるということは、X年を迎える前には、消費税を納めないといけないかどうかがわかっていることになります。

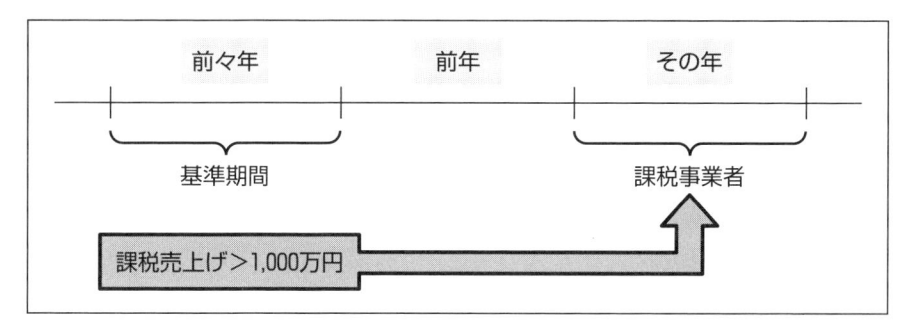

[図:前々年（基準期間）→その年（課税事業者）、課税売上げ＞1,000万円]

ただし、平成23年度税制改正によって次のような改正が加えられました。平成25年分以降の消費税については、上記の基準期間の判定のほかに、下記の条件が追加されました。

> その年の前年1月1日から6月30日までの期間（特定期間と言います）の課税売上げが1,000万円を超えるとき、かつ、給与等支払額が1,000万円を超えるときは、課税事業者となる。

つまり、2年前の課税売上げが1,000万円を超えていなくても、1年前の上半期（1月〜6月）の課税売上げが1,000万円を超えていて、同じ期間中の給与等支払額（専従者給与を含む）が1,000万円を超えている場合には、消費税の納税義務者となってしまうということですので、注意してください。

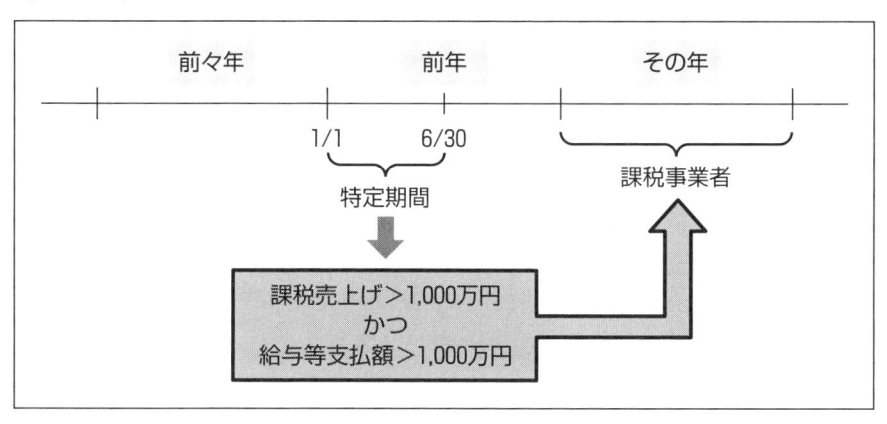

[図:前年1/1〜6/30（特定期間）において、課税売上げ＞1,000万円 かつ 給与等支払額＞1,000万円 の場合、その年は課税事業者となる]

第7章 ▶ 2年目以降に向けて用意しておくこと

3．消費税の簡単な計算方法

では、消費税の課税事業者になった場合に、納付すべき消費税額がどのように計算されるのでしょうか。一般的には次のようにして求められます。

納付すべき消費税額＝
　　　　課税売上げに係る消費税額－課税仕入れに係る消費税額

商品・製品の販売やサービスの提供による課税売上げについて預かった消費税から、仕入や経費の支払いなどの課税仕入れについてかかった消費税を引いた金額が、納付すべき消費税額となります。

この方法による消費税の計算方法は、**原則課税**や**一般課税**などと呼ばれています。消費税の申告書の用紙や、消費税及び地方消費税の確定申告の手引きなどでは、**（一般用）** と書かれたものがこの計算方法について書かれたものとなります。

原則課税の場合の計算方法を簡単にまとめておきましょう。

1．集計した青色申告決算書の金額から課税取引金額計算表を作成する。各科目の金額（A）を、課税取引にならないもの（B）と、課税取引金額（C＝A－B）とに区分する
2．課税取引金額計算表から、課税売上高計算表を作成する。これによって、課税標準となる税抜の金額を算出する
3．2と同じく、課税取引金額計算表から課税仕入高計算表を作成する。この課税仕入高計算表から、課税仕入れに係る消費税額が計算される
4．2の課税売上高計算表と、3の課税仕入高計算表から、消費税申告書付表2の「課税売上割合・控除対象仕入税額等の計算表」を作成する
5．「付表2」で計算した内容を、消費税申告書に転記して順番に計算していくと、消費税の納税額が計算される

課税取引金額計算表を作成するにあたって、各科目の青色申告決算書上の金額を、課税取引になるもの、ならないものに区分して集計しないとい

けません。

　パソコンの会計ソフトを使用して帳簿を作成している場合は、各仕訳に消費税の区分を入力することができるので、自動的に消費税の区分ごとの集計をすることができます。手書きで帳簿を作成している場合は、手計算で消費税の区分ごとの集計を行なう必要があります。

column ▶ 免税事業者のときから消費税分をもらっておこう

　個人事業主として仕事を行なったときに受け取る対価の中には、実は消費税が含まれています。自分は消費税分をもらっていないつもりでも、消費税分をもらっているものとして扱われるのです。

　1つの仕事で10万円をもらった場合、消費税の課税事業者になると、10万円は「税込10万円」として扱われてしまいます。そして、その10万円に含まれる消費税分相当額を納税しないといけません。

　免税事業者のときと、課税事業者のときで、同じ仕事を同じ金額で受けると、消費税分を上乗せしてもらわないと値引きしたのと同じことになってしまいます。ですから、免税事業者のときから消費税分を別にもらっておくことをおすすめします。

3 簡易課税制度とその計算方法

1. 簡易課税はどれだけ「簡易」なのか

消費税の計算方法には、さきほどの原則課税（一般課税）のほかにもう1つ、「簡易課税」と呼ばれる方法があります。

簡易課税による消費税の納付税額は、次の算式で計算されます。

【簡易課税制度を選択した場合の消費税の納付税額】

> 課税売上げに係る消費税額－
> 　　　　課税売上げに係る消費税額×みなし仕入率

さきほどの原則課税との違いは、－（マイナス）の後の部分です。原則課税の場合には、「課税仕入れに係る消費税」となっていました。つまり、課税仕入れに該当するものを各科目から集計して、その合計金額を算出し、その合計金額にかかる消費税分相当額を引いていました。

これに対し簡易課税は、課税仕入れとなるものについての集計など一切行ないません。あくまで、使うのは課税売上げのみです。課税売上げとなる金額を集計し、その課税売上げに係る消費税額を計算して、その○％を納付すべき消費税としましょうという計算方法が簡易課税です。原則課税に比べて、まさに「簡易」な計算方法となっています。

簡易課税は、選択して届出書を出して初めて採用することができる計算方法で、**届出書の提出をしない場合にはさきほどの原則課税により計算しなければなりません。**

2.「みなし仕入率」の考え方と計算法

簡易課税の計算式の中の「みなし仕入率」なるものは、次の表のように、事業の内容によって50～90％の間で区分されています。

【事業区分とみなし仕入率】

	事業の内容	事業区分	みなし仕入率
卸売業	購入した商品を性質、形状を変更しないで、他の事業者に販売する事業	第1種	90%
小売業	購入した商品を性質、形状を変更しないで、消費者に販売する事業。なお、製造小売業は第3種。	第2種	80%
製造業等	農業、林業、漁業、鉱業、採石業、砂利採取業、建設業、製造業、製造小売業、電気業、ガス業、熱供給業、水道業。なお、加工賃を受け取って役務を提供する事業は第4種。	第3種	70%
その他の事業	第1種〜第3種、第5種のいずれにも該当しない事業。例えば、飲食サービス業や金融保険業。	第4種	60%
サービス業等	不動産業、運輸・通信業、サービス業。なお、飲食サービス業は第4種。	第5種	50%

平成26年度の税制改正により、平成28年分以降の消費税について、その他の事業のうち金融業および保険業については第5種事業（みなし仕入率50％）、サービス業等のうち不動産業については新たに作られた第6種事業（みなし仕入率40％）に改正されることになりました。

　簡易的に消費税の納税額を計算する方法ですから、上のように業種区分ごとに、それぞれ5段階で計算します。「みなし仕入率」というのは、課税仕入れとなる取引が課税売上げに対して○％であるだろうとみなして、納付すべき消費税を計算すると解釈することができます。

　ですから、卸売業であれば課税売上げに対して90％は課税仕入れがあるだろう、サービス業であれば仕入は元々それほどないから50％を課税仕入れとみなして計算しよう、という考え方なのです。

　たとえば、税抜の課税売上げが1,000万円のライターを想定します。ライターはサービス業に該当し、簡易課税の事業区分でいうと第5種に該当します。この場合の消費税の計算の方法は次のようになり、課税売上げに係る消費税の半分を納めることになります。

【課税売上1,000万円のライターの納付税額】

> 課税売上げに係る消費税額＝1,000万円×5％＝50万円
> 課税売上げに係る消費税額×みなし仕入率
> 　　　　　　　　＝50万円×50％＝25万円
> 納付税額＝50万円—25万円＝25万円

3. 簡易課税の届出書の期限

　先ほど見てきたように、簡易課税は消費税の計算が簡単ですよね。仕入や経費のうち、消費税の課税される取引を科目ごとに集計などという作業はありません。課税売上を集計するだけで、あとは何％かを掛けて計算していくだけです。帳簿の作成を手計算で行なっている場合でも簡単に計算することができるのが簡易課税です。

　この簡易課税の適用を受けるためには、あらかじめ届出書を提出しておかなければなりません。提出する書類は、「**消費税簡易課税制度選択届出書**」というもので、第2章102ページの「**消費税課税事業者選択届出書**」とは異なります。

　「消費税課税事業者選択届出書」は、消費税の課税事業者になることを選ぶ場合に提出する届出書ですが、ここで提出したいのは、消費税の計算方法として「簡易課税を選ぶため」の届出書です。

　この消費税簡易課税制度選択届出書に関しては、何といっても提出期限が大事です。期限を一日でも遅れたら簡易課税で消費税の計算をすることは認められないからです。

　また消費税簡易課税制度選択届出書は、その提出があった日の属する課税期間の翌課税期間以後の課税期間から効力が発生します。

　つまり、**来年（X＋1）年分の消費税の計算を簡易課税によって行ないたい場合には、今年（X）年の年末までに提出しなければならない**ということになります。

　課税事業者選択届出書と同様に、税務署が年末年始の休みになる前に提出してください。仮に、年明けの1月4日に提出に行くと年末までに提出

したことにはならないので、簡易課税制度選択届出書の適用はその翌年分からとなります。「12月31日に出しに行なったのに閉まっていた」と言っても通用しません。この期限だけは本当に要注意です。当然のことですが、期限のあるものはなるべく早めに提出しましょう。

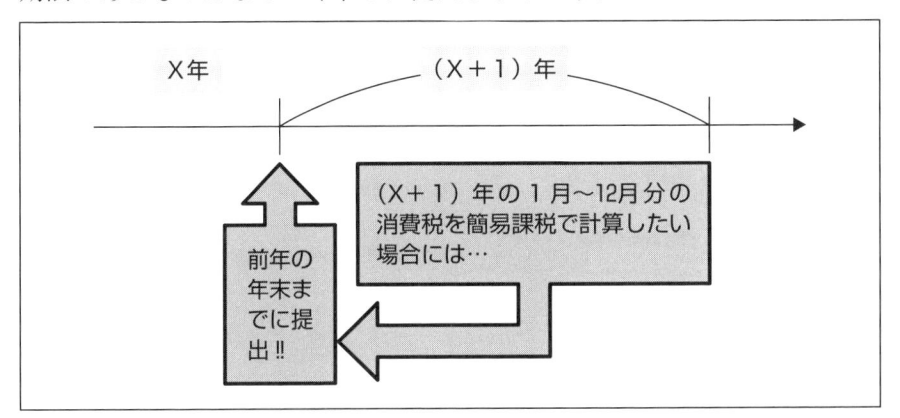

```
    X年        (X+1)年
    ┃━━━━━━━━━━━━━┃━━━━━━━━━━━━━┃━━━━▶
          ↑
    ┌─────┐   ┌──────────────────┐
    │前年の│   │(X+1) 年の1月～12月分の│
    │年末ま│ ← │消費税を簡易課税で計算したい│
    │でに提│   │場合には…          │
    │出!! │   └──────────────────┘
    └─────┘
```

　念のための補足情報として、独立開業して最初の年の分は課税事業者にはなりませんので、消費税はかかりません。2年前の基準期間や、1年前の特定期間の判定において課税売上げ等が1000万円を超えることが判明したあとで、「来年から消費税の課税事業者になってしまう」ことが確定します。その時点で簡易課税の適用を受けたければ、その年の年末までに届出書を忘れずに提出しましょう。

　なお、簡易課税制度は、基準期間の課税売上げが5,000万円以下であることが要件となります。課税売上げが5,000万円を超えるようになったら、その2年後は簡易課税で計算できないということを覚えておきましょう。

　もっとも、課税売上げが5,000万円を超えるようであれば、個人事業ではなく法人として事業を行なっていくレベルだと思います。

4.「消費税簡易課税制度選択届出書」の書き方

　次に、届出書の書き方を解説しましょう。消費税簡易課税制度選択届出書に、納税地・氏名などを記入したら、まず、①適用開始期間を記入します。

　適用開始期間というのは、簡易課税により消費税の計算をしたい始めの

時期です。（X＋1）年の1年間について簡易課税により計算したい場合には次のように記入します。

自　（X＋1）年1月1日　　至　（X＋1）年12月31日

そして、この課税期間に対する基準期間を②に記入します。この課税期間に対する基準期間というのは2年前のことを指しますので、（X＋1）年の2年前の期間を下のように記入します。

自　（X－1）年1月1日　　至　（X－1）年12月31日

そして、この期間の課税売上げがいくらだったのかを③に記入します。

ここまで記入が終わったら、次に事業内容等を記入します。そしてその下の欄に、その事業が消費税の事業区分で見ると第何種に該当するのかを、265ページを見て選び、記入しましょう。

複数の事業を営んでいる場合には、それぞれの事業内容を記入し、その下にそれぞれの事業が第何種にあたるのかをそれぞれ記入してください。

平成26年度の税制改正に伴い、消費税の簡易課税制度におけるみなし仕入率と事業区分について、見直しが行なわれました。第4種事業のうち、金融業および保険業については第5種事業（みなし仕入率50％）、第5種事業のうち不動産業については新たに作られた第6種事業（みなし仕入率40％）に改正されることになりました。なお、この改正は平成28年分の消費税の申告から適用されます。

① いつの分から適用を受けたいのか

② 基準期間（簡易課税の適用を受けたい年の2年前）

③ 基準期間の課税売上が、いくらだったか

第24号様式

消費税簡易課税制度選択届出書

平成　年　月　日

（収受印）

届出者	（フリガナ）	トウキョウト ブンキョウク ホンゴウ
	納税地	（〒113-0033） 東京都文京区本郷○-△-× （電話番号 03-1234-××××）
	（フリガナ）	コジン イチロウ
	氏名又は名称及び代表者氏名	個人　一郎　㊞

本郷 税務署長殿

下記のとおり、消費税法第37条第1項に規定する簡易課税制度の適用を受けたいので、届出します。

① 適用開始課税期間	自 平成(X+1)年 1月 1日　至 平成(X+1)年 12月 31日
② ①の基準期間	自 平成(X-1)年 1月 1日　至 平成(X-1)年 12月 31日
③ ②の課税売上高	11,500,000 円
事業内容等	（事業の内容）デザイナー （事業区分）第5種

提出要件の確認

次のイ又はロの場合に該当する（「はい」の場合のみ、イ又はロの項目を記載してください。）　はい □　いいえ □

イ	消費税法第9条第4項の規定により課税事業者を選択している場合	課税事業者となった日	平成　年　月　日
		課税事業者となった日から2年を経過する日までの間に開始した各課税期間中に調整対象固定資産の課税仕入れ等を行っていない。	はい □
ロ	消費税法第12条の2第1項に規定する「新設法人」に該当する（該当していた）場合	設立年月日	平成　年　月　日
		基準期間がない事業年度に含まれる各課税期間中に調整対象固定資産の課税仕入れ等を行っていない。	はい □

※ この届出書を提出した課税期間が、上記イ又はロに記載の各課税期間である場合、この届出書提出後、届出を行った課税期間中に調整対象固定資産の課税仕入れを行うと、原則としてこの届出の提出はなかったものとみなされます。詳しくは、裏面をご確認ください。

| 参考事項 | |
| 税理士署名押印 | 　　　　　　　　　　　　　　　　　　　㊞
（電話番号　　－　　－　　） |

※税務署処理欄

整理番号		部門番号				
届出年月日	年　月　日	入力処理	年　月　日	台帳整理	年　月　日
通信日付印	年　月　日	確認印				

注意　1．裏面の記載要領等に留意の上、記載してください。
　　　2．※印欄は、記載しないでください。

第7章 ▶ 2年目以降に向けて用意しておくこと

4 人を雇うときにすべきこと
（労働法規編）

1．人を雇うということ

　独立開業して1人で事業を始めた後で必ず立ちはだかる悩み、それが「人がほしい」ということです。「2人以上いないと受けることができない」とか、「自分はもう手一杯でこれ以上仕事を受けられない状態なのに、仕事の依頼はそれ以上に来ていて、結局断らざるをえない」などという事態になることがあります。「もう1人いれば、売上がもっと増えるはず」。そういうこともあるかもしれません。

　しかし、**人を雇えば、売上が「少し」増えれば良いというわけにはいきません**。その人に支払う給料分は最低でも稼いでもらわなければ、自分の手取り金額は減ってしまうのですから。

　個人事業主の場合には、自分に支払う給料は必要経費になりませんから、仕入や外注、その他の経費に支払った残りが自分の取り分となります。人を雇って給料を払うということは、それだけ自分の取り分が減ることを意味しています。もちろん、仕事がないときでも給料を支払わなければなりません。

　また、さきほど「給料分は最低でも稼ぐ」と書きましたが、給料分だけで良いのかというと、実際には、給料分では足りません。人を雇うことによって、負担の増える可能性のある経費は、下記の通りです。

【人を雇うことによって、増える可能性のある経費】

- 給料、法定福利費（社会保険料や労働保険料）、福利厚生費
- 旅費交通費、通信費、燃料費、家賃、水道光熱費など

　これらの経費は、確実に増えるかどうかは実態によりますが、増える傾向にあるというのは間違いないでしょう。給料以外の増加分も見越した出費を覚悟した上で、雇うかどうかを決断してください。

2.「良い人材」の探し方

「雇う」ことに決めたら次のステップは、「人の探しかた」です。一般的には、次のような方法があるでしょう

【雇う人の探し方】

- 自分の家族や、友人、知人に声を掛ける
- 出入りの事業者や同業者などの中で、『この人間と一緒にやりたい』と思う人に声をかける
- 求人広告を出す

「身内に手伝ってもらって、給料払ってもいいの？」と聞かれることがありますが、もちろん問題はありません。ただし、同一生計の家族に給料を払う場合には、281ページの届出書を提出しないと、必要経費としては認められないので注意しましょう。

求人広告を出して、応募してきた人の中から雇うというのも1つの手です。もっとも有名な求人広告の媒体はハローワークでしょう。ハローワークに求人を出した場合、お金はかかりません。

新聞や雑誌などの求人広告であれば、「1回の掲載でいくら」あるいは「○週続けて掲載していくら」といった形で料金がかかりますし、インターネットに掲載されるものであれば、「1か月いくら」といった形で期間に応じて料金がかかります。近年では、インターネットの方が高い傾向にあります。

多少の費用がかかってもよいのであれば、自分が掲載したい求人誌や求人サイトどんどん電話やメールで料金を問い合わせてみましょう。そして、予算を頭において、求人媒体を選びましょう。

人材派遣会社の求人担当を何年もやってきて、何百人何千人という人と面接して雇用を決定してきた人でさえ、自分が独立していざ面接して雇入れたら大失敗なんてこともあります。失敗は当たりまえだと割り切って、自分にとっても相手にとってもメリットがありそうな人を選びましょう。スキルはもちろんですが、自分に合う人を選ぶというのがお互いに長く関係を続けていくための重要なポイントです。

【自分に合う人を選ぶときのポイント】

- 人はみな良い点が最低１つはある。そこに共感できる人を選ぶ
- 「できます」という言葉は半分だけ信じる。証拠を見せてもらって初めて全面的に信じる
- 消去法で選ぶことはなるべく避ける

　あなたが知恵と経験を絞って立ち上げた事業ですから、**自分より仕事のできる人が入ってくる可能性はほとんどゼロだと考えましょう**。自分の20〜50％の仕事しかできないのが当然だと思ってください。

　その前提に立って、あいさつ、接客能力、笑顔、身なり、技術、雰囲気など、あなたが「働く上でここは守らないといけない」と信じている部分を持ち合わせている人を探してください。

　そうすれば、雇い入れてしばらく経った後、もしその人に対するストレスを感じたとしても、「こういう良いポイントがあったから、採用したんだ」と、自分を少しでも納得させることができます。

column ▶ 採用した責任はすべて自分にある

　筆者がたくさんの経営者の経営相談に対応させていただく中でも特に多い悩みは、次の２つです。①「売上が思い通りに上がらないこと」②「従業員が仕事ができないこと」。

　従業員を雇うと、役立つこともあれば、今まで事業を１人で行なってきたときには生じなかった不満や苛立ちを過剰に感じるようになるのが当然です。しかし、採用を決断したのは自分自身です。従業員が仕事ができるようにならないのは、自分ができるような指導ができていないからだと言い聞かせましょう。

　あきらめたら終わりです。独立開業したときの熱い思いを従業員に伝えること、そして粘り強く指導していくことが大切です。

3．求人広告を依頼する際の注意点

　求人広告を出す場合、ハローワークや求人会社の人に聞かれても答えられるよう、次の事項をあらかじめ決めておく必要があります。

【求人広告に掲載する内容】

- 行なってもらう仕事の内容
- 正社員かパートタイム（アルバイト）か
- 給料について
    - ☞『1か月○○円』の月給制か
    - ☞『1時間○○円』の時間給か
    - ☞『1日○○円』の日給制か
- 給料の締日と支払日
- 通勤手当の有無と金額
- マイカー通勤の可否
- 昇給はあるかどうか
- 賞与はあるか。あるなら年に何回何月に支給するのか
- 社会保険、労働保険に加入するか
- 退職金制度はあるか
- 就業時間は何時から何時か。休憩時間は何分か
- 休日は毎週いつか

　特に給料の金額について最低限頭に入れておいてほしいことは、「**最低賃金**」というものの存在です。最低賃金とは、地域別あるいは業種別に決められていて、この金額以上の給料を支払わなければならないという最低ラインのことです。

　インターネットで「最低賃金」と検索すれば上位に出てきますし、厚生労働省のホームページを見れば労働基準情報のコーナーに掲載されています。最低賃金は毎年10月頃変わりますので、一度決めたからといって安心せずに、厚生労働省から発せられる情報に注目する必要があります。

⑤ 雇用する際に作成すべき書類

1．労働契約書または雇用条件通知書いずれかの書面をつくる

　雇用することが決まれば、まず労働条件について合意した内容を書面で残さなければいけません。労働条件を記入した書面に個人事業主と従業員が双方名前を書いて印鑑を押す「労働契約書（雇用契約書）」という形か、個人事業主側が一方的に労働条件を通知する形の労働条件通知書にするか、どちらの形態でも構いません。

　労働契約書（雇用契約書）と労働条件通知書のいずれかの様式で書面にしてください。簡単なひな形を右ページに示しておきます。

2．就業規則はつくるべきなのか

　筆者の元には、「前に勤めていた会社には就業規則があったが、独立した私は就業規則はつくらなくていいのか」という質問が多く寄せられます。

　就業規則とは、社員がその職場で働くにあたって守らなければならない服務規律や、労働時間や賃金などの労働条件について定めた規則類をまとめたものです。数多くの社員を雇用する場合に、その労働条件がバラバラにならないように統一しておく役割を果たします。

　労働基準法において、「常時10人以上の労働者」を使用する使用者に対して就業規則を作成し、これを労働基準監督署に届け出ることが義務付けられています。「常時10人以上の労働者」の中には、正社員だけでなくパート・アルバイトの人数も含まれます。個人事業主本人を除いた人数が10人以上になったら、就業規則を作成する義務が出てきます。

　それまでは、義務としてはありませんので、個々に労働条件の内容を明らかなものにしておくため、必ず労働契約書を作成して、後々のトラブルがないような手を打っておきましょう。

雇用契約書

労働者	ふりがな 氏　名	せいしゃ　じろう 正社　二郎	生年月日 昭和59年 ○ 月 × 日生
	現住所	東京都杉並区阿佐ヶ谷北○-×	TEL 03-○○○○-××××

次の労働条件によって契約いたします。

雇　用　期　間	平成　年　月　日から平成　年　月　日 ／ (期間の定めなし)
就　業　の　場　所	所在地と同じ
仕　事　の　内　容	ウェブデザイン、コーディング、プログラミング
就業時間および休憩時間	午前 8 時30分 から 午後 17 時30分 まで (うち休憩時間60分)　　　　　　　　　✓
所　定　時　間　外　労　働	1 所定外労働（□有（　　時間程度）／ ☑無 ） 2 休日労働（□有（　　日程度）／ ☑無 ）
休　　　　　日	週休 2 日　（月　　日）
休　　　　　暇	有給休暇　法定通り（6か月継続勤務で10日） 夏季（ 5 日）・年末年始（ 5 日）・慶弔休暇
退　職　に　係　る　事　項	1 定年制[☑あり（ 65 歳） / □なし] 2 自己都合退職[退職する 30 日前までに届けること] 3 解雇事由及び手続き[能力不足、規律違反等の場合、30日以上前に通告]
賃　　　　　金	賃　金：基本給（ 200,000 円） 　　　　　___手当（　　　　　円） 　　　　　___手当（　　　　　円） 　　　　　通勤手当（ 12,000 円） 賃金締切日：毎月 20 日締切　当月 25 日支払 支　払　日：口座振替[(同意)・拒否] 昇　　給：☑有(時期 1 月、金額　　円)　□無 賞　　与：☑有 (時期7,12月、金額　　円)　□無 退 職 金：□有(時期　月、金額　　円)　☑無
社　会　保　険　加　入　状　況	☑労災保険　☑雇用保険 □健康保険　□厚生年金保険　□その他

※この契約書は2通作成し双方が各1通を保管する

平成○○年△△月×日

雇用者　東京都文京区本郷○-△-×
　　　氏名　イチロー　個人一郎　㊞

労働者氏名　　正社　二郎　㊞

6 人を雇うときにすべきこと
（税務関連の手続き①）

1．給与支払事務所等の開設届出書

　従業員を雇いはじめると、すぐにしなければならない税務関係の手続きがいくつかあります。

　従業員を1人でも雇ったらすぐに所轄の税務署に提出しなければならない書類が、次ページの「**給与支払事務所等の開設届出書**」です。

　従業員に対して給与を支払うことになったときに、給与支払事務を取り扱う事務所であることを税務署に対して伝えるのがこの手続きの意味です。

　この用紙は、給与支払事務所を開設した日から1か月以内に所轄の税務署に提出することになっています。したがって、従業員を雇用したときは、すぐにこの用紙を提出しましょう。

　なお、従業員の人数を増やしても、再度の提出は不要です。特別の変更がない限り、一度提出すればよい用紙となっています。

　この届出書を提出すると、税務署から源泉所得税の納付書の綴りが送られてきます。

　ここで、源泉所得税のしくみを簡単に説明しましょう。従業員に給与を支払う際、その給与に対して源泉所得税という税金が発生します。個人事業主は従業員の源泉所得税をいったん預かり、後から個人事業主が納付します。

　この源泉所得税の納付には期限があって、預かった税金を翌月10日までに納めなければなりません。たとえば、4月25日に1回目の給与を支払った場合、その預かった源泉所得税を、翌月10日である「5月10日」までに金融機関で納めなければならないということになります。

　また、この期限に遅れた場合には、不納付加算税という罰金のような税金が、源泉所得税に対して5％（税務調査等で不納付が発覚した場合は10％）課されてしまいます。ですから、必ず翌月10日までに納めましょう。

※整理番号　　　　　

給与支払事務所等の開設・移転・廃止届出書

税務署受付印

従業員を雇用した日を記載

平成　　年　　月　　日

本郷　税務署長殿

所得税法第230条の規定により次のとおり届け出ます。

事務所開設者	（フリガナ）	コジン　イチロウ
	氏名又は名称	個人　一郎
	住所又は本店所在地	〒113-0033　東京都文京区本郷○－△－×　電話（ 03 ）1234-××××
	（フリガナ）	
	代表者氏名	㊞

（注）「住所又は本店所在地」欄については、個人の方については申告所得税の納税地、法人については本店所在地を記載してください。

開設・移転・廃止年月日　平成 ○○ 年 4 月 1 日　　給与支払を開始する年月日　平成　　年　　月　　日

○届出の内容及び理由
（該当する事項のチェック欄□に✓印を付してください。）

		「給与支払事務所等について」欄の記載事項
		開設・異動前 ／ 異動後
開設	☑ 開業又は法人の設立	
	□ 上記以外　※本店所在地等とは別の所在地に支店等を開設した場合	⇒ 開設した支店等の所在地
移転	□ 所在地の移転	⇒ 移転前の所在地 ／ 移転後の所在地
	□ 既存の給与支払事務所等への引継ぎ　（理由）□ 法人の合併　□ 法人の分割　□ 支店等の閉鎖　□ その他（　　　）	⇒ 引継ぎをする前の給与支払事務所等 ／ 引継先の給与支払事務所等
廃止	□ 廃業又は清算結了　□ 休業	
その他（　　　　　　　　　）		⇒ 異動前の事項 ／ 異動後の事項

○給与支払事務所等について

	開設・異動前	異動後
（フリガナ）		
氏名又は名称		
住所又は所在地	〒　　　　電話（　）　－	〒　　　　電話（　）　－
（フリガナ）		
責任者氏名		

従事員数　役員　　人　従業員 1 人　（　）　人　（　）　人　（　）　人　計　　人
（その他参考事項）

雇用した人数を記載

税理士署名押印　　　　　　　　　　　　　　　　　　　　　　　　　　　㊞

（規格A4）

※税務署処理欄	部門	決算期	業種番号	入力	名簿等	用紙交付	通信日付印	年月日	確認印

23.12改正　　　　　　　　　　　　　　　　　　　　　　　　　　　　　　　　　（源0301）

第7章 ▶ 2年目以降に向けて用意しておくこと

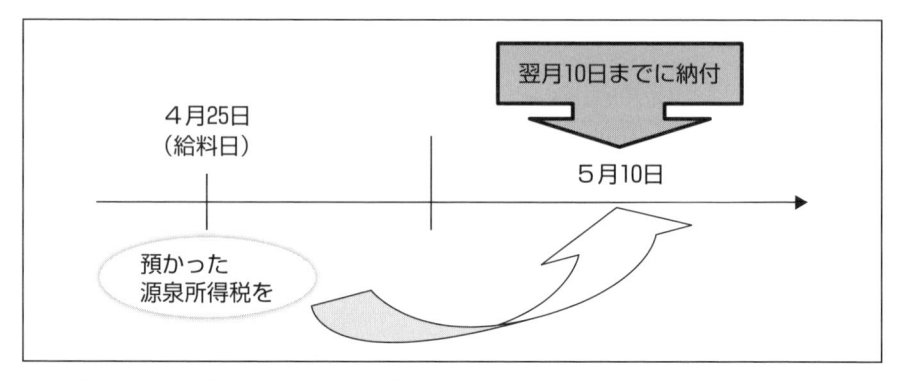

```
        4月25日                  翌月10日
        (給料日)                  までに納付
    ────┼────────────┼────────────▶
                                  5月10日
       預かった
       源泉所得税を
```

　源泉所得税の納付は毎月行なわなければなりません。仮に、その月に給与を支払わなかったとしても、納付書の用紙だけは「０円」と記入して税務署に提出してください。

2. 源泉所得税の納期の特例の承認に関する申請書

　先述のとおり源泉所得税は毎月納付しますが、毎月納付書を提出するのは面倒ですよね。そこで提出頻度を６か月に１回、つまり年２回に減らすための申請書が「源泉所得税の納期の特例の承認に関する申請書」です。

　この申請書は従業員が常時10人未満の場合に提出することができ、１月～６月分を７月10日まで、７月～12月分を翌年１月20日までに納付することになります。

　先ほどの「給与支払事務所等の開設届出書」を提出すると同時に、毎月税金を納めるのがよいのか、年２回で納めるのがよいのかを検討してください。この申請書の適用を受けるメリットは、何といっても納付する手間です。預かった源泉所得税を毎月納付する手間を面倒だと思えば、この申請書を提出して年２回にするべきでしょう。

　一方、この書類を出すことによるデメリットは、年２回にした場合、６か月間に給与から預かった源泉所得税をまとめて納付するため、一度の支払負担が大きくなるという点です。毎月納めても、６か月に１回納めても、税額の合計額は変わりませんが、一度にお金が出てしまうことが資金繰りの観点から厳しく感じるというのはよくある話です。

　ちなみにこの申請書を提出しなければ、自動的に毎月納付になります。

源泉所得税の納期の特例の承認に関する申請書

※整理番号

税務署受付印

平成　年　月　日

本郷　税務署長殿

（フリガナ）	イチロー
氏名又は名称	
住所又は本店の所在地	〒113-0033 東京都文京区本郷〇－△－× 電話　03－1234－××××
（フリガナ）	コジン　イチロウ
代表者氏名	個人　一郎　㊞

次の給与支払事務所等につき、所得税法第216条の規定による源泉所得税の納期の特例についての承認を申請します。

給与支払事務所等に関する事項

給与支払事務所等の所在地
※ 申請者の住所（居所）又は本店（主たる事務所）の所在地と給与支払事務所等の所在地とが異なる場合に記載してください。

〒
電話　　－　　－

申請の日前6か月間の各月末の給与の支払を受ける者の人員及び各月の支給金額
〔外書は、臨時雇用者に係るもの〕

> 給与の支払いを何か月か行なった後で、納期の特例の申請をするときに記載する

月区分	支給人員	支給額
年　月	外　　　人	外　　　円
年　月	外　　　人	外　　　円
年　月	外　　　人	外　　　円
年　月	外　　　人	外　　　円
年　月	外　　　人	外　　　円
年　月	外　　　人	外　　　円

1　現に国税の滞納があり又は最近において著しい納付遅延の事実がある場合で、それがやむを得ない理由によるものであるときは、その理由の詳細

2　申請の日前1年以内に納期の特例の承認を取り消されたことがある場合には、その年月日

税理士署名押印　　　　　　　　　　　㊞

※税務署処理欄	部門	決算期	業種番号	入力	名簿	通信日付印	年月日	確認印

24.12改正　　　　　　　　　　　　　　　（源1401－1）

3．青色事業専従者給与に関する届出書

　雇用する従業員が生計を一にする配偶者その他の親族の場合には、他の従業員と違って制約があります。簡単にいうと、一定の条件を満たさなければ、家族らに支払った給与は必要経費として認められないのです。

　生計を一にする配偶者その他の親族に支払った給与を必要経費に算入することができるのは、青色事業専従者給与として認められたときだけです。

【青色事業専従者の定義】

> 1．個人事業主が青色申告の承認を受けていて、その青色申告者と生計を一にする配偶者その他の親族であること
> 2．その年の12月31日現在で年齢が15歳以上であること
> 3．その年を通じて6か月を超える期間、その青色申告者の事業に専ら従事していること

　以上3つの要件すべてを満たす人が青色事業専従者となります。3つ目の「その年を通じて6か月を超える」というのは、その事業に6か月超従事していないとダメだということです。その間その人に仮に給与を払ったとしても必要経費に算入することはできません。

　ただし、年の中途に開業した場合には、開業から年末までの期間の半分を超える期間でよいことになっています。たとえば5月に開業した場合には、年末までの期間は8か月となります。その8か月の半分を超える期間、つまり4か月を超えることにより、青色事業専従者となることができます。

【青色事業専従者給与として認められる要件】

> 1．「青色事業専従者給与に関する届出書」を提出期限までに、所轄の税務署長に提出していること
> 2．届出書に記載した方法によって支払っていて、かつ、その記載した金額の範囲内であること
> 3．労務の対価として相当な金額であって、多過ぎないこと

　青色事業専従者となった上で、給与を必要経費に算入するためには、以上3つの要件を満たす必要があります。

「青色事業専従者給与に関する届出書」の提出期限は、その給与を必要経費に算入しようとする年の３月15日となっています。つまり、X年分の必要経費に算入しようとしたら、X年３月15日が提出期限です。

ただ、X年６月１日開業など、３月15日より後で開業した場合、または新たに専従者がいることとなった場合には、その開業した日や専従者がいることとなった日から２か月以内に提出すればよいことになります。

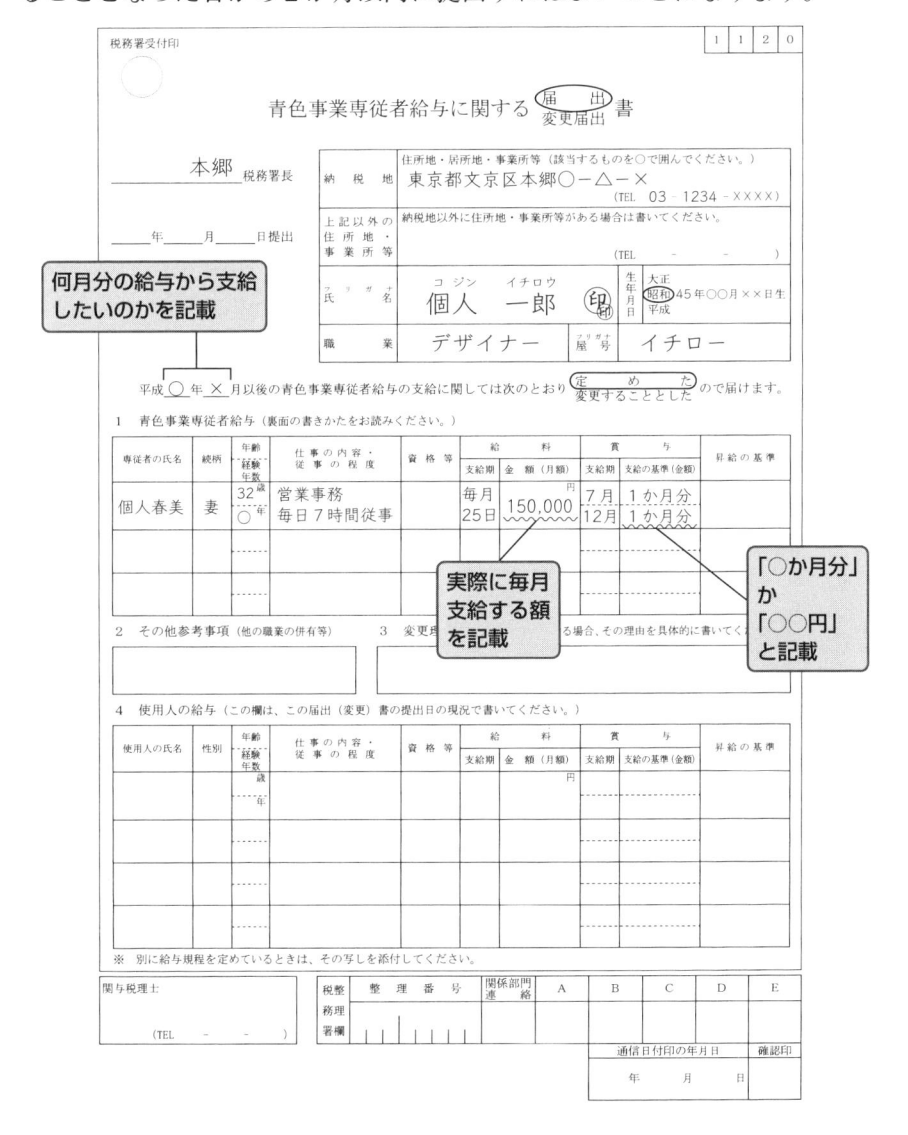

7 人を雇うときにすべきこと
（税務関連の手続き②）

1．年末調整の役割と流れ

　従業員を雇った場合に年末に必要になるのが、「年末調整」という手続きです。個人事業主自身は、確定申告によって所得税の計算を行なうことになります。これに対し、年間の収入が個人事業主からの給与しか存在しない従業員の場合には、年末調整という手段を使って、1年間の所得税の金額を正しく精算する必要があるのです。

　従業員に給料を支払う際には、源泉所得税を天引きしています。この天引きした源泉所得税の金額は、あくまで仮の所得税の金額なのです。

　1月から12月までの12回にわたって仮の所得税の金額を積み重ねていき、年末の時点で、年末調整という手続きにより正しい所得税の金額を計算した後で、その差額を調整するというのが年末調整の役割です。

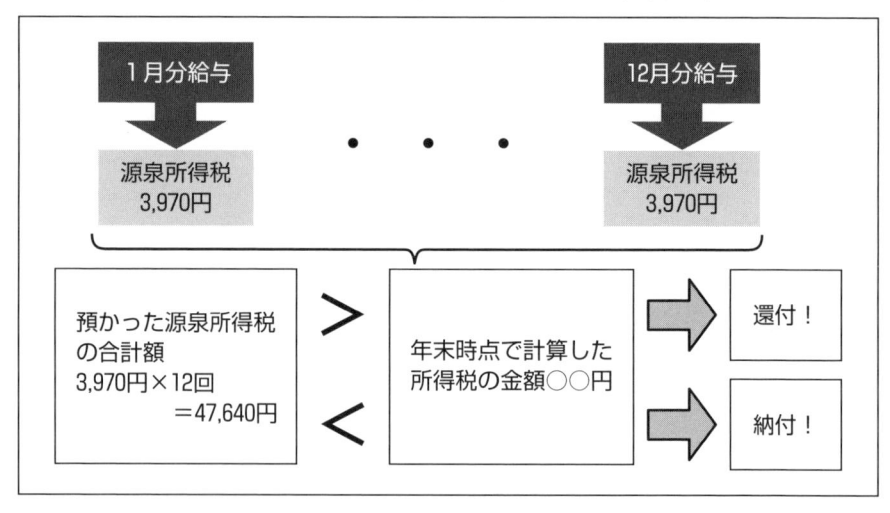

```
┌─────────┐              ┌─────────┐
│ 1月分給与 │     ・・・    │ 12月分給与│
└────┬────┘              └────┬────┘
     ▼                         ▼
┌─────────┐              ┌─────────┐
│ 源泉所得税│              │ 源泉所得税│
│ 3,970円  │              │ 3,970円  │
└─────────┘              └─────────┘
```

┌──────────────┐   ┌──────────────┐   ┌──────┐
│預かった源泉所得税│ ＞ │年末時点で計算した│ → │ 還付！│
│の合計額   │   │所得税の金額○○円│   └──────┘
│3,970円×12回 │ ＜ │   │ → ┌──────┐
│　＝47,640円   │   │   │   │ 納付！│
└──────────────┘   └──────────────┘   └──────┘

　もし1月から12月までに預かった所得税の金額が、年末調整時点で計算した正しい所得税の額より少なければ、差額を納めることになりますし、逆に、1月から12月までに預かってきた所得税の金額の方が多ければ、差

額を返すことになります。

「年末調整をするとお金が返ってくる」という話を聞くことがありますが、これは1月から12月までに源泉所得税として引かれていた金額が実際の所得税の金額より多かったということを意味しています。

2．給与所得者の扶養控除等申告書

従業員すべてに対してこの年末調整をすることができるというわけはありません。その条件は、「給与所得者の扶養控除等申告書」を個人事業主に提出してあることです。この「給与所得者の扶養控除等申告書」は、独立開業する前に会社勤めだった人は、毎年会社に提出していたはずの書類です。

この申告書のポイントは、次の3点です。

【給与所得者の扶養控除等申告書のポイント】

- 毎年最初に給与を支払うときまでに従業員に書いてもらう（個人事業主自身は書く必要なし）
- 年の中途に雇用した場合は雇用時に書いてもらう。
- 書いてもらった申告書は、税務署には提出せずに個人事業主自身が保存する

今まで説明してきた申告書や申請書は、その要件に該当した場合に一度だけ記入するものでした。

この「給与所得者の扶養控除等申告書」は毎年必要となり、従業員自身に書いてもらわなければなりません。書いてもらう内容は、氏名、生年月日、住所、配偶者の有無、さらに配偶者や扶養親族、障害者といった情報などです。

平成26年分 給与所得者の扶養控除等(異動)申告書

この申告書を従業員に書いてもらった後、その年の年末までに、内容に変更が生じることも考えられます。たとえば引っ越しによる住所の変更、結婚や離婚、出産や死亡、障害者に該当することになったといったことがあれば、この用紙の該当欄を書き換えてもらいましょう。

　その場合、二重線を引いて空いているところに、変更後の内容を書いてもらってください。そして、その年の年末近くになってから、この内容に基づいて、年末調整の各種所得控除を計算していくことになります。

3．給与所得者の保険料控除申告書兼給与所得者の配偶者特別控除申告書

　年末調整関連書類としてもう1枚提出してもらうのが、この書類です。

【「給与所得者の保険料控除申告書兼給与所得者の配偶者特別控除申告書」のポイント】

> - 毎年年末に従業員に書いてもらう
>   （個人事業主は書く必要なし）
> - 各種所得控除に必要な証明書は添付しておく
>   （裏側または、別の紙に糊付け、ホッチキスでとめておく）
> - 書いてもらった申告書は、税務署には提出せずに個人事業主自身が保存する

　この用紙は、年末調整において所得控除の計算をする際の必要資料となります。この用紙に記入することによって受けられる所得控除は、生命保険料控除、地震保険料控除、社会保険料控除、小規模企業共済等掛金控除、配偶者特別控除の5種類です。

　生命保険料控除と地震保険料控除は毎年10月ぐらいに各生命保険会社や損害保険会社から郵送されてくる控除証明書に記載されているとおり記入すれば結構です。また社会保険料控除は、給料から天引きされている社会保険料については記入しません。

　ここに記入するのは、給料から天引きされないで自分自身で納付した社会保険料になります。具体的には、自分で払っていた国民健康保険料や国民年金の金額などが該当します。

保・配特

給与の支払者受付印

平成25年分　給与所得者の保険料控除申告書 兼 給与所得者の配偶者特別控除申告書

所轄税務署長	給与の支払者の名称（氏名）	個人　一郎	（フリガナ）あなたの氏名	セイシャ タロウ 正社　太郎 ㊞
税務署長	給与の支払者の所在地（住所）	東京都文京区本郷〇－△－×	あなたの住所又は居所	東京都練馬区練馬〇－×

◆給与所得者の保険料控除申告書◆

生命保険料控除

区分	保険会社等の名称	保険等の種類	保険期間又は年金支払期間	保険等の契約者の氏名	保険金等の受取人 氏名	あなたとの続柄	新・旧の区分	あなたが本年中に支払った保険料等の金額（分配を受けた剰余金等の控除後の金額）(a)	給与の支払者の確認印
一般の生命保険料	△△生命	終身保険	終身	正社太郎	正社純一	父	㊪・旧	110,000円	
							新・旧		
							新・旧		
							新・旧		
	(a)のうち新保険料等の金額の合計額	A 110,000円	Aの金額を下の計算式Ⅰ（新保険料等用）に当てはめて計算した金額	①（最高40,000円）40,000円			計(①+②)	③（最高40,000円）40,000円	
	(a)のうち旧保険料等の金額の合計額	B 円	Bの金額を下の計算式Ⅱ（旧保険料等用）に当てはめて計算した金額	②（最高50,000円）円			②と③のいずれか大きい金額	㋑ 40,000円	
介護医療保険料								円	
	(a)の金額の合計額	C 円			Cの金額を下の計算式Ⅰ（新保険料等用）に当てはめて計算した金額			㋺（最高40,000円）円	
個人年金保険料	□□生命	□□年金	25年	正社太郎	支払開始日 ・ ・	本人	㊪・旧	120,000円	
					支払開始日 ・ ・		新・旧		
					支払開始日 ・ ・		新・旧		
	(a)のうち新保険料等の金額の合計額	D 120,000円	Dの金額を下の計算式Ⅰ（新保険料等用）に当てはめて計算した金額	④（最高40,000円）40,000円			計(④+⑤)	⑥（最高40,000円）40,000円	
	(a)のうち旧保険料等の金額の合計額	E 円	Eの金額を下の計算式Ⅱ（旧保険料等用）に当てはめて計算した金額	⑤（最高50,000円）円			⑤と⑥のいずれか大きい金額	㋩ 40,000円	

計算式Ⅰ（新保険料等用） A、C又はDの金額	控除額の計算式	計算式Ⅱ（旧保険料等用） B又はEの金額	控除額の計算式
20,000円以下	A、C又はDの全額	25,000円以下	B又はEの全額
20,001円から40,000円まで	A、C又はD×½+10,000円	25,001円から50,000円まで	B又はE×½+12,500円
40,001円から80,000円まで	A、C又はD×¼+20,000円	50,001円から100,000円まで	B又はE×¼+25,000円
80,001円以上	一律に40,000円	100,001円以上	一律に50,000円

生命保険料控除額 計(㋑+㋺+㋩)（最高120,000円）　80,000円

地震保険料控除

保険会社等の名称	保険等の種類（目的）	保険期間	保険等の契約者の氏名	保険等の対象となった家屋等に居住又は家財を利用している者等の氏名	あなたとの続柄	地震保険料又は旧長期損害保険料の区分	あなたが本年中に支払った保険料等のうち、左欄の区分に係る金額（分配を受けた剰余金等の控除後の金額）Ⓐ	給与の支払者の確認印
						地震・旧長期	円	
						地震・旧長期		

Ⓐのうち地震保険料の金額の合計額　Ⓑ　円　　Ⓐのうち旧長期損害保険料の金額の合計額　Ⓒ　円

地震保険料控除額　〔Ⓑの金額（最高50,000円）円〕＋〔Ⓒの金額（Ⓒの金額が10,000円を超える場合は、Ⓒ×$\frac{1}{2}$+5,000円）（最高15,000円）円〕＝（最高50,000円）円

◆給与所得者の配偶者特別控除申告書◆

配偶者特別控除

あなたの本年中の合計所得金額の見積額　（1,000万円を超える場合は申告できません。）　円

（フリガナ）配偶者の氏名

あなたと配偶者の住所又は居所が異なる場合の配偶者の住所又は居所

○ 次の場合には、配偶者特別控除を受けることができません。
あなたの配偶者が、配偶者控除の対象となる場合、他の人の扶養親族とされる場合、青色事業専従者として給与の支払を受ける場合又は白色事業専従者に該当する場合には、申告できません。また、夫婦の双方がお互いに配偶者特別控除を受けることはできません。

○ 配偶者の合計所得金額（見積額）を次の表により計算してください。

所得の種類	収入金額等ⓐ	必要経費等ⓑ	所得金額（ⓐ－ⓑ）
給与所得 ①	円	650,000円	（マイナスの場合は0）円
事業所得 ②			
雑所得 ③			
配当所得 ④			
不動産所得 ⑤			
退職所得 ⑥		（退職所得控除額）	(ⓐ－ⓑ)×½
①～⑥以外の所得 ⑦		（うち特別控除額）円	（一時所得又は長期譲渡所得は½）
配偶者の合計所得金額（①～⑦の合計額）			Ⓐ　円

○ 配偶者特別控除額の早見表

Ⓐ欄の金額	控除額 Ⓑ
0 円から 380,000 円まで	0 円
380,001 円から 399,999 円まで	380,000 円
400,000 円から 449,999 円まで	360,000 円
450,000 円から 499,999 円まで	310,000 円
500,000 円から 549,999 円まで	260,000 円
550,000 円から 599,999 円まで	210,000 円
600,000 円から 649,999 円まで	160,000 円
650,000 円から 699,999 円まで	110,000 円
700,000 円から 749,999 円まで	60,000 円
750,000 円から 759,999 円まで	30,000 円
760,000 円から	0 円

配偶者特別控除額　早見表Ⓑ欄の金額　円

社会保険料控除

社会保険の種類	保険料支払先の名称	保険料を負担することになっている人 氏名	あなたとの続柄	あなたが本年中に支払った保険料の金額
国民年金		正社太郎	本人	45,060円
国民健康保険		正社太郎	本人	22,000
合計（控除額）				67,060円

小規模企業共済等掛金控除

種類	あなたが本年中に支払った掛金の金額
独立行政法人中小企業基盤整備機構の共済契約の掛金	円
個人型又は企業型年金加入者掛金	
心身障害者扶養共済制度に関する契約の掛金	
合計（控除額）	円

◎この申告書は、平成25年9月1日現在の所得税法等関係法令の規定に基づいて作成してあります。
◎この申告書の記載に当たっては、裏面の説明をお読みください。

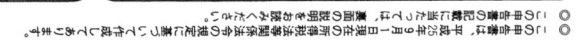

4．給与支払報告書の市区町村への提出

　従業員の所得税について年末調整を行なったら、その年末調整の結果を**源泉徴収票**の用紙に記入します。源泉徴収票の用紙には、従業員の住所、氏名、給与の金額、所得控除の金額、源泉徴収税額、そして、所得控除の内容、中途入社であれば入社日（中途退職であれば退職日）、生年月日を記入します。そして、支払者である個人事業主の住所、氏名、電話番号を記入した上で押印します。

　この源泉徴収票の用紙は4枚複写になっており、これらの名称及び行き先は下記のとおりです。

	名称	行き先
1枚目	給与支払報告書（市区町村提出用）	従業員の居住する市区町村の役所
2枚目		
3枚目	源泉徴収票（税務署提出用）	給与500万超の場合など一定の要件を満たす場合のみ、個人事業主の管轄税務署へ
4枚目	源泉徴収票（本人交付用）	本人へ

　1～2枚目の給与支払報告書は、表紙をつけて2枚そろえてその従業員の居住する市区町村の役所に提出します。表紙とは給与支払報告書（総括表）という15cm×10cm位の大きさの紙です。表紙の後ろに先程の給与支払報告書を2枚セットで添付して提出してください。

　3枚目の源泉徴収票は、「税務署提出用」と書いてありますが、すべての人について税務署に提出しないといけないわけではありません。年末調整をしてあれば年間の給与が500万円を超える場合のみ、提出する義務が生じます。そして4枚目を本人に渡しましょう。

　なお、市区町村提出用も、税務署提出用も提出期限は翌年1月末ですので、期限に送れないように提出してください。

簡単な給与計算の流れ

　個人事業主は、従業員に毎月給与を支払う際、源泉所得税の金額を天引きして従業員に渡します。その源泉所得税の金額がいくらかは、国税庁発行の「**給与所得の源泉徴収税額表**」を見てください。

　277ページの「給与支払事務所等の開設届出書」を税務署に提出していれば、この「給与所得の源泉徴収税額表」の冊子が郵送されてきます。もし郵送されて来なくても、インターネットで「源泉徴収税額表」と検索すれば国税庁のＨＰにヒットするはずです。

　1か月に1回給料を支払う場合には、「給与所得の源泉徴収税額表（月額表）」という表を使います。

　この表を使う前に、まずは次の算式で、社会保険料等の金額を控除した後の給与等の金額を求めます。

```
給与（通勤手当の非課税分は含まない）－社会保険料（健康保険、厚生年金）－雇用保険料
＝その月の社会保険料等控除後の給与等の金額
```

　たとえば、次のような条件を当てはめて計算してみましょう。

```
給与＝20万円、別途、通勤手当＝1万円
健康保険料＝10,967円、厚生年金保険料＝18,443円
雇用保険料＝（20万円＋1万円）×雇用保険料率5/1,000
　　　　　＝1,050円
```

この場合の社会保険料等控除後の給与等の金額は、次のようになります。

　　　20万円－10,967円－18,443円－1,050円
　　＝　169,540円

（※通勤手当の非課税分は含まれないので、算式中には入ってきません）

ここで、さきほどの「給与所得の源泉徴収税額表」を使います。

(二)　　　　　　　　　　　　　　　　　　　　　　　　　　　　(167,000円～289,999円)

その月の社会保険料等控除後の給与等の金額		甲								乙
		扶養親族等の数								
		0人	1人	2人	3人	4人	5人	6人	7人	
以上	未満	税　　　　　　　　　　　額								税額
円	円	円	円	円	円	円	円	円	円	円
167,000	169,000	3,620	2,000	390	0	0	0	0	0	11,400
169,000	171,000	3,700	2,070	460	0	0	0	0	0	11,700
171,000	173,000	3,770	2,140	530	0	0	0	0	0	12,000
173,000	175,000	3,840	2,220	600	0	0	0	0	0	12,400
175,000	177,000	3,910	2,290	670	0	0	0	0	0	12,700
177,000	179,000	3,980	2,360	750	0	0	0	0	0	13,200
179,000	181,000	4,050	2,430	820	0	0	0	0	0	13,900
181,000	183,000	4,120	2,500	890	0	0	0	0	0	14,600
183,000	185,000	4,200	2,570	960	0	0	0	0	0	15,300
185,000	187,000	4,270	2,640	1,030	0	0	0	0	0	16,000
187,000	189,000	4,340	2,720	1,100	0	0	0	0	0	16,700
189,000	191,000	4,410	2,790	1,170	0	0	0	0	0	17,500
191,000	193,000	4,480	2,860	1,250	0	0	0	0	0	18,100
193,000	195,000	4,550	2,930	1,320	0	0	0	0	0	18,800
195,000	197,000	4,630	3,000	1,390	0	0	0	0	0	19,500
197,000	199,000	4,700	3,070	1,460	0	0	0	0	0	20,200
199,000	201,000	4,770	3,140	1,530	0	0	0	0	0	20,900
201,000	203,000	4,840	3,220	1,600	0	0	0	0	0	21,500
203,000	205,000	4,910	3,290	1,670	0	0	0	0	0	22,200
205,000	207,000	4,980	3,360	1,750	130	0	0	0	0	22,700
207,000	209,000	5,050	3,430	1,820	200	0	0	0	0	23,300
209,000	211,000	5,130	3,500	1,890	280	0	0	0	0	23,900
211,000	213,000	5,200	3,570	1,960	350	0	0	0	0	24,400
213,000	215,000	5,270	3,640	2,030	420	0	0	0	0	25,000
215,000	217,000	5,340	3,720	2,100	490	0	0	0	0	25,500
217,000	219,000	5,410	3,790	2,170	560	0	0	0	0	26,100
219,000	221,000	5,480	3,860	2,250	630	0	0	0	0	26,800
221,000	224,000	5,560	3,950	2,340	710	0	0	0	0	27,400
224,000	227,000	5,680	4,060	2,440	830	0	0	0	0	28,400
227,000	230,000	5,780	4,170	2,550	930	0	0	0	0	29,300
230,000	233,000	5,890	4,280	2,650	1,040	0	0	0	0	30,300
233,000	236,000	5,990	4,380	2,770	1,140	0	0	0	0	31,300
236,000	239,000	6,110	4,490	2,870	1,260	0	0	0	0	32,400
239,000	242,000	6,210	4,590	2,980	1,360	0	0	0	0	33,400
242,000	245,000	6,320	4,710	3,080	1,470	0	0	0	0	34,400
245,000	248,000	6,420	4,810	3,200	1,570	0	0	0	0	35,400
248,000	251,000	6,530	4,920	3,300	1,680	0	0	0	0	36,400
251,000	254,000	6,640	5,020	3,410	1,790	170	0	0	0	37,500
254,000	257,000	6,750	5,140	3,510	1,900	290	0	0	0	38,500
257,000	260,000	6,850	5,240	3,620	2,000	390	0	0	0	39,400
260,000	263,000	6,960	5,350	3,730	2,110	500	0	0	0	40,400
263,000	266,000	7,070	5,450	3,840	2,220	600	0	0	0	41,500
266,000	269,000	7,180	5,560	3,940	2,330	710	0	0	0	42,500
269,000	272,000	7,280	5,670	4,050	2,430	820	0	0	0	43,500
272,000	275,000	7,390	5,780	4,160	2,540	930	0	0	0	44,500
275,000	278,000	7,490	5,880	4,270	2,640	1,030	0	0	0	45,500
278,000	281,000	7,610	5,990	4,370	2,760	1,140	0	0	0	46,600
281,000	284,000	7,710	6,100	4,480	2,860	1,250	0	0	0	47,600
284,000	287,000	7,820	6,210	4,580	2,970	1,360	0	0	0	48,600
287,000	290,000	7,920	6,310	4,700	3,070	1,460	0	0	0	49,500

— 2 —

この表の左端2列を見てください。表の上の方を見ると、「以上」と、「未満」と書かれています。つまりその下の行は、「167,000円以上、169,000円未満」であるという意味です。

　先ほど計算した社会保険料等控除後の給与等の金額が、どこの行の「○○円以上、○○円未満」の欄に入っているのかを探します。先ほど計算した金額は169,540円でしたから、「169,000円以上、171,000円未満」の中に含まれるのがわかると思います。

　次に、その行の右を見ていくと、いくつも税額が並んでいます。

その月の社会保険料等控除後の給与等の金額		甲						乙
		扶養親族等の数						
		0人	1人	2人	3人	…	7人	
以上	未満	税額						税額
169,000	171,000	3,700	2,070	460	0	…	0	11,700

　この中で、いったいどこになるのか、その根拠となるのが従業員に書いてもらった「給与所得者の扶養控除等申告書」です（☞283ページ）。まず、「給与所得者の扶養控除等申告書」の提出がない場合には、一番右の列の「乙」という欄を使わなければなりません。提出書類がなければ、この場合は「乙」の欄にある11,700円という金額を天引きすることになります。

　これに対して、「給与所得者の扶養控除等申告書」の提出があった場合には、その左側の「甲」という欄8列のいずれかのところを使います。この8つの列の違いは、「扶養親族等の数」が何人かです。「給与所得者の扶養控除等申告書」に記載した、扶養親族や控除対象配偶者などの人数が合計何人かによって選ぶ列が変わってきます。

　この例では、扶養親族等の数は0人ですので、一番左の3,700円が天引きする源泉所得税の金額となります。したがって、この源泉所得税の金額をマイナスした金額が実際に従業員に渡す金額ということになります。

⑨ 人を雇うときにすべきこと
（社会保険・労働保険関係手続き）

1．社会保険に加入するべきか？

　従業員を雇った場合に考えないといけないことに、社会保険（健康保険と厚生年金保険）に加入するかどうかという問題があります。

　はじめに整理しておくと、第2章の個人事業主自身の社会保険制度に関連した解説で、「年金制度は国民年金、健康保険制度は①退職前の健康保険の任意継続、②国民健康保険、のいずれか」と書きました。

　第7章では、個人事業主の話ではなく、従業員の社会保険について述べていきます。**個人事業主自身は、社会保険（健康保険、厚生年金）に加入することはできませんので、従業員のために社会保険に加入するかどうか**というお話です。従業員のために社会保険に加入した場合、社会保険料は半分が従業員負担、半分が個人事業主の負担となります。

　社会保険に加入する事業所には、事業主や従業員の意思に関係なく社会保険に強制的に加入しなければならない「強制適用事業所」と、強制適用には該当しないが認可を受けることによって加入することができる「任意適用事業所」の2種類があります。

【強制適用事業所に該当する事業所】

> 1．法人、国、地方公共団体（常時従業員を使用する事業所）
> 2．個人事業のうち、常時5人以上の従業員を使用していて、かつ、次に示す16業種の事業のいずれかに該当する事業所
> 　　製造業、鉱業、電気ガス業、運送業、貨物積卸し業、物品販売業、金融保険業、保管賃貸業、媒介斡旋業、集金案内広告業、清掃業、土木建築業、教育研究調査業、医療事業、通信報道業、社会福祉事業（以上16事業）

以上が、強制適用事業所となる要件です。株式会社のような法人であれば、人数が何人であろうと強制適用事業所に該当しますが、個人事業主の場合には、強制適用事業所になるものとならないものがあります。

　個人事業主の場合には従業員が常時5人以上というのが強制適用となる1つの要件です。つまり、個人事業主として事業を営んでいる場合、個人事業主自身を除いた従業員が4人以下であれば、社会保険には加入しなくてもよいということになります。

　常時5人以上の従業員がいて、かつ、先ほどの16種類の事業のいずれかに該当する場合にのみ、強制適用事業所に該当することになります。逆にいうと、常時5人以上の従業員がいても、強制適用にならない個人事業もあります。それは以下のとおりです。

【非強制適用となる主な事業】

第1次産業	農業、牧畜業、狩猟業、水産養殖業、沿岸漁業等
サービス業、自由業	旅館、料理飲食店、下宿、理容理髪、浴場、洗濯、映画演劇、興業貸席、ダンスホール、競馬競輪、ボウリング、野球場等
士業	弁護士、弁理士、会計士、税理士、社会保険労務士等
宗教業	神社、寺院、教会等

　これらに該当する場合には、常時5人以上の従業員がいても、社会保険の強制適用にはなりません。

　強制適用事業所に該当しなくても、「社会保険に加入したい」と考えるならば、任意適用事業所への道を模索することになります。任意適用事業所になるためには、従業員の2分の1以上の同意を得た上で、個人事業主が認可を申請して、厚生労働大臣の認可があって初めて任意適用事業所として認められます。

2．労働保険に加入するべきか？

　社会保険と同時に考えないといけないのが労働保険です。労働保険とは、**労働者災害補償保険（労災保険）**と、雇用保険の2つの総称です。第2章の110ページでも説明したとおり、労災は労働者が負傷したり、疾病にか

かったり、障害や死亡に見舞われた場合などに、労働者やその遺族に対して保険給付を行なう制度のことです。

雇い入れた従業員が業務中や通勤途中に何らかの災害に巻き込まれた場合、個人事業主が補償しなければならないことを考えると、非常にありがたい制度なのです。

この労災保険は、農業、畜産業、養蚕業、水産業以外の事業を営む個人事業主が労働者を1人でも雇っている場合に加入しなければなりません。

労働保険のもう一方である雇用保険は、労働者が失業した場合などに必要な給付を行ない、労働者の生活や雇用の安定を図るだけでなく、再就職の援助を行なうことを目的とした制度で、**週20時間以上働く労働者を1人でも雇っている場合には加入しなければなりません。**

社会保険に加入しなくてよい個人事業の場合でも、労働保険は加入の手続きを行ないましょう。

建設業や農林漁業などの二元適用事業以外の一元適用事業の場合、労災保険＋雇用保険をセットで考えており、労災保険の保険関係と雇用保険の保険関係を合わせて1つの労働保険の保険関係と扱い、2つの保険料の申告と納付を一緒に行なうことになります。

3．労働保険保険関係成立届

労働保険の加入手続は、2か所で行ないます。
【労働保険に加入する場合の目的地＋提出するもの】

> 1．労働基準監督署…労働保険保険関係成立届、労働保険概算保険料申告書（納付書）
> 2．公共職業安定所…雇用保険適用事業所設置届、雇用保険被保険者資格取得届

この2か所を訪れる順番に注意してください。必ず最初に労働基準監督署に行ってください。公共職業安定所に先に行くと、「労働基準監督署に行って、労働保険番号をとってきてください」と言われてしまいます。

労働基準監督署に行って最初にしなければならない手続きが、「**労働保**

険保険関係成立届」です。

> 労働保険保険関係成立届（一元適用事業の場合）
> １．どこへ…所轄の労働基準監督署
> ２．いつ……保険関係が成立した日から10日以内

　提出先は所轄の労働基準監督署です。なかなか馴染みのない労働基準監督署がどこにあるか見当がつかないかもしれません。

　ネットで労働基準監督署を検索すると、厚生労働省のHP内の「全国労働基準監督署の所在案内」がヒットします。ここから所在地の都道府県を選択します。すると、各都道府県の中に、「○○労働局」「労働基準監督署」「公共職業安定所」の３つに区分されていますので、「労働基準監督署」のところを見てみましょう。

　そこには労働基準監督署の所在地や電話番号が表示されていますが、その前に、右横にある「管轄一覧表」のリンクをクリックし、自分の所在地を管轄する監督署がどこなのかを確認してください。なお、労働局は各都道府県に１つずつ存在する、労働基準監督署と公共職業安定所の上部組織になります。

　労働保険保険関係成立届については、右ページを参考に記入してください。なお、この中の右側の⑧に「賃金総額の見込額」という欄があります。この欄には、保険関係が成立してからその年の年度末（３月31日）までの従業員の給料の見込み金額の合計を記入してください。

空欄でOK

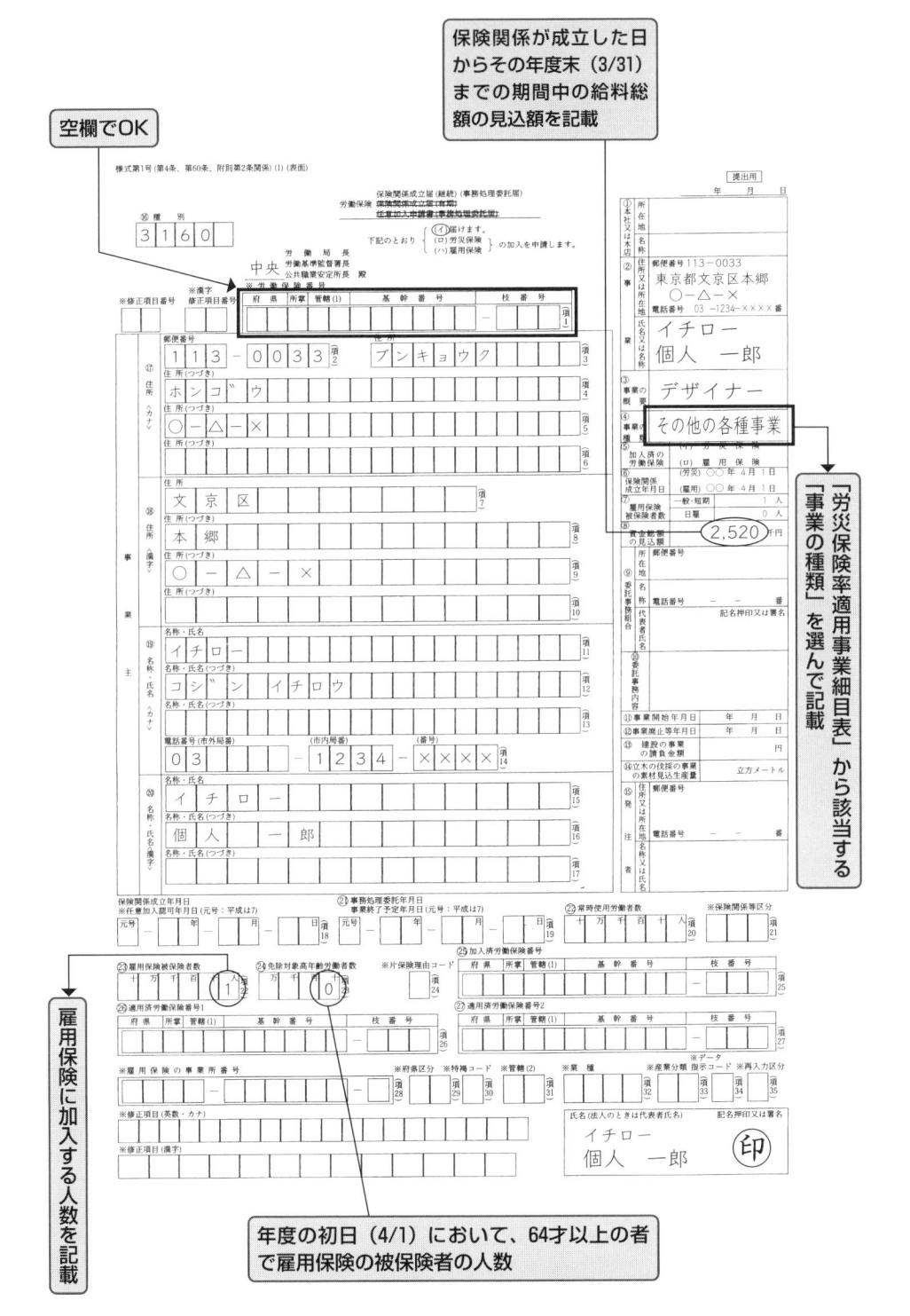

保険関係が成立した日からその年度末（3/31）までの期間中の給料総額の見込額を記載

様式第1号(第4条、第60条、附則第2条関係) (1) (表面)

保険関係成立届(継続)(事務処理委託届)
労働保険 保険関係成立届(有期)
　　　　　任意加入申請書(事務処理委託書)

㊀種別 ｜3｜1｜6｜0｜

中央 労働局長
　　 労働基準監督署長　殿
　　 公共職業安定所長

下記のとおり （イ）届けます。 （ロ）労災保険 （ハ）雇用保険 の加入を申請します。

※労働保険番号

※修正項目番号　※漢字修正項目番号　｜府県｜所掌｜管轄(1)｜基幹番号｜枝番号｜㊀項1

事業

⑰住所（カナ）
郵便番号 113-0033　住所 ブンキョウ　ホンゴウ　〇-△-×

⑱住所（漢字）
文京区　本郷　〇-△-×

事業主

名称・氏名（カナ）
イチロー　コジン　イチロウ

電話番号（市外局番）03 -1234 -××××

名称・氏名（漢字）
イチロー　個人　一郎

提出用　　　年　月　日

①所在地　本社又は本店
②事業　住所又は所在地　氏名又は名称
郵便番号 113-0033
東京都文京区本郷
〇-△-×
電話番号 03 -1234-××××番
イチロー
個人　一郎

③事業の概要　デザイナー
④事業の種類　その他の各種事業
⑤加入済の労働保険　（イ）労災保険　（ロ）雇用保険
⑥保険関係成立年月日　（労災）〇〇年4月1日　（雇用）〇〇年4月1日
⑦雇用保険被保険者数　一般・短期　1人　日雇　0人
⑧賃金総額の見込額　2,520千円

「労災保険率適用事業細目表」から該当する「事業の種類」を選んで記載

委託事業主
所在地　郵便番号
名称
電話番号　　-　　-　　番
代表者氏名　　　　記名押印又は署名

委託事業内容
⑪事業開始年月日　年月日
⑫事業廃止等年月日　年月日
⑬建設の事業の請負金額　　円
⑭立木の伐採の事業の素材見込生産量　立方メートル

発注者
住所又は所在地
名称又は氏名
郵便番号
電話番号　-　-　番

保険関係成立年月日
※任意加入認可年月日(元号：平成は7)　元号 年 月 日 項18

②事務処理委託年月日　事業終了予定年月日(元号：平成は7)　元号 年 月 日 項19

㉒常時使用労働者数 十万 千 百 十 人 項20　※保険関係等区分 項21

㉓雇用保険被保険者数 十万 千 百 十 人 ｜1｜ 項22
㉔免除対象高年齢労働者数 万 千 百 十 人 ｜0｜ 項23

※片保険理由コード 項24
㉕加入済労働保険番号 府県 所掌 管轄(1) 基幹番号 枝番号 項25

雇用保険に加入する人数を記載

年度の初日（4/1）において、64才以上の者で雇用保険の被保険者の人数

㉖適用済労働保険番号1　府県 所掌 管轄(1) 基幹番号 枝番号 項26
適用済労働保険番号2　府県 所掌 管轄(1) 基幹番号 枝番号 項27

※雇用保険の事業所番号
※府県区分 項28　※特掲コード 項29　※管轄(2) 項30　※業種 項31　※産業分類指示コード 項　※データ再入力区分 項35

※修正項目（英数・カナ）
※修正項目（漢字）

氏名（法人のときは代表者氏名）　記名押印又は署名
イチロー　個人　一郎　㊞

第7章 ▶ 2年目以降に向けて用意しておくこと　295

4．労働保険概算保険料申告書（初年度）

　上記の「労働保険保険関係成立届」を所轄の労働基準監督署に提出すると同時に、作成するのがこの「**労働保険概算保険料申告書**」です。

　労働保険というのは、毎年4月から翌年3月までの1年度について、あらかじめ概算の保険料を支払っておいて、翌年の更新時に差額を精算するという仕組みをとっています。したがって、従業員を雇って労働保険に加入することになったら、その日から次の3月末までの期間の労働保険料を最初に納めないといけません。

　この「労働保険概算保険料申告書」は、その期間の労働保険料の概算金額がいくらになるのかを申告し、同時に、納付するための書類です。用紙自体が上の方が申告書で、下に納付書が付いています。申告書は労働基準監督署にその場で提出しますが、納付書は持ち帰って最寄りの金融機関で納めます。労働基準監督署まで大金を持っていく必要はありません。

【労働保険概算保険料申告書（一元適用事業の場合）】

> 1．申告書は、所轄の労働基準監督署、都道府県労働局へ
> 2．納付書は、金融機関へ
> 3．保険関係が成立した日から50日以内に提出

　この「労働保険概算保険料申告書」に記載する労災保険料率と雇用保険料率は、事業の種類によって異なります。さらに、毎年変更になります。右図に記入した労災保険料率は、事業の種類としては「その他の各種事業」に該当するもの、そして、平成25年度の保険料率にしてありますので、保険料率を確認してから記入するようにしてください。

様式第6号（第24条、第25条、第33条関係）（甲）

労働保険　概算・増加概算・確定保険料　申告書
石綿健康被害救済法　一般拠出金

継続事業
（一括有期事業を含む。）

> 「労働保険保険関係成立届」を提出する際に割り振られた労働保険番号を記載

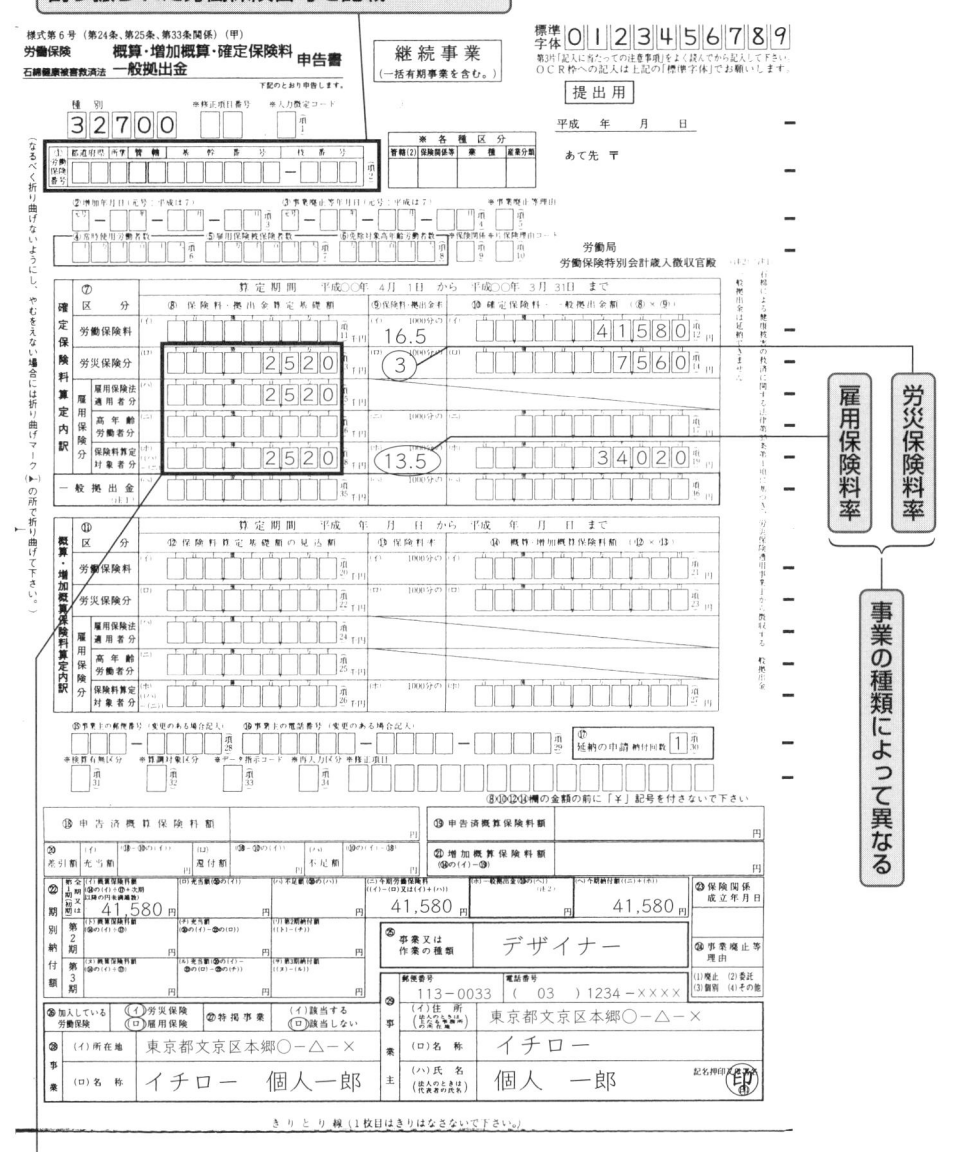

標準字体 `0 1 2 3 4 5 6 7 8 9`

種別 `32700`

⑦ 確定保険料算定内訳

特定期間　平成○○年 4月 1日　から　平成○○年 3月 31日　まで

区分	⑧保険料・拠出金算定基礎額	⑨保険料・拠出金率	⑩確定保険料・一般拠出金額（⑧×⑨）
労働保険料		16.5	41,580
労災保険分	2520	(3)	7,560
雇用保険法適用者分	2520		
高年齢労働者分			
保険料算定対象者分	2520	13.5	34,020
一般拠出金			

> 保険関係成立の日から次の3月までに労働者にかかる賃金の見込額の合計を記載

雇用保険料率
労災保険料率
事業の種類によって異なる

⑪ 概算・増加概算保険料算定内訳

㉒期別納付額
第1期 41,580円
第2期 　　　　円
第3期 　　　　円

延納の申請 納付回数 `1`

申告済概算保険料額 41,580

⑳差引額 41,580円

郵便番号 113-0033
電話番号 (03) 1234-××××

事業又は作業の種類　デザイナー

加入している労働保険　☑労災保険　☐雇用保険
（イ）所在地　東京都文京区本郷○-△-×
（ロ）名称　イチロー　個人一郎

事業主
（イ）住所　東京都文京区本郷○-△-×
（ロ）名称　イチロー
（ハ）氏名　個人　一郎　㊞

きりとり線（1枚目はきりはなさないで下さい。）

第7章 ▶ 2年目以降に向けて用意しておくこと

5．雇用保険適用事業所設置届

　労働基準監督署で2つの書類の提出をしたら、次の行先は公共職業安定所です。公共職業安定所とは、別名「ハローワーク」あるいは「職安」とも呼ばれます。

　公共職業安定所に行って提出する書類は2つあります。その1つ目が、「**雇用保険適用事業所設置届**」です。**この用紙は、従業員を初めて雇入れた日の翌日から10日以内が提出期限になっています。**
この雇用保険適用事業所設置届を提出する際には、持参しなければならないものは、次のとおりです。

【雇用保険適用事業所設置届の添付書類】

1．「労働保険保険関係成立届」事業主控（労働基準監督署に提出した際に受付印をもらった控）
2．印鑑
3．住民票の写し（法人の場合は登記事項証明書）
4．事業の開始を証明することができる書類（他の行政機関へ提出済みの事業許可証、登録証）
5．届出の住所と屋号・氏名を確認するための書類
　㋐　事務所や店舗が賃貸の場合には、賃貸契約書の写し
　㋑　公共料金（電話、電気など）の請求書兼領収書
6．賃金台帳、労働者名簿、出勤簿（雇用したばかりでまだ賃金を支払っていない場合は、労働契約書）

　雇用保険適用事業所設置届の記入はそれほど難しくはないのですが、この添付書類で不足があって受け付けてもらえないケースがときどきあります。まず6の賃金台帳については、まだ賃金を支払っていないのが普通ですので、その代わりに労働契約書（雇用契約書）あるいは労働条件通知書を持参しましょう。

雇用保険適用事業所設置届

(必ず第2面の注意事項を読んでから記載してください。)

※ 事業所番号

下記のとおり届けます。
公共職業安定所長 殿
平成 年 月 日

帳票種別 1 1 0 0 1

1. 事業所の名称（カタカナ）
イ チ ロ ー

事業所の名称〔続き（カタカナ）〕
コ ジ ン イ チ ロ ウ

2. 事業所の名称（漢字）
イ チ ロ ー

事業所の名称〔続き（漢字）〕
個 人 一 郎

3. 郵便番号 1 1 3 - 0 0 3 3

4. 事業所の所在地（漢字）※市・区・郡及び町村名
文 京 区 本 郷

事業所の所在地（漢字）※丁目・番地
○ - △ - ×

事業所の所在地（漢字）※ビル、マンション名等

5. 事業所の電話番号（項目ごとにそれぞれ左詰めで記入してください。）
0 3 - 1 2 3 4 - × × × ×

6. 設置年月日 4-000401 (3 昭和 4 平成)

7. 労働保険番号

※公共職業安定所記載欄

8. 設置区分 (1 当然 / 2 任意)
9. 事業所区分 (1 個別 / 2 委託)
10. 産業分類
11. 台帳保存区分 (1 日雇被保険者のみの事業所 / 2 船舶所有者)

12. 事業主
- 住所（フリガナ：トウキョウトブンキョウホンゴウ） 東京都文京区本郷○-△-×
- 名称（フリガナ：イチロー） イチロー
- 氏名（フリガナ：コジン イチロウ） 個人 一郎 ㊞

13. 事業の概要 デザイナー

14. 事業の開始年月日 平成○○年4月1日
15. 事業の廃止年月日 平成 年 月 日

16. 常時使用労働者数 1人
17. 雇用保険被保険者数 一般 1人 / 日雇 人
18. 賃金支払関係 賃金締切日 20日 / 賃金支払日 （当）・翌月 25日
19. 雇用保険担当課名 課
20. 社会保険加入状況 健康保険 厚生年金保険 ⦅労災保険⦆

所長 次長 課長 係長 係 操作者

備考

（この届出は、事業所を設置した日の翌日から起算して10日以内に提出してください。）

2011.1

「労働保険保険関係成立届」に書いた日を記載

労働基準監督署に「労働保険保険関係成立届」を提出した際、割り振られた労働保険番号を記載

第7章 ▶ 2年目以降に向けて用意しておくこと

また、同じく6に記載してある労働者名簿と出勤簿は、作成が義務付けられていますので、この機会に作ってしまいましょう。労働者名簿といっても難しく考えずに1枚の紙に、氏名・住所・生年月日、雇入れ年月日、従事する業務の種類を記入しておくだけで結構です。

6．雇用保険被保険者資格取得届

　公共職業安定所で「雇用保険適用事業所設置届」と同時に提出するのが、この「**雇用保険被保険者資格取得届**」です。これは、従業員1人につき1枚となり、その従業員に関する情報を記入する用紙です。

　従業員を初めて雇用したときは、さきほどの「雇用保険適用事業所設置届」と同時に提出します。2人目以降の場合には、この「雇用保険被保険者資格取得届」のみを、雇用した月の翌月10日までに提出します。届け出先は、同じく公共職業安定所です。

　過去に会社勤めをしたことがあって、その際に雇用保険に入っていた場合は、雇用保険の被保険者証を本人が持っているはずです。その被保険者証の番号をこの用紙の一番上に記入します。「被保険者証なんてどこにいったかわかりません」と言われたら、公共職業安定所のオンライン端末で調べてもらうことが可能なので、過去の勤め先の名前とある程度の所在地を聞いてから、公共職業安定所に出向いてください。履歴書を持参すれば一番わかりやすいでしょう。

　また賃金の欄については、月給であれば1か月の通勤手当込の賃金を記入します。時給の場合には、時間単価に出勤予定時間を掛けた1か月の賃金見込み額を記入してください。なお、ここに書いた金額がそのまま労働保険料に反映される訳ではありません。実際には、4月から翌年3月までの1年度の給料支払額の実績に対して保険料率を掛けて労働保険料が計算されます。

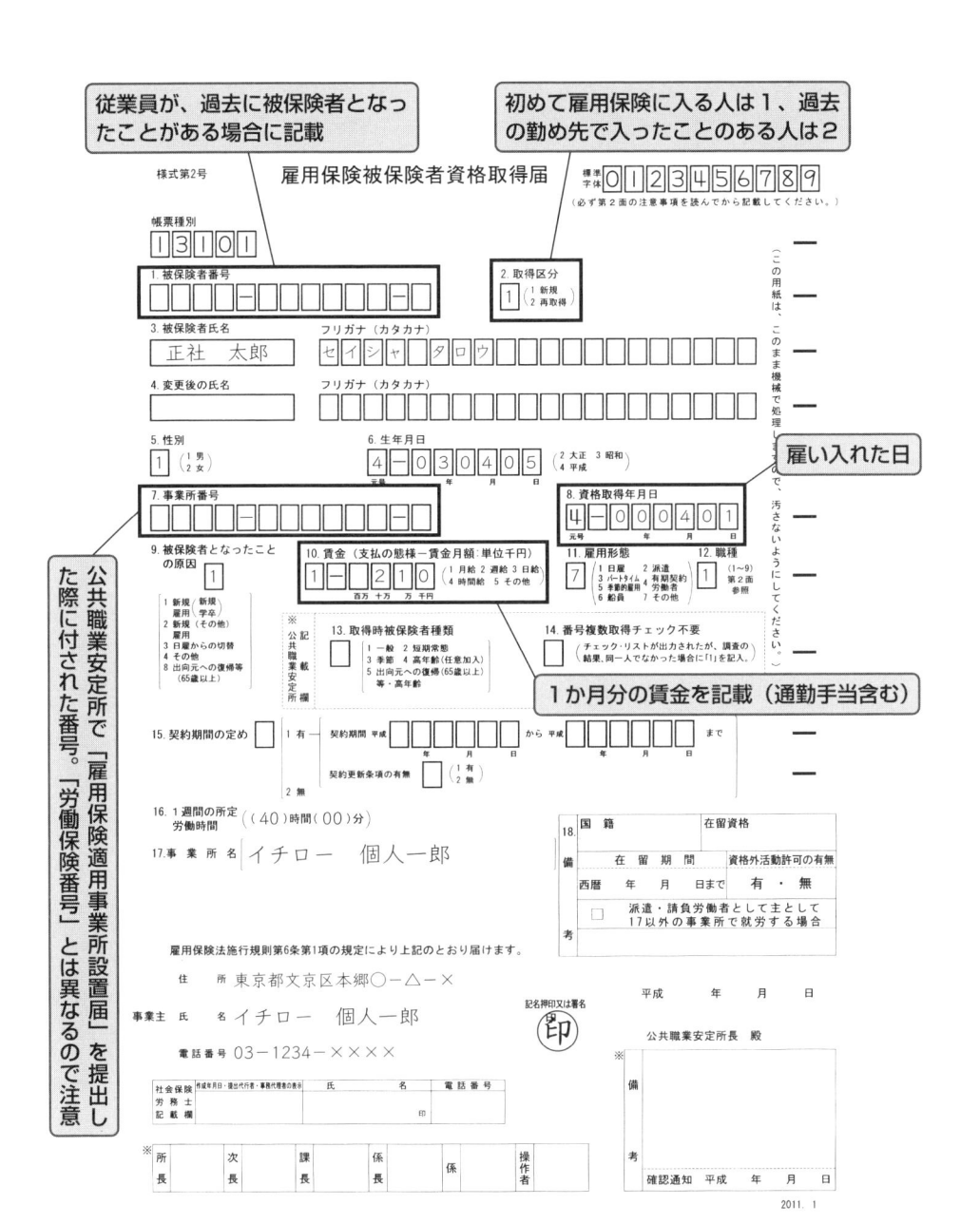

様式第2号　雇用保険被保険者資格取得届

従業員が、過去に被保険者となったことがある場合に記載

初めて雇用保険に入る人は1、過去の勤め先で入ったことのある人は2

標準字体 0 1 2 3 4 5 6 7 8 9
(必ず第2面の注意事項を読んでから記載してください。)

帳票種別 1 3 1 0 1

1. 被保険者番号 □□□□-□□□□□□□-□

2. 取得区分 1
  - 1 新規
  - 2 再取得

3. 被保険者氏名 正社　太郎　フリガナ（カタカナ）セイシャ　タロウ

4. 変更後の氏名　フリガナ（カタカナ）

5. 性別 1 (1 男 / 2 女)

6. 生年月日 4-030405 (元号: 2 大正 / 4 平成 / 3 昭和)

雇い入れた日

7. 事業所番号 □□□□-□□□□□□-□

8. 資格取得年月日 4-000401

9. 被保険者となったことの原因 1
  - 1 新規雇用（新卒）
  - 2 新規雇用（その他）
  - 3 日雇からの切替
  - 4 その他
  - 8 出向元への復帰等（65歳以上）

10. 賃金（支払の態様-賃金月額：単位千円） 1-210
  - 1 月給 2 週給 3 日給
  - 4 時間給 5 その他

11. 雇用形態 7
  - 1 日雇 2 派遣
  - 3 パートタイム 4 有期契約労働者
  - 5 季節的雇用 6 高年齢
  - 6 船員 7 その他

12. 職種 1 (1〜9 第2面参照)

13. 取得時被保険者種類
  - 1 一般 2 短期常用
  - 3 季節 4 高年齢（任意加入）
  - 5 出向元への復帰（65歳以上）
  - 等・高年齢

14. 番号複数取得チェック不要
（チェック・リストが出力されたが、調査の結果、同一人でなかった場合に「1」を記入。）

1か月分の賃金を記載（通勤手当含む）

15. 契約期間の定め　1 有　契約期間　平成□□□□□□　から　平成□□□□□□　まで
契約更新条項の有無（1 有 / 2 無）
2 無

公共職業安定所で「雇用保険適用事業所設置届」を提出した際に付された番号。「労働保険番号」とは異なるので注意

16. 1週間の所定労働時間 (40)時間(00)分

17. 事業所名 イチロー　個人一郎

18. 備考
  - 国籍
  - 在留資格
  - 在留期間　西暦　年　月　日まで
  - 資格外活動許可の有無　有・無
  - □ 派遣・請負労働者として主として17以外の事業所で就労する場合

雇用保険法施行規則第6条第1項の規定により上記のとおり届けます。

住　所　東京都文京区本郷○-△-×
事業主　氏　名　イチロー　個人一郎
電話番号　03-1234-××××

記名押印又は署名　㊞

平成　年　月　日
公共職業安定所長　殿

社会保険労務士記載欄　作成年月日・提出代行者・事務代理者の表示　氏名　電話番号　㊞

※所長　次長　課長　係長　係　操作者

備考　確認通知 平成　年　月　日

2011. 1

おわりに

　本書の執筆にあたって、内容のヒントとなる情報を頂戴したクライアントの方々、そして強力にサポートしてくれた税理士法人羅針盤の望月重里（税理士・中小企業診断士）、平岡真理子、栗林基誉の各氏、本書の執筆の機会を与えてくださり、私にはない視点や切り口を気づかせてくれた日本実業出版社・今野良介氏、心から応援し続けてくれた家族、そして、本書の執筆に力を与えてくれたすべての皆様に対して、この場を借りて深く御礼申し上げます。

平成25年1月

税理士・社会保険労務士　望月重樹

望月 重樹（もちづき しげき）

税理士法人羅針盤代表社員。1970年生まれ。静岡県立静岡高校卒業、大阪大学大学院基礎工学研究科博士前期課程修了。大和銀行を経て2002年税理士試験合格。税理士でありながら社会保険労務士、ファイナンシャルプランナー（AFP）、MAS監査プランナーの資格をもち、個人事業主の経営・労務管理や起業家のスタートアップをトータルでサポートしている。著書に『わかりやすい減価償却の実務処理と節税ポイント』『わかりやすい役員給与の実務処理と節税ポイント』（ともに日本実業出版社）がある。

税理士法人羅針盤　http://www.m-mao.jp

開業から1年目までの個人事業・フリーランスの始め方と手続き・税金

2013年2月10日　初版発行
2014年8月10日　第4刷発行

著　者　望月重樹　©S.Mochizuki 2013
発行者　吉田啓二
発行所　株式会社日本実業出版社　東京都文京区本郷3-2-12 〒113-0033
　　　　　　　　　　　　　　　　大阪市北区西天満6-8-1 〒530-0047
　　　　編集部　☎03-3814-5651
　　　　営業部　☎03-3814-5161　振替　00170-1-25349
　　　　　　　　　　　　　　　　http://www.njg.co.jp/

印刷／理想社　　製本／若林製本

この本の内容についてのお問合せは、書面かFAX（03-3818-2723）にてお願い致します。
落丁・乱丁本は、送料小社負担にて、お取り替え致します。

ISBN 978-4-534-05038-0　Printed in JAPAN

日本実業出版社の「開業」関連図書

『フリーランスを代表して申告と節税について教わってきました。』

きたみりゅうじ著　　定価 本体 1400円 (税別)

フリーランスのライター兼イラストレーターである著者が、税理士から講義をうけて理解する過程をわかりやすくまとめた1冊。自身の体験に基づいて話を聞いているため、「税金・社会保険の基礎知識」「帳簿」「青色申告」「消費税」「将来の法人化」などフリーランスの人が抱きやすい疑問が解決できる。

『51の質問に答えるだけですぐできる「事業計画書」のつくり方』

原尚美著　　定価 本体 1600円 (税別)

事業に必要なことに関する51の質問に答えるだけで、事業計画書がつくれる本。事例をあげながらの説明で、必要な数字や計算書類の作成の仕方もバッチリ紹介。事業計画書、利益計画書、資金計画書等のフォーマットもダウンロードが可能。

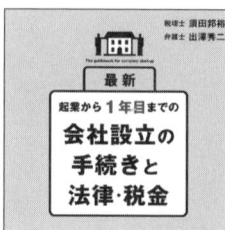

『起業から1年目までの会社設立の手続きと法律・税金』

須田邦裕・出澤秀二著　　定価 本体 1800円 (税別)

「起業を考えてから設立1年目まで」に最低限必要な知識をやさしく解説。起業家としての心構えから節税メリット、法律対策、各種書式の記載法までこの1冊で完璧。「起業したけど経営が立ち行かなくなる」という悲劇を避けて、成功するための70のポイントを解説。

定価変更の場合はご了承ください。